코딩,
생각을
현실로

김미혜 mihyekim@cu.ac.kr

- 2003.03 뉴사우스웨일즈대학교 컴퓨터공학 박사
- 2004.09~ 대구가톨릭대학교 컴퓨터소프트웨어학부 교수
- 2019.10~2022.02 대구가톨릭대학교 소프트웨어융합대학 학장
- 2020.01~ 대구가톨릭대학교 SW중심대학사업단 단장

서동만 sarum@cu.ac.kr

- 2000.02~2001.07 드림헌터인터렉티브 대표
- 2008.09~2009.02 University of Minnesota, Duluth 방문연구원
- 2010.02 강원대학교 컴퓨터정보통신공학 박사
- 2010.03~2014.02 한국과학기술연구원 영상미디어연구센터 박사후연구원
- 2010.09~2012.08 과학기술연합대학원대학교(UST) HCI 및 로봇응용공학 시간강사
- 2014.03~ 대구가톨릭대학교 컴퓨터소프트웨어학부 교수

전수빈 marsberry@cu.ac.kr

- 2012.03~2014.02 University of Minnesota, Duluth 방문연구원
- 2017.08 강원대학교 컴퓨터정보통신공학 박사
- 2017.09~2019.08 APTIV KOREA LLC 연구원
- 2019.09~ 대구가톨릭대학교 컴퓨터소프트웨어학부 교수

코딩, 생각을 현실로

인쇄 2022년 8월 16일 초판 1쇄
발행 2022년 8월 30일 초판 1쇄

저자 김미혜, 서동만, 전수빈
발행인 성희령
발행처 INFINITYBOOKS | **주소** 경기도 고양시 일산동구 하늘마을로 158, 대방트리플라온 C동 209호
대표전화 02)302-8441 | **팩스** 02)6085-0777
기획팀 채희만 | **영업팀** 한석범, 최형진, 이호준 | **편집팀** 한혜인, 임유리 | **경영관리부** 이승희

도서문의 및 A/S지원
홈페이지 www.infinitybooks.co.kr | **이메일** helloworld@infinitybooks.co.kr

ISBN 979-11-92373-06-5 | **등록번호** 제 2021-000018호 | **판매정가** 20,000원

본 저서는 과학기술정보통신부 및 정보통신기획평가원의 SW중심대학지원사업의 연구결과로 수행되었음(2019-0-01056).

머리말

"코딩을 배우자", "미래는 코딩의 시대"

2000년대 이후, 4차 산업혁명 시대에 살고 있는 여러분들은 이 말을 주변이나 매체에서 한 번쯤은 들어봤을 것이다. 또한 여러분이 이 글을 읽고 있다는 것은 그만큼 관심을 가지고 코딩에 대해 알아가고자 하는 마음이 클 것이라 생각한다. 코딩은 21세기 역사에서 빼놓을 수 없는 한 부분이 되었으며 현대 기술의 혁명을 주도한 가장 중요한 단어로써 앞으로도 인류 및 여러분의 미래에 가장 큰 가치가 될 수 있다.

스티브잡스는 코딩 교육에 대해 아래와 같이 언급하였다.

"이 나라의 모든 사람은 프로그램을 공부해야 한다. 프로그래밍은 생각하는 법을 가르쳐 주기 때문이다. 이것은 마치 법대에서 법을 공부하면 모든 사람이 변호사가 되지는 못해도 생각하는 방법을 배우게 되는 것과 마찬가지이다. 프로그래밍도 법을 공부하는 것과는 조금 다르지만 생각하는 방법을 가르쳐준다. 나는 컴퓨터 프로그래밍이 미술이나 역사와 같은 교양 과목으로 채택되어 모든 사람이 최소한 1년 정도는 공부해야 한다고 생각한다."

스티브 잡스가 이 글에서 가장 중요하게 생각하는 부분은 '생각하는 방법'을 배울 수 있다는 점이다. 코딩 과정은 창의성, 문제 해결 능력, 논리력 등을 훈련할 수 있다. 또한 코딩을 통해 예상치 못한 변수를 미리 생각할 수 있고, 문제에 대하여 유연한 대처를 할 수 있는 능력을 기를 수 있다.

본 저자는 그동안 많은 기초 교육을 하면서 좀 더 자세하고 직관적으로 다가갈 수 있고 독자들이 "생각하는 방법"을 좀 더 쉽게 터득할 수 있는 방법에 대해 생각해 보았다.

과외 선생님, 선생님이 없어도 선생님처럼 하나하나 알려 줄 수 있는 책, 마치 과외 하듯 하나씩 이해하면서 넘어갈 수 있는 책을 만들기 위해 노력하였다. 본 저자는 코딩을 배우는 학생들과 함께 책을 보고 배우며 추가적으로 설명이 필요한 부분들을 채워 넣었다. 이 책은 책을 보고 배우는 사람들이 최대한 빈틈없이 알아갈 수 있도록, 또한 문제를 해결해 나갈 수 있도록 자세한 설명을 목표로 한다.

이 책은 코딩을 배우기 위해 파이썬 언어를 선택하였다. 파이썬은 코딩에 대한 접근성이 가장 높은 프로그래밍 언어 중 하나로, 여러분이 코딩을 통해 컴퓨터와 대화하고 생각하는 법을 터득할 수 있도록 도와줄 것이다. 이것만 잘 배운다면 다른 컴퓨터 언어는 쉽게 다가가고 배울 수 있다. 이 책과 함께 한다면 코딩은 어렵지 않다. 이 책을 하나하나 읽어가며 모든 과정을 완료한다면 여러분은 프로그래밍 언어로 향하는 문을 쉽게 열 수 있을 것이다.

2022년 8월

저자 김미혜, 서동만, 전수빈

강의계획

본 교재는 한 학기를 15주로 가정하여 다음과 같이 진행할 수 있다. 수업의 진행상황에 따라 일부 내용을 수정하여도 된다.

주차	장	챕터
1주	CHAPTER 01 CHAPTER 02	코딩, 생각을 현실로 시작하기 파이썬 소개 및 개발환경
2주	CHAPTER 03	변수와 데이터형
3주	CHAPTER 04	표준 출력함수
4주	CHAPTER 05	표준 입력함수
5주	CHAPTER 06	연산자
6주	CHAPTER 07	문자열과 문자열 포맷팅
7주	CHAPTER 08	조건문
8주	중간고사	
9주	CHAPTER 09	반복문
10주	CHAPTER 10	함수
11주	CHAPTER 11	리스트
12주	CHAPTER 12	딕셔너리
13주	CHAPTER 13	표준 라이브러리
14주	CHAPTER 14	데이터 시각화
15주	기말고사	

차례

CHAPTER 06

연산자

CHAPTER 07

문자열과 문자열 포맷팅

CHAPTER 08

조건문

CHAPTER

01 코딩, 생각을 현실로 시작하기

1.1 우리가 코딩을 배워야 하는 이유

"코딩을 배우자", "미래는 코딩의 시대"

요즘 어디에서나 들을 수 있는 말 중 하나이다. 내 주변 어디에서든 이 문장을 강조하는 사람들이 늘어나고 있으며 각종 매체들에서도 이 문장의 중요성을 지속해서 이야기하고 있다. 지금 여러분들 역시 이 궁금증을 해결하기 위해 책을 펼치고 있다.

여기서 말하는 '코딩(Coding)'은 21세기 역사에서 빼놓을 수 없는 한 부분이 되었으며 현대 기술의 혁명을 주도한 가장 중요한 단어로써 앞으로도 인류 및 여러분의 미래에 가장 큰 가치가 될 수 있다. 코딩이라는 한 단어에 대한 가치를 이 정도로 표현한 것이 너무 과하다고 생각하는 이들도 있을 것이며 본 저자도 다소 과장한 것도 없지 않아 있을 수 있다고 생각한다. 하지만 미래 사회에서 코딩이 필수 요소가 될 것이라는 사실은 아무도 부정하지 않을 것이다.

2000년대 이후, 4차 산입혁명 시대를 맞이해 전 세계적으로 코딩 열풍이 불고 있으며 2018년 한국을 포함한 많은 국가에서 코딩 교육이 의무화되었다. 세계적인 유명 인사들은 앞다퉈 코딩의 중요성에 대해 강조하고 있다. 특히, 스티브 잡스는 코딩 교육에 대해 아래와 같이 언급하였다.

> 이 나라의 모든 사람은 프로그램을 공부해야 한다. 프로그래밍은 생각하는 방법을 가르쳐 주기 때문이다. 이것은 마치 법대에서 법을 공부하면 모든 사람이 변호사가 되지는 못해도 생각하는 방법을 배우게 되는 것과 마찬가지이다. 프로그래밍도 법을 공부하는 것과는 조금 다르지만 생각하는 방법을 가르쳐준다. 나는 컴퓨터 프로그래밍이 미술이나 역사와 같은 교양 과목으로 채택되어 모든 사람이 최소한 1년 정도는 공부해야 한다고 생각한다.
>
> _스티브 잡스(애플 창업자)

스티브 잡스가 이 글에서 가장 중요하게 생각하는 부분은 '생각하는 방법'을 배울 수 있다는 점이다. 이 '생각하는 방법'을 법대에 비유하며, '법을 공부하면 모든 사람들이 변호사가 되지는 못해도 생각하는 법을 배우게 되는 것과 마찬가지'라고 설명을 한다. 법대 또는 코딩에 관한 공부를 통해 목적 달성을 하지 못하더라도 그 과정에서 얻을 수 있는 '생각하는 방법'이 중요하다는 것이다.

이 장에서는 스티브 잡스가 말하는 '생각하는 방법'이 무엇이며 이 방법을 코딩을 통해 어떻게 얻을 수 있는지에 대해 살펴볼 예정이다. 또한 코딩이라는 현실에 앞서 비전공자들에게 도대체 코딩이란 무엇이며 코딩을 함으로써 나에게 도움이 되는 것이 무엇인지에 대해 살펴보도록 하겠다.

프로그래밍은 사고의 범위를 넓혀주고 더 나은 생각을 할 수 있게 만들며 분야에 상관없이 모든 문제에 대해 새로운 해결책을 생각할 수 있는 힘을 길러줍니다.

_빌 게이츠(마이크로소프트 창업자)

만일 여러분이 코딩을 할 수 있게 된다면, 앉은 자리에서 무엇인가를 만들어 낼 수 있고, 아무도 당신을 막을 수 없을 것입니다.

_마크 주커버그(페이스북 창업자)

4차 산업혁명 시대에는 언어를 배우는 것만큼 코딩을 배우는 것이 중요합니다.

_버락 오바마(전 미국 대통령)

코딩에 대한 간단한 이해

우선 코딩이 무엇인지에 대해 간단히 살펴보도록 하겠다. 보통 우리는 컴퓨터 개발자들을 프로그래머라고 말한다. 또한 이들이 하는 행위를 코딩이라고 정의한다. 반대로 정의하자면 코딩은 프로그래밍과 같은 말로 프로그래밍은 프로그램을 만드는 행위를 의미하고, 프로그램을 만드는 사람을 프로그래머 또는 개발자라고 한다.

여러분이 생각하는 컴퓨터(대부분의 전자기기)는 생각보다 단순하게 동작한다. 일련의 전자 칩 또는 반도체로 불리는 디바이스들은 0과 1의 전기적인 신호로 움직인다. 전기신호만 디바이스에 입력된다고 해서 모든 기기들이 스스로 움직이는 것은 아니다. 이런 대부분의 디바이스들은 사람들이 정의해 놓은 명령에 따라 움직이는 기계에 불과하다. 결국 전자기기들을 움직이기 위해 사람들은 기기들에 특별한 생명력을 불어넣게 되며 이것이 프로그램이다.

프로그램은 특정 작업을 수행하는 일련의 명령어들의 모음 또는 집합체라고 정의한다. 쉽게 설명하면 컴퓨터에게 명령을 내릴 수 있는 방법이라고 정의할 수 있다. 현재 여러분들이 사용하는 모든 스마트폰 앱, 컴퓨터 프로그램들은 이런 일련의 명령어들로 구성된 '컴퓨터 프로그램'으로 처리

되고 있는 것이다.

예를 들어 여러분들이 주로 사용하는 메신저 앱을 살펴보면, 여러분들이 메신저를 실행하고 가장 먼저 보는 것은 채팅 리스트일 것이다. 사용자들에게 채팅 리스트를 보여주기 위해, 우선 프로그래머들은 사용자들의 모든 정보가 저장되어 있는 서버에서 사용자와 관련된 채팅 데이터를 검색하라는 명령을 한다. 검색이 완료되면 프로그래머는 검색된 결과를 사용자의 스마트폰 앱으로 이동시키는 명령을 수행하고, 마지막으로 사용자들이 채팅 정보를 볼 수 있도록 화면에 표시하라는 명령을 수행하게 된다. 비교적 간단하게 설명되었지만 모든 프로그램들이 이런 간단한 과정들의 집합이라고 할 수 있으며 우리 사람들이 계획하고 행동하는 것과 크게 다르지 않다. 프로그래밍에 대한 자세한 설명은 다음 장에서 이어 나가도록 하며 코딩 또는 프로그래밍에 대해서는 아래와 같이 간단하게 정의할 수 있다.

- 프로그램은 특정 작업을 수행하는 일련의 명령어들의 모음
- 프로그래밍은 프로그램을 만드는 행위
- 프로그래머란 프로그램을 만드는 사람
- 코딩과 프로그래밍은 같은 의미

이제 코딩은 필수 요소

코딩 교육은 2018년부터 우리나라에서 의무교육이 되었다. 전 세계의 대부분의 국가들 또한 코딩을 의무교육으로 삼고 모든 학생들에게 코딩 교육을 하고 있다. 여기서 우리는 코딩 교육의 이유에 대해 알아볼 필요가 있다. 왜 코딩 교육이 필요하고 중요한 자원이 된 것일까?

"4차 산업혁명 시대에 발맞춰 인공지능 로봇, 드론, 빅데이터, 사물인터넷 등이 융합하면서 미래의 일상생활에도 많은 변화가 생길 것으로 예상됩니다. 또한 이러한 주요 기술들이 컴퓨터 프로그램을 통해 운영되기 때문에 앞으로 새롭게 생겨나는 미래 직업과 일자리에서는 코딩 능력이 있는 인재들의 수요가 늘어날 것으로 예상됩니다."

단편적으로만 본다면 본 저자는 윗글에 100% 동의한다. 코딩에 대해서 모두 맞는 말이고 미래가치가 있다고 생각된다. 하지만 코딩 교육의 본질은 다른 곳에 있다고 본다.

이번 장의 맨 첫 부분으로 돌아가 보도록 하자. 스티브 잡스는 코딩을 배워야 하는 이유를 "생각하는 방법"을 배울 수 있기 때문이라고 했다. 그리고 바로 위 단원에서 우리는 코딩과 프로그램에 대한 간단한 정의를 보았다. 프로그램의 핵심은 사람들이 일련의 코딩(프로그래밍) 과정을 통해 기계(컴퓨터)의 동작 과정을 정의하고 생명을 불어 넣어주는 것이라고 했다.

컴퓨터 프로그램을 만드는 것은 생각보다 간단하지 않다. 우선 만들고자 하는 프로그램을 통해 우리가 얻을 수 있는 것이 무엇인지에 대한 목표를 설계해야 한다. 두 번째로, 목표로 하는 프로그램의 동작에 맞게 동작 과정을 잘 설계해야 한다. 잘못된 설계는 컴퓨터의 오작동을 일으킬 수 있고 원하지 않는 행동을 유발할 수 있다. 설계가 잘 완료되었다고 해도 실제 동작을 구현하는 일도 만만치 않다. 구현하는 동안 논리적인 문제, 실수 등으로 동작 오류가 발생할 수 있으며 이러한 오류 또한 컴퓨터의 원치 않은 행동을 유발할 수 있고 크게는 고장까지 발생할 수 있다. 그러므로 우리는 이런 동작 오류들을 해결하는 문제 해결 단계도 거쳐야 한다. 요약하자면 하나의 프로그램에 맞춰 컴퓨터를 동작하기 위해서는 프로그램 설계 → 구현 → 오류 수정의 과정을 거쳐야 한다. 또한 완성도를 높이기 위해서는 이런 과정을 반복적으로 수행해야 한다.

코딩은 위 과정을 반복적으로 수행해야 하며 이 과정을 통해 얻을 수 있는 많은 것들이 있다. 첫 번째로 코딩은 여러분들의 창의성 및 도전정신에 많은 도움을 줄 수 있다. 우리는 사람들 또는 다른 컴퓨터 등의 편의 그리고 새로운 경험을 위해 컴퓨터 프로그램을 개발한다. 우리는 새롭고 더 나은 프로그램을 만들기 위해 항상 도전적인 자세로 우리의 아이디어를 끌어낼 수 있어야 한다. 이러한 과정들을 통해 여러분들을 새로운 것에 두려움을 느끼지 않으며 다양한 생각을 할 수 있는 인재로 이끌어 줄 것이다.

두 번째로, 코딩은 여러분의 문제 해결 능력과 논리력 향상에 큰 도움을 줄 수 있다. 프로그램을 만드는 과정은 문제를 해결하기 위한 명령들의 설계와 개발 그리고 절차적인 나열의 반복이다. 우리는 코딩을 하는 과정에서 문제에 대한 해결 방법을 끊임없이 생각하고 더 좋은 방법을 생각해야 한다. 예를 들어 여러분이 만든 메신저 프로그램의 대화창을 오픈하는데 3초의 시간이 걸린다면, 사용자들은 여러분의 프로그램을 사용할까? 아마 사용자들은 너무 느린 응답 시간 때문에 불만을 제기하거나 사용하지 않을 것이다. 여러분은 프로그램 개발 과정 중 이런 논리적인 문제를 굉장히 많이 접하게 될 것이며, 이런 문제들을 해결하기 위해 많은 방법을 생각해야 할 것이다. 본 저자는 이런 과정들이 프로그램을 개발할 때뿐만 아니라 일상생활에서 맞닥뜨리는 여러 가지 문제들을 좀 더 수월하게 해결해 나갈 수 있는 발판이 될 수 있을 것이라 생각된다.

세 번째로, 코딩의 과정은 예상치 못한 변수의 연속이다. 물론 프로그램을 동작하는 과정에서도 수많은 변수에 맞닥뜨리게 된다. 여러분들은 그동안 컴퓨터 또는 스마트폰으로 앱이라든지 게임을 하면서 예기치 못한 상황을 경험해 본 적이 있는가? 갑자기 프로그램이 종료되거나, 혹은 게임 캐릭터가 내가 원하지 않는 행동을 해서 당황한 적이 있는가? 이 책을 보는 대부분의 독자들은 한 번쯤 이런 경험을 해봤을 것이라 생각된다. 프로그램은 수백수천 개의 명령어들의 집합이다. 이런 집합은 수많은 동작 방법들의 모음으로 되어 있으며 이런 방법들이 유기적으로 연결되어야 프로그램이 동작된다. 여러분이 아무리 완벽한 프로그램을 만들었다고 해도 프로그램은 오류를 발생할 가능성을 항상 지니고 있다. 프로그래머들은 프로그램을 제작하면서도 항상 이런 오류 또는 변수에 대한 대처를 생각해야 하며 그 대처 방법들을 코드에 녹일 수 있어야 한다. 또한 이러한 노력에도 발생하는 예상치 못한 변수에도 항상 논리적으로 대처할 수 있는 능력을 키울 수 있어야 한다. 이러한 변수들은 여러분들이 일상생활을 할 때에도 항상 발생할 수 있다.

그럼 위에서 말한 내용을 정리해 보면,

- 코딩 과정은 창의성, 문제 해결 능력, 논리력 등을 훈련할 수 있다.
- 코딩을 통해 예상치 못한 변수를 미리 생각할 수 있고, 문제에 대한 유연한 대처를 할 수 있는 능력을 기를 수 있다.

프로그램은 대부분 여러 사람이 개발하는 협업 시스템으로 이루어져 있다. 코딩을 통해 많은 사람과 의사소통해야 하며 이를 통해 협업 및 의사소통 능력을 키울 수 있다.

시대의 변화와 함께 하는 코딩

우리 인간은 탄생부터 지금까지 수많은 고난과 문제들을 겪어왔으며 수많은 변화를 통해 이런 문제들을 해결하고 이겨내 왔다.

> "가장 강한 종이 살아남는 것이 아니고, 가장 지적인 종이 살아남는 것도 아니다. 변화에 가장 잘 적응하는 종이 살아남는다."
>
> _[종의 기원]의 저자 찰스 다윈

찰스 다윈의 말처럼 우리는 앞으로도 많은 변화와 맞서야 할 것이며 이는 우리의 직업과도 많은 연관이 있다. 앞서 4차 산업혁명 시대에 따라 새로운 일자리가 생겨나고 이에 따라 코딩 능력이 있는 인재들의 수요가 늘어날 것이라는 이야기를 하였다. 하지만 이에 반대로 기존의 많은 일자리들이 사라질 수도 있다. 이와 관련된 예를 기술 산업적인 측면에서 찾아보도록 한다.

한때 휴대전화 분야에서 독자적인 점유율을 바탕으로 세계 시장을 지배한 기업이 있었다. 현재 이 글을 읽고 있는 독자들 중에서도 이름을 들어보지 못한 분들이 많을 것으로 예상된다. 그 기업은 바로 '노키아'이다. 노키아는 무려 14년(1998~2011년)간 휴대 전화 분야에서 세계 시장 점유율 1위를 놓치지 않은 기업이었다. 이런 노키아가 모바일 중심의 시장 변화, 특히 아이폰 이후의 스마트폰 사업의 미래 가치를 제대로 읽지 못해 결국 휴대 전화 사업을 포기하였다. 휴대 전화 부분의 세계적인 대기업이 이렇게 빠른 속도로 무너질 것이라고는 누구도 예상하지 못했다. 이외에도 2016년 구글의 인공지능 소프트웨어 알파고가 프로 기사로 세계를 주름 잡던 이세돌 9단을 4:1로

이기며 인공지능은 사람을 이길 수 없다는 바둑계에 큰 충격을 안겨줬다. 이 사건은 바둑계뿐만 아니라 전체 사회에도 큰 파장을 일으켰는데, 전세계 사람들은 눈부신 속도로 발전하고 있는 인공지능 분야를 체험할 수 있는 계기가 되었으며 이는 인공지능이 현대 사회에 깊숙이 파고들 수 있는 한 사건이 되었다.

21세기, 우리가 살고 있는 이 사회는 현재 어느 세기의 사회보다도 빠른 속도로 발전하고 있다. 이런 변화의 중심에는 기술 산업의 혁신이 자리하고 있으며, 이러한 변화를 '코딩' 또는 '프로그래밍'이 주도적으로 이끌고 있다고 본다.

현재 여러분의 일상생활에서도 코딩을 배움으로써 할 수 있는 일이 무궁무진하게 많다. 심지어 코딩은 여러분들의 불필요한 시간을 획기적으로 줄일 방법을 제공해 줄지도 모른다. 예를 들어 학교 선생님 혹은 교수님께서 아래와 같이 3개의 내용 중 1개를 선택하여 조사하는 과제를 내주셨다고 가정해 보자.

- 디즈니와 관련된 기사들 중 최근 1년 동안 사람들에게 가장 많은 관심을 받았던 기사들 목록을 조사해 오시오.
- 우리나라에서 10년간 발간된 문학 서적의 종류와 분야를 분석하고 각 분야 별로 출판된 서적 10개씩 조사해 오시오.
- 다음은 한 음식점에서 제공한 재료 구입 및 매출 데이터이다. 이를 이용하여 1년, 1달, 1주일 단위로 매출 및 수익을 분석해 보시오.

위 세 개의 숙제 중 디즈니와 관련된 과제를 해야 한다면 여러분은 어떤 방법으로 조사를 할 것인가? 본 저자는 우선 구글 또는 네이버 검색창에 '디즈니'라는 검색어를 입력할 것이다. 물론 입력 후 수백, 수천만 개의 검색 결과를 볼 수 있을 것이고, 여기서부터 한숨이 나오기 시작할 것이다. 그 이유는 간단하다. 일단 이 수많은 검색물들 중 기사만 골라내야 하고, 그 기사들 중 1년 안에 나온 기사들을 다시 골라내야 한다. 여기가 끝이 아니다. 이 기사들 중 사람들에게 가장 많은 관심을 받았던 기사를 조사하려면, 그 기사의 좋아요 수, 댓글 수, 조회수 등을 일일이 조사하고 기록해서 이들의 중요도를 계산하고 정렬을 진행해야 한다. 이런 일을 해야 한다니 상상만해도 끔찍하다. 하루 이틀이 아니라 몇 주 몇 달이 걸릴지도 모르는 일이다.

하지만 코딩을 할 수 있는 본 저자는 크게 걱정이 없다. 충분히 여유를 두고 제출 기한 1주일 전부터 과제를 하기 시작할 것이다. 우선 구글에서 제공하는 검색어 API를 이용하여 디즈니와 관련된 결과물을 다운로드 받는다. 그 후 API에서 제공하는 날짜 및 게시물 정보를 이용하여 1년 이내의 기사를 걸러낸다. 이 과정까지의 코딩은 불과 1시간 이내에 해결할 수 있을 것이라 예상한다. 그 후 다시 각 기사의 조회수, 댓글 수 등을 걸러내는 간단한 코드를 작성한 후 실행하면 우리가 원하는 기사들의 정렬된 목록을 받아 볼 수 있다. 물론 이렇게 말처럼 쉽게 코드를 작성할 수 있는 것은 아니지만, 코드를 작성하여 기사 탐색 프로그램을 만드는 방법이 일일이 손으로 기사를 검색하고 정리하는 것보다 수백, 수천만 배의 시간을 줄일 수 있다.

이런 숙제들뿐만 아니라 여러분의 일상에서 무의미하게 반복적이고 시간을 소비하는 많은 일이 있을 수 있다. 그것이 회사 일이든, 개인적인 일이든, 프로그램은 이런 반복적이고 많은 시간을 소비하는 일들을 효율적으로 해결할 수 있도록 도와줄 수 있다. 단순히 코딩 하나만 배웠을 뿐인데 여러분들의 업무 효율과 삶의 질이 높아질 수 있는 것이다. 물론 지금 당장의 단순하고 시간이 오래 걸리는 업무보다 프로그램을 만드는 시간이 더 오래 걸릴 수도 있다. 하지만 이런 업무를 한 번이 아니라 여러 번 반복해야 한다면? 그리고 그 일들을 한 번 만든 프로그램이 대신해 줄 수 있다면? 여러분들의 업무에 어떤 힘이 될지 한 번 생각해 보기 바란다.

불과 몇 년 전까지만 하더라도 우리나라에서 소프트웨어 산업은 찬밥 신세였다. 하드웨어 중심의 제조업으로 발전한 우리나라에서 프로그래밍을 한다는 것은 IT업계에서 3D 일자리로 취급될 정도로 취약하고 우대받지 못한 시절이 있었다.

하지만 현재 IT기업뿐만 아니라 대부분의 기업, 그리고 대기업뿐만 아니라 중소기업에서도 프로그래머가 없으면 안 될 정도로 많은 변화가 생기고 있다. 가끔 뉴스를 보면 프로그래머의 연봉이 지속적으로 상승하고 있다는 기사를 많이 봤을 것이다. 현재 많은 곳에서 프로그래머를 요구하고 있으며 앞으로도 더 많은 곳에서 프로그래머를 요구할 것이고, 더 나아가 대부분의 인원들이 프로그래밍을 필수로 다뤄야 하는 시대까지 올 수도 있다. 물론 이것은 본 저자의 단편적인 생각일지도 모른다. 하지만 이런 시대가 온다면, 변화의 중심에서 사람들을 이끌어 나가는 리더가 될 수 있도록 준비하는 것이 바람직하다고 생각한다.

1.2 프로그래밍 소개

프로그래밍이란?

프로그래밍 또는 컴퓨터 프로그래밍이란 하나 이상의 관련된 알고리즘을 특정한 프로그래밍 언어를 이용해 구체적인 컴퓨터 프로그램으로 구현하는 것을 의미한다. 여기에서 프로그램이란 컴퓨터에서 실행될 때 특정 작업(Specific task)을 수행하는 일련의 명령어들의 모음(집합체)이다. 다시 말해 프로그램이란 우리가 컴퓨터 혹은 스마트폰 등과 같은 기기에서 사용하는 앱(App, 또는 Application) 등과 같은 소프트웨어를 말한다. 소프트웨어(Software)는 저장장치에 저장된 특정한 목적의 하나 또는 다수의 컴퓨터 프로그램을 뜻하며 하나의 소프트웨어에 최소 하나의 프로그램이 포함될 수 있으므로 프로그램과 같은 의미로 사용되기도 한다.

'소프트웨어'라는 용어는 1957년에 존 터키(John W. Tukey)가 처음 사용한 용어로써 컴퓨터 과학과 컴퓨터 공학에서 소프트웨어는 컴퓨터 시스템, 프로그램, 데이터에 의해 처리된 모든 정보를 말한다. 여기서 우리는 소프트웨어를 구성하는 프로그램의 동작 방법에 대해 더 자세히 들여다볼 필요가 있다.

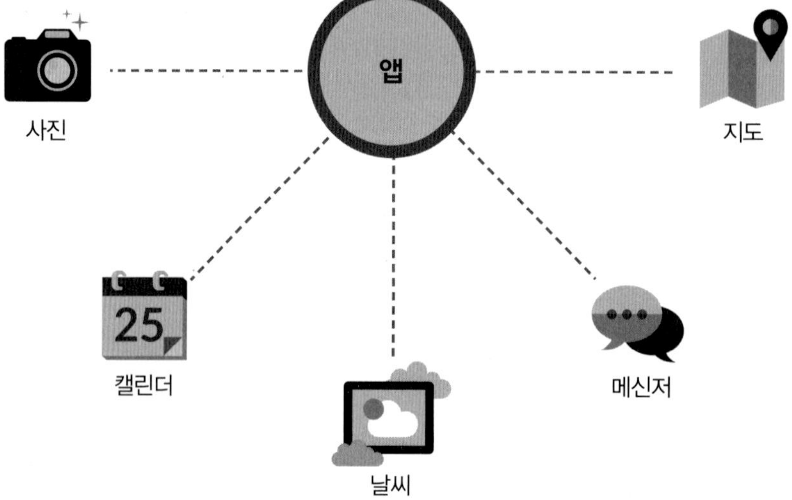

위 그림은 우리가 스마트폰에서 사용하는 기본적인 앱(프로그램)들을 나열한 것이다. 각 프로그램들을 살펴보면 사진을 찍기 위한 사진 앱, 달력 정보와 스케줄 등을 관리하기 위한 캘린더 앱, 날씨 정보를 보기 위한 날씨 앱, 타인과의 정보 공유를 위한 메신저 앱 등이 있다. 이와 같이 세상에 존재하는 모든 프로그램들은 수행에 대한 목적이 존재하며 그 목적에 맞는 동작을 위해 프로그램 내의 여러 명령어가 유기적으로 실행되고 있다.

프로그램에는 목적이 있다. 또한 프로그램을 수행하기 위해 명령어들이 유기적으로 실행되고 있다. 여러분들은 이미 이런 과정을 많은 곳에서 접하고 있을 것이다. 여러분이 영화관을 가면 영화관에서 현재 상영하고 있는 영화와 영화가 상영하는 시간이 나열되어 있다. 이것은 영화 상영을 목적으로 하는 영화 프로그램 표를 보여주는 것이다. 다른 곳으로 한 번 이동해 보자. 다음 그림을 보면 피아노 공연에 대해서 어떤 순서대로 공연이 진행되는지 공연 내용과 시간이 나열되어 있다. 이것 또한 피아노 공연에 대한 프로그램 표를 보여준다.

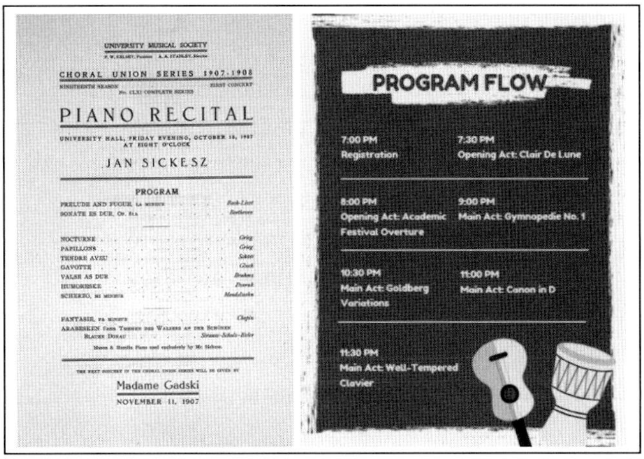

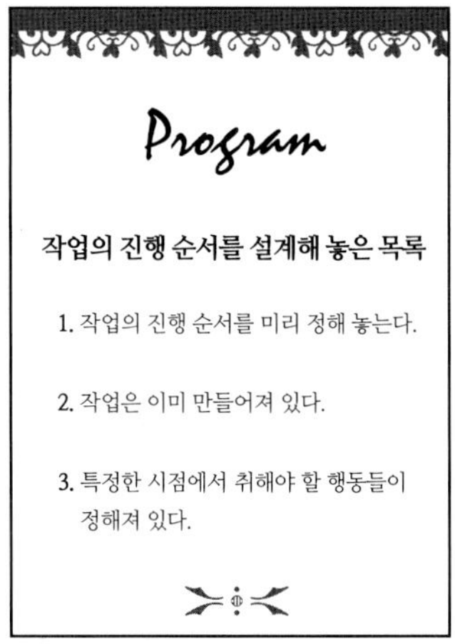

이처럼 우리가 일상 생활에서 접할 수 있는 여러 프로그램들이 있으며 이러한 프로그램들은 항상 아래와 같은 규칙을 지킨다.

- 작업의 진행 순서를 미리 정해 놓는다.
- 작업은 이미 만들어져 있다.
- 특정한 시점에서 취해야 할 행동들이 정해져 있다.

프로그램은 항상 위와 같은 규칙을 지켜야 하며 마지막으로 정해 놓은 순서에 따라 진행된다. 앞으로 여러분들이 만들 프로그램도 위의 규칙을 그대로 따라 수행된다. 컴퓨터 프로그램이 일반적인 프로그램과 다른 점은 다음과 같다. 첫 번째로 작업은 명령어들로 이루어져 있다. 두 번째로, 작업의 설계와 구현의 소스는 코드로 이루어져 있다. 이를 소스코드라고 한다. 마지막으로 작업의 수행은 컴퓨터가 진행한다.

결국 "컴퓨터는 사람이 소스코드로 작성한 일련의 작업들을 순서에 맞춰 수행한다."로 간단하게 요약할 수 있다. 우리는 앞으로 컴퓨터에서 수행하는 프로그램을 만들 것이다. 그러므로 컴퓨터가 명령을 알아들을 수 있도록 컴퓨터 언어(프로그래밍 언어)를 알아야 하고 명령들을 우리의 생각에 맞게 나열하고 동작하게 하기 위한 알고리즘에 대해 알아야 한다. 프로그래밍 언어는 컴퓨터(기계)들의 언어를 사람들이 비교적 쉽게 이해할 수 있도록 만들어진 언어를 말하며 모든 프로그램들은 별도의 프로그래밍 언어로 제작된다. 알고리즘의 경우 프로그램을 동작하기 위한 방법을 말하며 프로그램을 설계하고 구현하는 것을 의미한다. 앞으로 여러분들은 이 책을 통해 알고리즘 설계 및 구현 과정을 비교적 쉬운 방법으로 습득하게 될 것이고 본 저자는 이를 통해 여러분들이 컴퓨팅적 사고력을 키울 수 있을 것으로 생각한다. 그럼 다음 순서로 프로그래밍 언어와 알고리즘에 대해 학습해 보도록 하겠다.

프로그래밍 언어란?

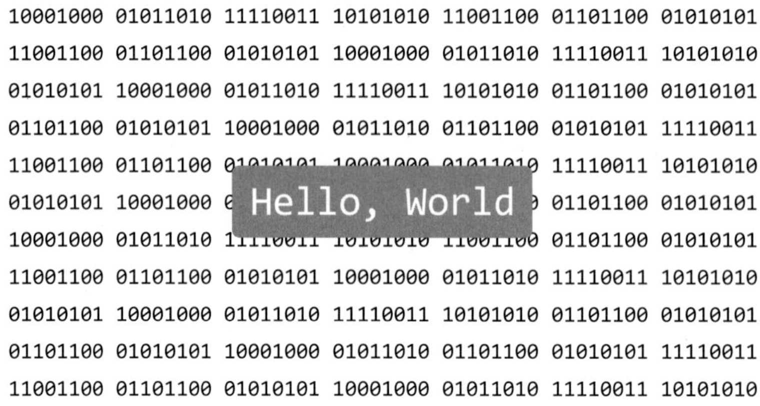

위 그림의 숫자들은 어떤 일을 수행하기 위해 나열된 것일까? 또한 숫자 위에 "Hello, World"라는 글씨가 보일 것이다. 독자들은 대략적으로 "Hello, World라는 문장을 0과 1로 만들 수 있다." 정도로 해석할 수 있을 것이다.

독자분들이 다른 방법으로 생각하지 않았다고 해서 걱정할 필요는 없다. 본 저자는 코딩의 중요한 부분 중 하나인 '생각하는 법'을 잠시 수행했을 뿐 '답'을 원하는 것은 아니다. 앞으로도 계속 이야기하겠지만 모든 코딩 그리고 프로그램을 만드는 과정에 '답'은 존재하지 않는다. 여러분의 생각과 방식을 녹여 만든 프로그램이 잘 동작한다면 바로 그것이 답이 될 수 있다.

여기서 컴퓨터 프로그램의 핵심적인 요소가 나온다. 컴퓨터 프로그램은 우리가 설계하고 구현한 방법으로 동작한다. 그렇다면 컴퓨터는 우리의 명령어를 어떻게 읽을 것인가? 위 그림에 답이 있다. 모든 컴퓨터 하드웨어(Computer Hardware, H/W)는 숫자 0과 1로 이루어진 2진법과 논리적인 계산을 통하여 동작된다. 이때 0과 1로 이루어진 2진법 언어를 '기계어'라고 한다. 또한, 컴퓨터 하드웨어는 케이스, 중앙처리 장치, 모니터, 자판 등과 같은 컴퓨터의 물리적 부품을 의미한다. 컴퓨터의 입력, 연산, 제어, 기억, 출력 등 다섯 가지 기능을 구현하며 이를 위해 컴퓨터는 여러 가지 부품들로 구성되어 있다. 또한 이 하드웨어를 이용하여 특정 작업을 수행하기 위한 명령어들의 집합이 소프트웨어라고 배웠다.

우리가 컴퓨터에게 명령을 하기 위해서는 항상 0과 1로 이루어진 2진수로 컴퓨터 하드웨어와 의사소통을 해야 한다. 하지만 단순히 "Hello, World"라는 문자를 출력하기 위해서 무수히 많은 0과 1을 사용해야 한다면, 또한 수많은 0과 1의 규칙을 다 알고 있어야 한다면? 컴퓨터를 이용하여 프로그램을 만들고자 하는 사람들이 과연 몇 명이나 됐을까?

인간은 불편한 것을 그대로 사용하지 않는다. 인간은 어떻게 해서든 쉽고 편하게 사용할 수 있는 방법을 찾아내고 그것을 더 발전시켜 나갈 수 있는 변화에 익숙한 동물이라고 할 수 있다. 컴퓨터가 발견된 후부터 지금까지 수많은 학자들이 컴퓨터와 소통하기 위해 많은 연구를 진행해 왔으며 우리는 앞으로 그 해결 방법에 대해 간단히 배워보도록 하겠다.

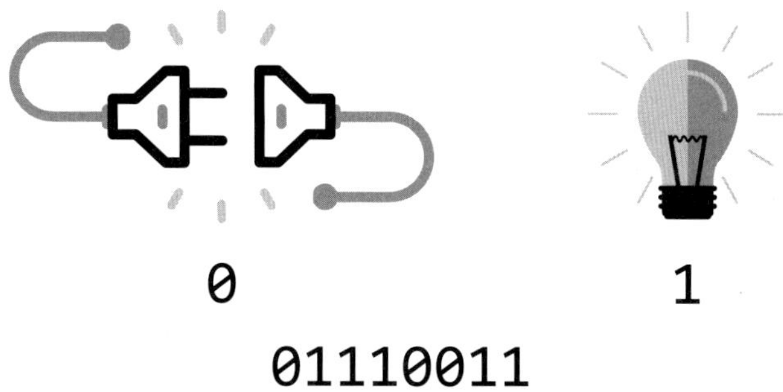

컴퓨터 하드웨어는 전기적인 신호를 통해 현재 입력된 명령이 1인지 0인지를 구분해낸다. 이 신호는 매우 간단한데, 전기가 통하면 1, 전기가 통하지 않으면 0이라는 신호를 알아챌 수 있다. 너무 단순하지 않은가? 우리가 쓰고 있는 일반적인 컴퓨터를 포함해서 단순하거나 혹은 대용량(슈퍼) 컴퓨터 또한 이 두가지 신호를 통해서 동작된다고 보면 된다. 이 신호를 통해 컴퓨터와 개발자는 0과 1을 구분할 수 있으며, 이 숫자들을 통해 수많은 행동들을 수행하게 된다. 그렇다면 어떻게 이 숫자들을 이용하여 컴퓨터를 동작시킬까?

그 답도 매우 단순하다. 그 방법은 컴퓨터와 사람이 서로 규칙을 만들어 놓고 대화를 하는 것이다. 우리가 사용하는 모든 언어는 그 규칙이 존재한다. 모든 언어에는 글자가 존재하고 그 글자를 이용하여 단어를 만들고 단어들의 조합을 통해 문장을 만든다. 사람들은 문자, 단어, 문장을 통해 서로 의사소통을 하고 이것을 언어라고 한다. 컴퓨터와 사람도 마찬가지다. 컴퓨터와 사람 간의 문자는 0과 1이 되고 이 숫자들로 여러 가지 명령 조합을 만들어 단어와 문장을 만들어 낸다.

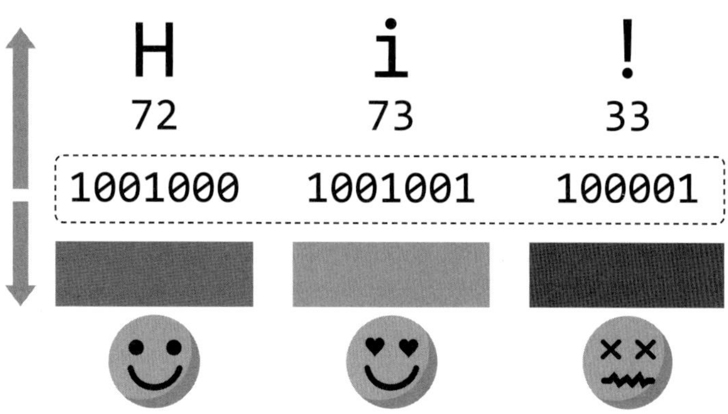

간단한 예제를 통해 컴퓨터와 사람 간의 규칙을 어떤 식으로 만들어 내는지 보도록 한다. 우선 위 그림의 가운데 숫자를 보면 '1001000', '1001001', '100001'이 있는 것을 볼 수 있다. 이 숫자들은 위에서 말했던 2진수의 조합으로 컴퓨터가 인식할 수 있는 유일한 숫자다. 모두 알고 있겠지만 2진수는 10진수로 변환할 수 있다. 위 숫자들은 다음과 같이 72, 73, 33의 10진수로 변환될 수 있음을 모두 알고 있을 것이다. 2진수를 10진수로 변환하는 방법은 인터넷에 검색하면 쉽게 찾을 수 있으므로 생략하도록 하겠다.

2진법	팔진법	십진법	십육진법	모양	85진법(아스키 85)	2진법	팔진법	십진법	십육진법	모양	85진법(아스키 85)
0100000	040	32	20	SP		1000000	100	64	40	@	31
0100001	041	33	21	!	0	1000001	101	65	41	A	32
0100010	042	34	22	"	1	1000010	102	66	42	B	33
0100011	043	35	23	#	2	1000011	103	67	43	C	34
0100100	044	36	24	$	3	1000100	104	68	44	D	35
0100101	045	37	25	%	4	1000101	105	69	45	E	36
0100110	046	38	26	&	5	1000110	106	70	46	F	37
0100111	047	39	27	'	6	1000111	107	71	47	G	38
0101000	050	40	28	(	7	1001000	110	72	48	H	39
0101001	051	41	29	)	8	1001001	111	73	49	I	40
0101010	052	42	2A	*	9	1001010	112	74	4A	J	41
0101011	053	43	2B	+	10	1001011	113	75	4B	K	42
0101100	054	44	2C	,	11	1001100	114	76	4C	L	43
0101101	055	45	2D	-	12	1001101	115	77	4D	M	44
0101110	056	46	2E	.	13	1001110	116	78	4E	N	45
0101111	057	47	2F	/	14	1001111	117	79	4F	O	46
0110000	060	48	30	0	15	1010000	120	80	50	P	47
0110001	061	49	31	1	16	1010001	121	81	51	Q	48
0110010	062	50	32	2	17	1010010	122	82	52	R	49
0110011	063	51	33	3	18	1010011	123	83	53	S	50
0110100	064	52	34	4	19	1010100	124	84	54	T	51
0110101	065	53	35	5	20	1010101	125	85	55	U	52
0110110	066	54	36	6	21	1010110	126	86	56	V	53
0110111	067	55	37	7	22	1010111	127	87	57	W	54
0111000	070	56	38	8	23	1011000	130	88	58	X	55
0111001	071	57	39	9	24	1011001	131	89	59	Y	56
0111010	072	58	3A	:	25	1011010	132	90	5A	Z	57
0111011	073	59	3B	;	26	1011011	133	91	5B	[	58
0111100	074	60	3C	<	27	1011100	134	92	5C	\	59
0111101	075	61	3D	=	28	1011101	135	93	5D	]	60
0111110	076	62	3E	>	29	1011110	136	94	5E	^	61
0111111	077	63	3F	?	30	1011111	137	95	5F	_	62

여기까지 읽은 소수의 독자들은 과거 학자들이 수행한 다음 단계를 예측했을 수도 있다. 10진수로 변환 후 학자들이 가장 먼저 한 일은 숫자와 문자들을 서로 매칭시키고 이를 코드표로 만든 일이다. 가장 대표적인 코드표는 미국정보교환표준부호(American Standard Code for Information Interchange), 또는 줄여서 아스키(ASCII)코드표라고 한다. 아스키는 영문 알파벳을 사용하는 가장 대표적인 문자 인코딩 중 하나로 컴퓨터와 사람이 서로 문자를 이해할 수 있도록 약속한 규정이라고 생각하면 된다. 아스키는 7비트의 인코딩이며, 33개의 출력 불가능한 제어 문자들과 공백을 비롯한 95개의 출력 가능한 문자들로 총 128개로 이루어져 있다. 앞의 아스키코드를 보면 십진법 숫자 72, 73, 33이 문자 H, I, !로 대체되는 것을 알 수 있다.

문자뿐만 아니라 우리는 2진수 또는 10진수의 규칙을 이용해 색을 표현할 수도 있으며, 이런 색들의 집합을 이용해 하나의 그림을 그릴 수도 있다. 또한 문자와 그림뿐만 아니라 다양한 조합의 의사소통 수단을 만들 수 있으므로 0과 1로 이루어진 숫자라고 할지라도 우리가 표현할 수 있는 모든 것을 컴퓨터로 표현이 가능하다.

많은 학자들의 노력으로 우리는 컴퓨터에게 의사를 전달할 수 있게 되었다. 하지만 단지 문자를 전달할 수 있다고 해서 우리는 컴퓨터를 쉽게 제어할 수 있을까? 세상에는 다양한 인종과 언어들이 존재한다. 언어는 각 나라별 인종들이 서로의 의사를 전달하고 정보를 공유할 수 있는 수단이다. 컴퓨터와의 의사소통도 마찬가지다. 지난 60년 동안 컴퓨터와 대화를 하기 위한 수많은 언어들이 탄생되거나 사라져 왔다. 물론 초기에는 우리가 컴퓨터 언어를 이해하기 위해 최대한 기계어와 비슷한 언어를 많이 사용하였다. 이것은 '저급 프로그래밍 언어'라고 말하며 대표적인 저급 프로그래밍 언어로는 '기계어'와 '어셈블리어'가 있다. 여기서 왜 기계어가 프로그래밍 언어라고 되묻는 사람들도 있을 것이다. 하지만 기계어도 기계에게 명령을 전달하는 하나의 프로그래밍 언어이기 때문에 프로그래밍 언어에 포함된다는 것을 알고 있어야 한다.

한동안은 저급 프로그래밍 언어로 프로그래밍을 해왔지만, 이 언어들은 배우기가 매우 어렵고 유지보수가 매우 힘들기 때문에 현재는 특수한 경우가 아니면 사용되지 않는다. 사람은 사람에게 가장 친숙한 언어를 사용하는 것이 모든 활동에 있어 유리하다. 그렇기 때문에 사람에게 가장 친숙한 프로그래밍 언어 또한 지속적으로 개발되어 왔으며 이런 언어들을 '고급 프로그래밍 언어'라고 한다. 고급 프로그래밍 언어는 '고수준 프로그래밍 언어'라고도 표현하며 사람이 이해하기 쉽게 작성된 프로그래밍 언어를 말한다. 저급 프로그래밍 언어보다 가독성이 높고 다루기 간단하다는 장점 때문에 현재 대부분의 프로그래밍에 사용되고 있다. 현재 가장 많이 쓰이는 대표적인 언어로는 C, C++, JAVA, 파이썬(Python) 등이 있다.

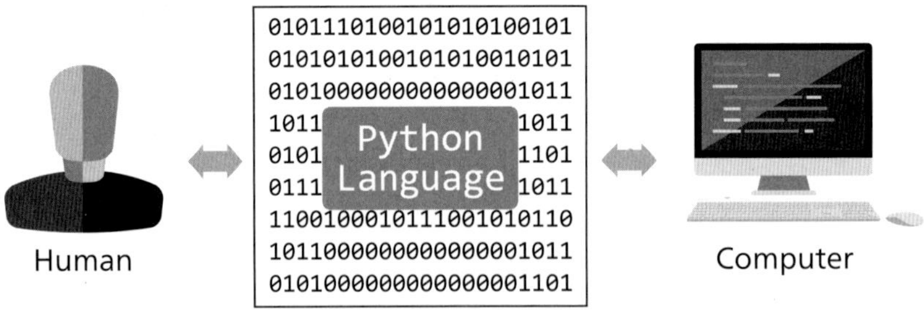

이런 프로그래밍 언어의 가장 핵심적인 요소는 위 그림과 같이 사람과 컴퓨터의 의사소통을 할 수 있는 번역 역할을 한다고 생각하면 된다. 예를 들어 화면에 "Hello World"라는 문장을 표시하려는 명령을 컴퓨터에게 전달하려고 할 때, 우선 컴퓨터에게 전달하려는 프로그래밍 언어를 선택해야 한다. 만약 프로그래밍 언어로 파이썬을 선택했다면, 'print('Hello World')'를 입력하면 된다. 그 후 파이썬은 사람이 입력한 'print('Hello World')'를 분석하여 이 명령을 컴퓨터가 알아볼 수 있는 기계어로 번역하게 되고, 번역된 기계어를 통해 컴퓨터 하드웨어에 명령어가 전달된다.

현대의 프로그래밍 언어들이 사람의 언어를 이용하여 컴퓨터를 동작시키는 데는 대표적으로 2가지의 방식을 이용한다. 우선, 프로그래밍 언어로 작성된 프로그램을 소스코드(source code) 또는 소스 파일(source file)이라고 한다. 작성한 소스코드는 번역 과정을 거쳐 기계어나 어셈블리어 혹은 바이트 코드와 같은 중간 표현 방식으로 번역하여 프로그램을 실행할 수 있도록 한다. 보통 이러한 과정을 컴파일(compile)이라고 하고, 컴파일을 수행하는 프로그램을 컴파일러(compiler)라고 한다. 물론, 컴파일러를 사용하지 않고 인터프리터(interpreter)를 이용하여 번역 과정을 거치는 프로그래밍 언어도 있다. 파이썬이 대표적인 인터프리터를 사용하는 언어이다. 컴파일러는 전체 소스코드를 한 번에 번역하는 과정을 거치고, 완성된 코드를 실행하는 반면에, 인터프리터는 작성된 소스코드를 한 줄 한 줄 번역하며 바로 수행하는 차이점이 있다.

"로마에 가면 로마법을 따르라"는 말이 있다. 다른 나라에 가면 그 나라의 언어를 알고 있어야 그 나라 사람과 원활한 의사소통이 가능하다. 컴퓨터도 마찬가지다. 컴퓨터와 대화하기 위해서는 프로그래밍 언어를 알아야 한다. 우리는 그중에서 가장 접근하기 쉽고 편하게 사용할 수 있는 파이썬에 대해 학습할 예정이다.

알고리즘의 이해

알고리즘이란 특정 문제를 해결하기 위한 방법을 추상적 혹은 논리적으로 표현한 것으로 쉽게 문제 해결 방법의 논리적인 구조라고 할 수 있다. 이러한 알고리즘은 우리가 일상생활에서 사용하는 자연어(한국어, 영어, 일어, 중국어 등)를 이용하여 표현하기도 하며, 순서도 또는 슈도코드(유사코드)를 이용하여 표현하기도 한다.

대부분의 프로그래밍 과정은 프로그램이 해결하고자 하는 문제에 대한 분석에서부터 시작한다. 문제에 대한 분석을 완료하면, 해당 문제를 해결하기 위한 알고리즘을 설계한다. 사실 프로그래밍 과정에서 가장 중요한 부분을 한 가지 선택하라고 한다면 바로 이 알고리즘을 설계하는 과정이라고 할 수 있다. 앞서 설명한 바와 같이 알고리즘은 다양한 방식으로 표현할 수 있다.

잘 정의된 알고리즘을 잘 표현하면, 실제 코딩의 과정은 그리 어려운 과정이 아니다. 프로그램은 여러분이 창작한 설계도와 알고리즘으로 동작한다고 생각하면 된다. 위 그림과 같이 프로그램은 사용자 또는 다른 프로그램으로부터 입력을 받고, 입력에 대한 대처를 하기 위해 여러 명령들을 수행한다. 명령을 수행하는 과정에서 프로그램은 여러분이 설계한 알고리즘에 따라 동작하게 되고, 마지막으로 프로그램은 수행된 명령들의 결과를 응답하게 된다. 알고리즘은 프로그램의 성능을 좌우할 정도로 많은 프로그램에 영향을 주는 가장 중요한 요소라고 보면 된다. 아래 예제를 통해 그 이유에 대해 알아보고자 한다.

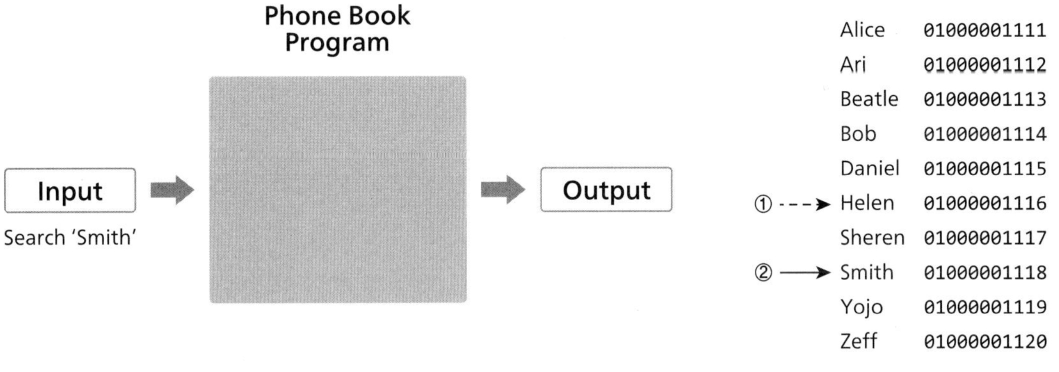

지금부터 위 그림과 같이 전화번호부 검색 프로그램을 만들고자 한다. 사람들의 연락처는 이미 컴퓨터의 메모리에 저장되어 있고, 우리는 사용자의 전화번호 검색 요청에 따라 컴퓨터에 저장된 전화번호부 중 검색어에 맞는 전화번호를 응답해주면 된다. 이때 전화번호부는 총 10명의 전화번호가 저장되어 있으며 이름순으로 저장되어 있다고 가정한다. 만약 첫 번째로 이름이 'Smith'인 사람의 전화번호를 검색하라는 요청이 들어왔다. 지금부터 여러분은 전화번호부에서 이름이 'Smith'인 사람을 찾아야 한다. 어떤 방법으로 찾을 것이지 한 번 생각해 보고 다음 문단을 읽어보길 바란다.

우선 프로그램을 만든다고 생각하지 말고 전화번호부에서 사람의 이름을 찾는다고 생각해보자. 제일 먼저 해야 할 일은 책을 집어 드는 일일 것이다. 그다음으로 책에서 이름을 찾아야 하는데 이름을 찾는 방법은 모든 사람마다 각자의 방법이 있을 것이다. 본 저자는 책의 가장 중앙을 먼저 펴보겠다. 위 그림에서 책 절반의 위치에서는 대략 'Helen'이 선택될 것이다. 'Helen'이 우리가 찾는 이름은 아니지만 여기서 우리는 'Smith'가 'Helen'보다 뒤쪽에 있다는 것을 알 수 있을 것이다. 그 후 다시 한 번 탐색을 시작하되 이번 탐색에도 'Helen'의 위치부터 책의 가장 마지막 인원까지 중 절반의 위치를 찾아낸다. 위 그림의 목록에서는 'Smith'가 선택될 것이다. 'Smith'는 우리가 찾고 있던 이름이므로 탐색이 완료되고 우리는 전화번호를 알아낼 수 있다. 위에서 설명한 내용은 아래와 같이 정리할 수 있다.

```
0       pick up pheone book
1       open to middle of phone book
2       look at names
3       if smith is among names
4                call Mike
5       else if Smith is earlier in book
6                open to middle of left half of book
7                go back to step 2
8       else of Smith is later in book
9                open to middle of right half of book
10               go back to step 2
11      else
12              quit
```

Alice	01000001111
Ari	01000001112
Beatle	01000001113
Bob	01000001114
Daniel	01000001115
Helen	01000001116
Sheren	01000001117
Smith	01000001118
Yojo	01000001119
Zeff	01000001120

위 방법은 컴퓨터공학의 대표적인 탐색 알고리즘인 이진탐색 기법이다. 탐색 확률을 절반으로 줄여 나가면서 원하는 결과를 찾아내는 방법이다. 이외에도 여러 가지 탐색 방법이 존재하는데 모든 탐색 알고리즘의 목적은 단 하나라고 볼 수 있다. 바로 탐색 정확도와 속도이다. 우리가 컴퓨터 프로그램을 사용하다 보면 같은 역할을 하는 동일한 프로그램인데도 하나는 매우 빠른 속도로 일을 처리하고 다른 하나는 비교적 느린 속도로 일을 처리하는 결과를 본 적이 있을 것이다. 게임을 하는 사용자들은 이런 상황을 "최적화가 되지 않았다"라고 말한다. 최적화라는 것은 컴퓨터 하드웨어의 성능을 최대한 효율적으로 사용한다는 의미가 되며 프로그래머들이 개발한 알고리즘이 얼마나 효율적이냐에 따라 이런 성능의 차이가 발생할 수 있다.

컴퓨터 프로그래밍에서의 알고리즘에는 정답이 없다. 모든 컴퓨터 프로그램들은 각자 목적이 서로 다르며 이에 따라 사용되는 방법들도 다양하게 존재한다. 또한 어떤 사람이 프로그램을 만드냐에 따라 알고리즘 또한 다양하게 변화할 수 있다. 그렇기 때문에 같은 목적을 가지는 프로그램들이라고 할지라도 그에 따른 성능이나 기능적인 측면이 매우 다를 수 있다. 이런 프로그램을 얼마나 효율적으로 이용하는지에 대한 기준은 그 프로그램을 만드는 프로그래머의 손에 달려있다고 해도 과언이 아니다.

프로그래머들은 최적의 최고의 프로그램을 만들기 위해 항상 알고리즘을 생각하고 변형하며 문제점이 발생하면 유연하게 개선해 나간다. 결과적으로 프로그래밍이라는 것은 항상 '생각'을 해야 하는 행동이다. 프로그래밍은 이 '생각'을 통해 사고의 범위를 넓혀주고 더 나은 '생각'을 할 수 있게 만들며 분야에 상관없이 모든 문제에 대해 새로운 해결책을 '생각'할 수 있는 힘을 길러 줄 수 있다. 지금부터 본 저자는 이 책을 통해 프로그래밍의 기초를 다루고 '생각'하는 습관을 키울 수 있는 발판을 마련해 보도록 하겠다.

프로그래밍 언어의 역사

초기의 프로그래밍 언어는 기계어로 사용되었다. 10진법이나 2진법 형태로 작성된 프로그램들은 천공 카드나 자기 테이프 또는 컴퓨터 프론트 패널의 스위치를 켜고 끔으로써 데이터를 불러들였다. 기계어는 1세대 프로그래밍 언어(1GL)로 불린다. 다음 단계인 2세대 프로그래밍 언어(2GL)로는 어셈블리 언어가 개발되었고 여전히 해석하기 어려운 컴퓨터의 명령어 집합 구조와 밀접하게 관계되어 있다. 어셈블리 언어는 기존의 기계어에 비하여 사람들이 이해하기 쉽게 만들어졌지만 아직은 인간 친화적이기보다는 기계 친화적인 형태를 보여줬다. 이런 기계어나 어셈블리어를 저수준 언어 또는 저수준 프로그래밍 언어라고 부른다.

1950~1960년에는 대표적인 초기 고급 프로그래밍 언어 3개가 개발된다. 고급 프로그래밍 언어는 기계보다는 사람 친화적인 언어로써 사람들이 좀 더 이해하기 쉽게 컴퓨터 프로그래밍을 할 수 있도록 한다. 1954년에 최초의 고급언어가 개발되는데, 언어의 이름은 포트란(Formula Translation, Fortran)이다. 포트란은 반복문, 배열, 분기 개념을 처음으로 도입한 언어로 IBM의 존 배커스(John Backus)와 그의 동료들이 완성한 언어이다. 포트란은 전문적인 과학계산 문제를 풀기 위하여 만들어진 언어이며 다른 언어보다 과학계산 문제에 있어서는 훨씬 간단명료하고 신속하게 프로그램을 작성할 수 있다.

이후 1958년에 두 번째 고급언어인 리스프(Lisp)가 개발되었다. 리스프는 존 매카시와 그의 동료들이 구현하였다. 리스프는 본래 컴퓨터 프로그램을 활용하여 수학 표기법을 나타내기 위해 만들어졌으며, 이후 인공지능 연구소에서 인기 있는 언어가 되었다. 1959년에는 사무용으로 설계된 컴퓨터 프로그래밍 언어인 코볼(COmmon Business-Oriented Language, COBOL)이 개발된다. 코볼은 주로 비즈니스, 금융, 회사/정부 관리 시스템에 주로 사용되며, 대량 데이터 처리를 위한 업무처리 및 관리 분야용으로 자리 잡게 된다.

1972년도에는 현재 프로그래밍 언어 중 가장 많이 사용되는 C언어가 개발된다. C언어는 1972년 켐 톤슨과 데니스 리치가 벨 연구소에서 일할 당시 새로 개발된 유닉스 운영 체제에서 사용하기 위해 개발한 프로그래밍 언어이다. 현재 유닉스 시스템의 프로그램은 모두 C언어로 작성되었으며 운영 체제의 커널들 또한 C언어로 만들어졌다. C언어 이름의 유래는 처음에는 벨 연구소의 앞 글자를 따 'B'라는 언어를 개발했는데, 이를 개선하여 'C'언어가 탄생하게 되었다고 한다.

1960~1970년대에는 객체 지향 언어의 시초인 시뮬라67이 개발되었으나 실용적인 언어로는 발전하지 못하였고 스몰토크와 C++가 개발되면서 객체 지향 언어를 많이 사용하기 시작했다. 그 중 C++는 아직도 많이 사용되고 있는 객체 지향 언어 중 하나이다. C++는 1983년에 벨 연구소의 비야네 스트롭스트룹이 C언어 기반으로 발전한 객체 지향 프로그래밍 언어이다. 객체 지향 프로그래밍은 컴퓨터 프로그래밍의 패러다임 중 하나이다. 객체 지향 프로그래밍의 목적은 컴퓨터 프로그램을 명령어의 목록으로 보는 시각에서 벗어나 여러 개의 독립된 단위, 즉 "객체"들의 모임으로 파악하고자 하는 것이다. 이러한 객체 지향 프로그래밍은 프로그램을 유연하게 하므로 대규모 소프트웨어 개발에 많이 사용된다. 또한 소프트웨어 개발과 보수를 간편하게 하며, 더 직관적인 코드 분석을 가능하게 하는 장점이 있다. 위의 객체 지향 프로그래밍을 구현하기 위해 사용되는 언어를 객체 지향적 프로그래밍 언어라고 한다.

1990년대에는 자바와 자바스크립트, 파이썬이 개발된다. 1995년도에 발표된 자바는 썬 마이크로시스템즈의 제임스 고슬링과 다른 연구원들이 개발한 객체 지향적 프로그래밍 언어이다. 처음에는 가전제품 내에 탑재해 동작하는 프로그램을 위해 개발되었지만, 현재 웹 애플리케이션 개발에 가장 많이 사용하는 언어 가운데 하나이고, 모바일 기기용 소프트웨어 개발에도 널리 사용하고 있다. 자바를 다른 컴파일 언어와 구분 짓는 가장 큰 특징은 컴파일된 코드가 플랫폼 독립적이라는 것이다. 따라서 자바로 개발된 프로그램은 CPU나 운영 체제의 종류와 관계없이 JVM을 설치할 수 있는 시스템에서는 어디서나 실행할 수 있으며, 이 점이 웹 애플리케이션의 특성과 맞아 인기를 끌게 된다.

파이썬은 1991년 프로그래머인 귀도 반 로섬이 발표한 프로그래밍 언어로, 자바와 같이 플랫폼 독립적이며 객체 지향적인 특징을 가진다. ACM(Association for Computing Machinery)에 따르면, 파이썬이 자바를 넘어서 미 대학생들에게 프로그래밍 및 컴퓨터 공학 입문용으로 가장 널리 활용되고 있는 것으로 조사되었으며, 상위 10개 컴퓨터 공학 부문 중 8곳이, 상위 39개 학교 중 27곳이 코딩 교육을 위해 파이썬을 이용하고 있다.

2000년대 들어와서도 다양한 프로그래밍 언어들이 개발되고 있다. 대표적으로 구글에서 개발한 Go와 마이크로소프트에서 개발한 C#, 애플에서 iOS와 macOS를 위해 개발한 Swift 등이 있다.

여러 언어가 2000년대 들어와 개발되었지만, 아직은 많이 사용되고 있지 않은 추세이다. 아래의 표는 2021년 8월 기준 TIOBE 지수를 정리한 것이다.

Aug 2021	Aug 2020	Change	Programming Language	Ratings	Change
1	1			C	12.57%
2	3	^		Python	11.86%
3	2	v		Java	10.43%
4	4			C++	7.36%
5	5			C#	5.11%
6	6			Visual Basic	4.67%
7	7			JavaScript	2.95%
8	9	^		PHP	2.19%
9	14	^^		Assembly	2.03%
10	10			SQL	1.47%
11	18	^^		Groovy	1.36%

TIOBE 기준 C와 파이썬, 자바, C++ 순으로 가장 많이 사용되고 있는 것을 볼 수 있다. 이는 기존에 개발된 프로그램이나 OS 등이 이미 C나 파이썬, 자바로 구현되어 있기 때문에 굳이 새로운 언어로 코드를 수정할 필요성이 없기 때문이다. 또한 이미 기존에 구현된 시스템이나 프로그램에 추가적인 모듈로써 프로그램을 개발할 때, 같은 언어를 사용하여 유지보수성과 호환성을 높이기 때문에 새로운 언어가 나온다고 해서 바로 많은 사람이 사용하지 않는다.

CHAPTER

02 파이썬 소개 및 개발환경

2.1 파이썬

파이썬이란?

프로그래밍 언어 개발자들이 언어의 이름을 짓는 방식에는 여러 가지가 있다. 프로그래밍 언어는 코틀린(Kotlin), 자바(Java)처럼 섬의 이름을 따서 짓거나, 파스칼(Paskal), Ada(에디아)처럼 유명한 수학자의 이름을 따서 이름을 짓기도 한다. 파이썬(Python)은 1990년 귀도 반 로섬이 개발한 고급 프로그래밍 언어로, 코미디 프로그램 Monty Python's Flying Circus에서 이름이 유래되었다.

파이썬의 특징은 다음과 같다. 첫째, 파이썬은 스크립트 언어(Script language)이다. 스크립트 언어는 다른 응용 프로그램에 삽입되어, 그 언어를 해석하는 방식으로 동작하는 프로그래밍 언어이다. 스크립트 언어의 유연성을 포함하고 있는 파이썬은 다른 언어나 라이브러리에 쉽게 연동할 수 있어 확장성이 뛰어나다. 또한, 파이썬은 원시 코드를 기계어로 번역하는 컴파일 과정 없이 원시 코드 명령어들을 한 번에 한 줄씩 읽어 들여 실행하는 인터프리터 방식을 채택하여 결과를 즉시 확인할 수 있다.

둘째, 파이썬은 플랫폼 독립적(Platform-independent)이다. 플랫폼 독립적이란 특정 운영체제나 하드웨어와 같은 플랫폼에 의존적이지 않은 것을 말한다. 즉, 리눅스(Linux) 운영체제 환경에서 C 언어 또는 C++과 같은 고급 언어로 만들어진 실행 코드의 경우 윈도우즈(Windows) 운영체제에서 동작할 수 없다. 하지만, 파이썬과 같은 플랫폼 독립적인 언어는 원시 코드를 운영체제별로 컴파일할 필요 없이 어떤 플랫폼에서도 모두 동작한다.

셋째, 파이썬은 동적 타입 언어이다. 다른 고급 언어들과는 다르게 파이썬은 변수 선언 시 데이터의 종류를 정의하지 않는다. 대부분의 언어들은 변수 선언 시 해당 변수의 타입을 정의해야 하지만, 파이썬은 프로그램이 동작되는 과정에서 변수에 대입되는 데이터의 종류에 따라 변수의 타입을 결정한다.

위에서 언급한 특징을 종합해 보면 파이썬의 장점을 다음과 같이 나열해 볼 수 있다. 첫째 파이썬은 스크립트 언어로 사람의 사고 체계를 그대로 컴퓨터에게 전달하는 프로그래밍을 할 수 있다. 그동안 우리는 프로그래밍을 하기 위해 컴퓨터의 동작 방식을 이해하고 그에 맞춰 프로그래밍 언어를 작성하였지만 파이썬은 구상한 아이디어를 손쉽게 컴퓨터에게 전달할 수 있는 언어이다.

둘째, 파이썬은 플랫폼 독립적이고 오픈소스로 제공되는 언어이기 때문에 파이썬을 사용하는 많은 개발자들이 존재하며, 이를 통해 파이썬에서 사용할 수 있는 방대하고 다양한 형태의 라이브러리나 패키지 등을 쉽게 얻을 수 있다. 예를 들어 인공지능 또는 기계학습을 위해 사용되는 scikit-learn, TensorFlow, Keras, 웹서버 구현을 위한 Django, Flask, 이미지 처리를 위한 OpenCV, GUI 프로그래밍을 위한 PyQt, tkinter 등과 같은 강력한 패키지들을 제공해주고 있다. 이외에도 수많은 외부 라이브러리들이 제공됨으로 개발자들은 이를 이용하여 빠르고 간결하게 원하는 프로그램을 개발할 수 있다.

셋째, 파이썬은 쉬운 문법과 높은 가독성을 가지고 있어 다른 프로그래밍 언어보다 접근성이 뛰어나고 쉽게 배울 수 있다. 파이썬은 프로그래밍을 접한지 얼마되지 않은 비전공자들도 빠른 시간 내 문법을 학습할 수 있기 때문에 초보자부터 전문가까지 많은 사용층을 보유하고 있는 프로그래밍 언어로 불리고 있다.

넷째, 파이썬의 기본 철학은 '단순함이 복잡함보다 낫다'이다. 파이썬은 개발 단계부터 의도적으로 간결하게 만들었기 때문에 개발 속도가 굉장히 빠르다. 특히 위에서 언급했던 방대한 라이브러리들을 보유하고 있기 때문에 개발 기간이 매우 단축된다. 또한 파이썬 코드는 가독성을 중요시 하고 있기 때문에 그 어떤 프로그래밍 언어보다도 소스코드가 복잡하지 않고 의미가 명확하게 전달된다.

2.2 파이썬 개발환경

프로그래밍을 공부하기에 앞서 가장 먼저 필요한 것은 프로그래밍 환경을 구축하는 것이다. 파이썬 언어뿐만 아니라 다른 프로그래밍 언어를 이용하는 경우에도 마찬가지이다. 파이썬을 이용하여 프로그램을 작성하기 위해서는 다양한 소프트웨어가 필요하다. 앞에서 설명한 바와 같이 프로그래머가 작성한 프로그램을 소스코드라고 한다. 소스코드를 작성하기 위해서는 에디터(Editor, 편집기)가 가장 먼저 필요하다. 사실 텍스트를 편집할 수 있다면 어떤 에디터를 사용해도 무방하다. 예를 들어 윈도우 운영체제의 기본 프로그램인 메모장을 이용할 수도 있다. 텍스트를 편집할 수 있는 에디터는 다양하게 존재하며, 프로그래머는 기능과 UI(User Interface, 사용자 인터페이스)에 따라 선호하는 에디터를 선택하여 사용하기도 한다. 파이썬 프로그래밍을 위해서 우리는 에디터를 이용하여 소스코드를 작성해야 하며, 소스코드의 오류를 수정하기 위한 디버거 등의 다양한 프로그램들이 필요하다.

에디터와 디버거 등의 다양한 프로그램을 취사선택하여 프로그래밍을 진행할 수도 있으나, 이는 처음 프로그래밍을 시작하는 사람들에게는 정말 어려운 일이다. 다행스럽게도 이런 프로그램들을 한데 모아 하나의 프로그램을 제공하는 소프트웨어가 많이 있다. 우리는 이러한 소프트웨어를 IDE(Integrated Development Environment, 통합개발환경)라고 한다. 하나의 IDE 프로그램을 설치하는 것만으로도, 프로그래밍이 가능한 환경 구축이 가능하다.

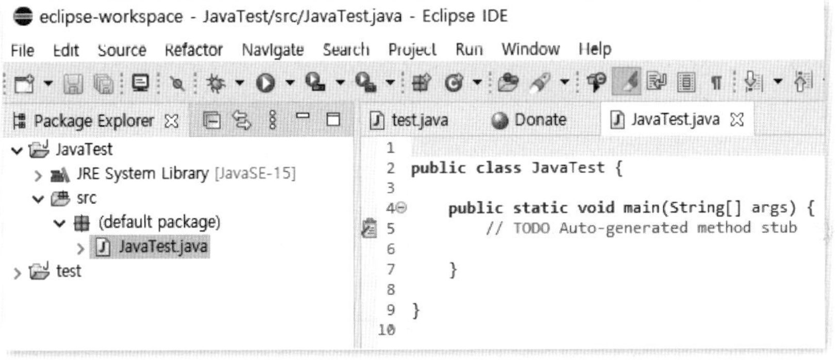

(a) Eclipse

(b) Visual Studio

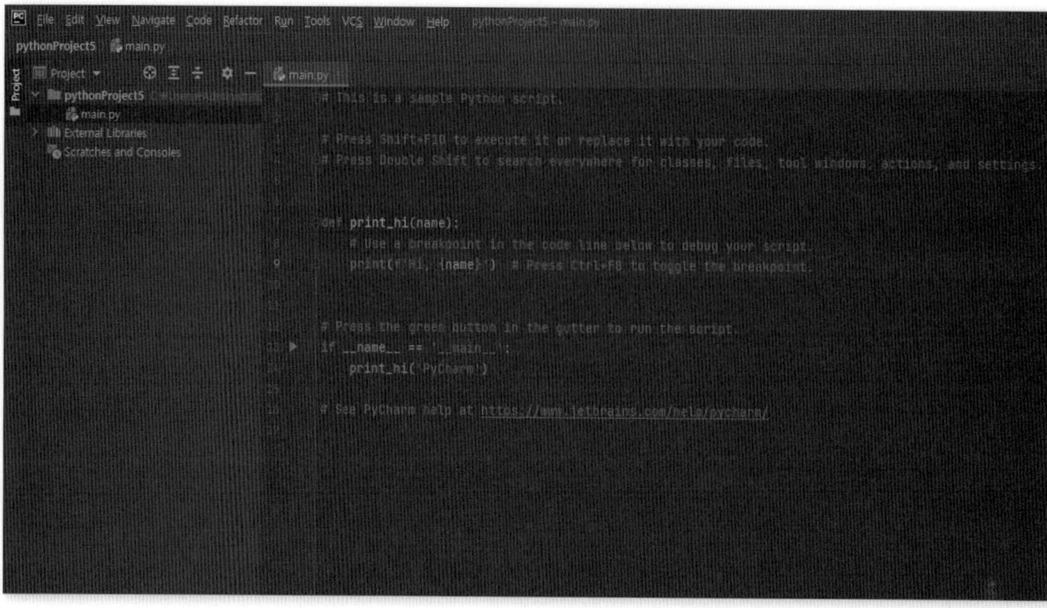

(C) Pycharm

최근에는 프로그램을 설치하지 않고도 클라우드 또는 웹 기반의 다양한 IDE를 사용하는 추세이기도 하다. 클라우드에서 가상화를 기반으로 제공되는 IDE도 웹을 이용하여 서비스하는 경우가 많다. 웹 기반의 IDE와 설치 기반의 IDE는 설치 여부만 다를 뿐 실제 사용하는 방법에는 크게 차이가 없다. 그러나, 처음 프로그래밍을 시작하는 사람에게는 처음 접하는 IDE를 설치하는 과정도 어렵게 느껴질 수 있을 것이다. 앞으로 SW를 전공할 학생들이라면 웹 기반의 IDE와 설치 기반의 IDE를 모두 사용해 보아야 한다. 그럼 이제 웹 기반의 IDE와 설치 기반의 IDE를 순서대로 알아보도록 하자.

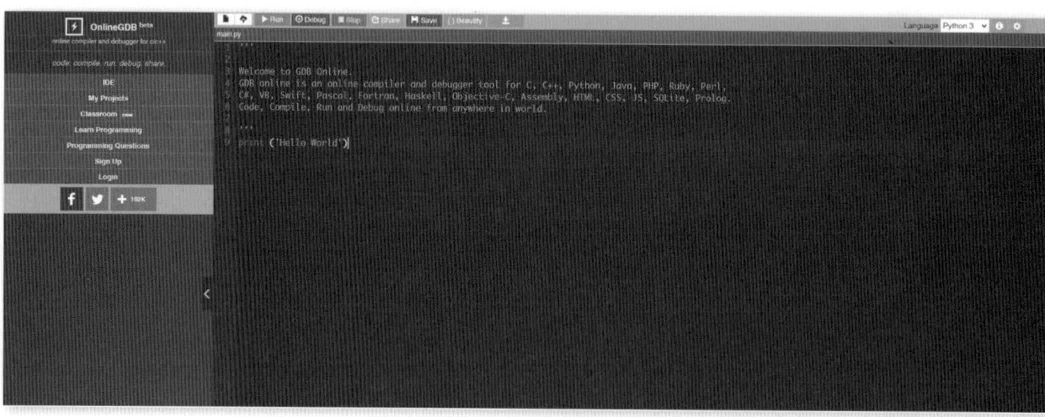

(a) OnlineGDB

(b) CodePen

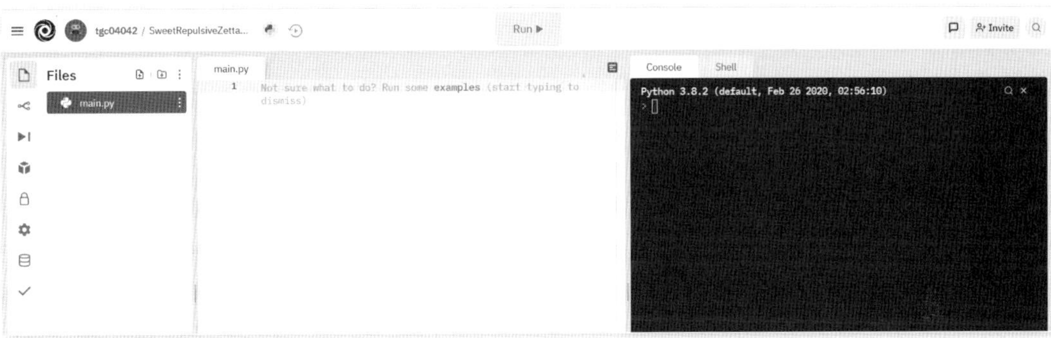

(c) REPL

웹 기반 개발환경

웹 기반 IDE는 웹 브라우저를 이용하여 인터넷 서비스의 형태로 사용할 수 있다. 별도의 설치 과정이나 복잡한 설정 없이 단순 접속만으로도 다양한 기능을 활용하여 프로그래밍을 진행할 수 있다. 웹기반 IDE의 경우 일부 기능이나 절차를 단순화하여 간단하게 사용할 수 있도록 하는 것에서부터, 설치형 IDE와 같이 세부 설정이 가능하면서도 모든 기능을 충실하게 가지고 있는 것에 이르기까지 다양하게 존재한다. 이제 쉽게 접속하여 사용할 수 있는 웹 기반의 IDE 중 몇 가지를 간단하게 소개하고자 한다.

OnlineGDB: 온라인 GDB

- 웹 기반 통합개발환경에서는 잘 지원하지 않는 기능 중 하나인 디버깅 기능을 제공하고 있다. 콘솔 입력 기능이 있어 기존의 설치형 IDE 환경과 유사한 경험을 할 수 있다. 가장 많이 사용되는 프로그래밍 언어인 C와 C++, 자바, 파이썬 등 다양한 프로그래밍 언어를 지원한다. 회원가입을 하면 자신의 작업 공간을 제공하며, 온라인 수업을 위한 온라인 코드 채점 시스템을 제공한다. 또한, C/C++ 강좌와 작성한 소스코드의 소셜미디어 공유 기능, 프로그래밍에 관련된 질문과 답변 기능이 제공된다. 아직 베타 서비스로 오픈한 상태로 점차 그 기능이 추가되고 있다 (https://www.onlinegdb.com).

replit: 리플잇

- 대부분의 언어를 지원하는 강력한 웹 기반 IDE 중 하나이다. 특히 리플잇은 웹서버, plot, 터틀봇, 뮤직봇 등의 프로젝트를 바로 수행할 수 있는 별도의 템플릿을 제공하고 있어 각 언어별로 원하는 프로젝트를 빠르게 수행해 볼 수 있는 기회를 제공해 준다. 현재 기준으로 프로젝트 관리, 팀프로젝트, 강의를 위한 커리큘럼 기능을 제공해주고 있으며 지속적인 업데이트를 통해 개발자들의 편의성을 높이고 있다(https://replit.com).

Ideone: IDE원

- 60개 이상의 다양한 프로그래밍 언어를 지원하여 쉽고 간단하게 프로그래밍을 경험할 수 있는 온라인 컴파일러이다(https://ideone.com).

codingground: 코딩그라운드

- 상당히 많은 종류의 프로그래밍 언어를 지원하는 온라인 IDE로 다중 파일 컴파일과 프로젝트 다운 기능 등을 제공한다. tutorialspoint(튜토리얼 포인트) 사이트의 서브 사이트로 제공되며, 다양한 프로그래밍 언어를 공부할 수 있는 튜토리얼과 연계되어 있고, 튜토링, 관련 동영상 등이 함께 제공된다(https://www.tutorialspoint.com/codingground.htm).

goormide: 구름IDE

- 국내 서비스로 한글 UI가 제공된다. 터미널을 활용하는 다양한 작업이 가능하며 설치형 IDE와 큰 차이가 없는 활용이 가능하다. 교육용과 일반 사용자용, 기업용 3가지로 구분되어 있다. 기업용 버전의 경우 다양한 프로젝트 관리 도구를 추가로 제공한다. 무료로 제공하는 저장공간과 기능으로도 처음 프로그래밍을 시작하기에 충분하다(https://ide.goorm.io).

웹 기반 개발환경에서 프로그래밍 하기

OnlineGDB: 온라인 GDB

onlineGDB는 https://www.onlinegdb.com/을 웹 브라우저에 입력하여 접속한다. 첫 화면은 아래의 사진과 같다. 화면 좌측의 메뉴를 순서대로 살펴보자. 첫 번째는 IDE는 코드를 작성하고 실행해 볼 수 있는 페이지이다. 두 번째는 자신이 만든 프로젝트를 확인할 수 있는 페이지이다. 세 번째 Classroom은 온라인 수업을 통해 프로그래밍 실습 및 과제를 생성하여 학생들에게 제공할 수 있다. 네 번째는 C와 C++ 프로그래밍을 배울 수 있는 페이지이다. 다섯 번째는 QnA 기능이다. 학생들이 모르는 코드나 질문사항들을 묻고 답하는 기능이 추가되어 있다.

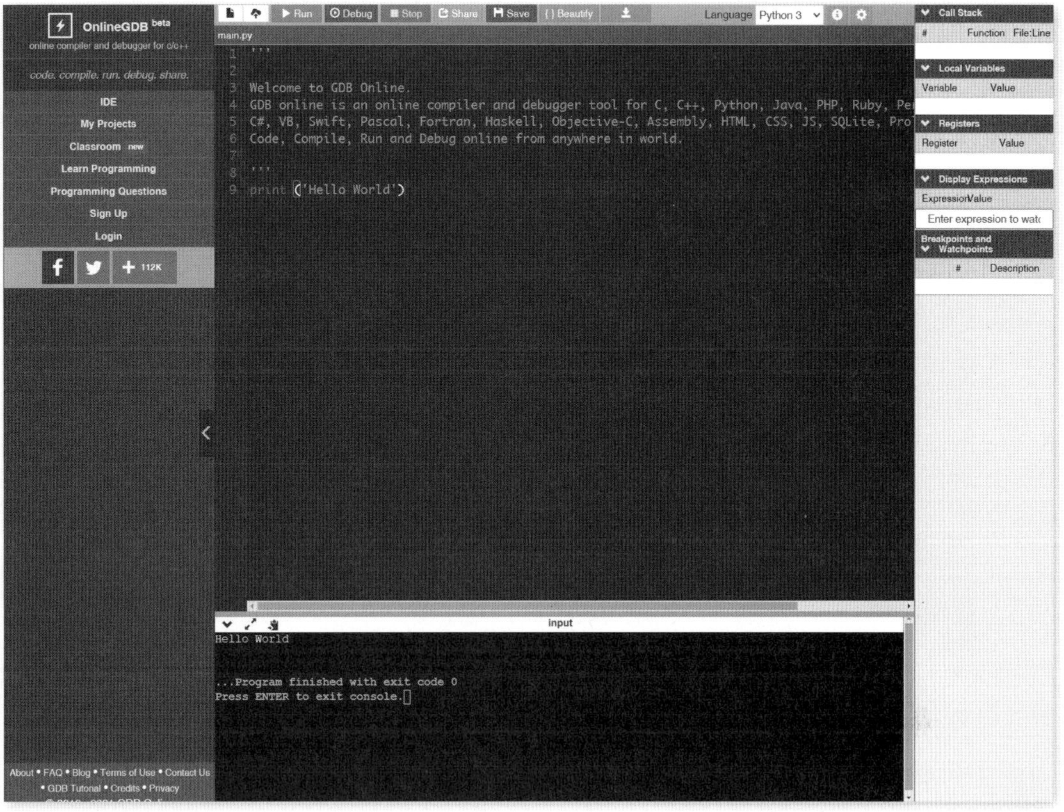

화면 중앙에 위치한 검은 바탕의 화면은 에디터 영역이다. 그 위에는 프로그래밍을 위한 기본적인 기능들이 제공된다. 에디터 화면 상단 우측에 보면 'Language'라고 되어있는 선택 버튼을 클릭하면, 프로그래밍 언어를 선택할 수 있다. 우리는 파이썬 언어에 대하여 학습하고 있으므로 'Python 3'을 선택하도록 하자. Python뒤에 붙은 '3'은 Python 버전을 이야기하며 현재 'Python 3'을 가장 많이 이용하고 있다. 화면 우측 영역은 수로 디버깅을 수행할 때 보이는 화면으로, 초기 접속 시에는 나타나지 않을 수도 있다.

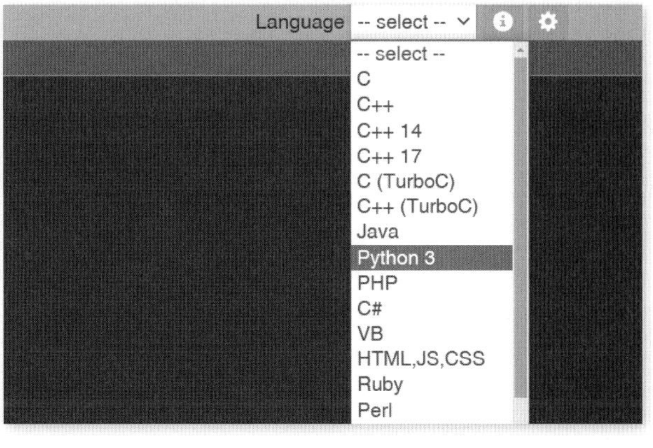

메인 화면은 코드 작성 영역과 입력 및 결과 출력 영역으로 나뉜다. 코드 작성 영역 위에 실행, 디버그, 종료, 코드 공유, 저장, 다운, 들여쓰기 교정, 작성할 언어를 선택하는 기능이 있다.

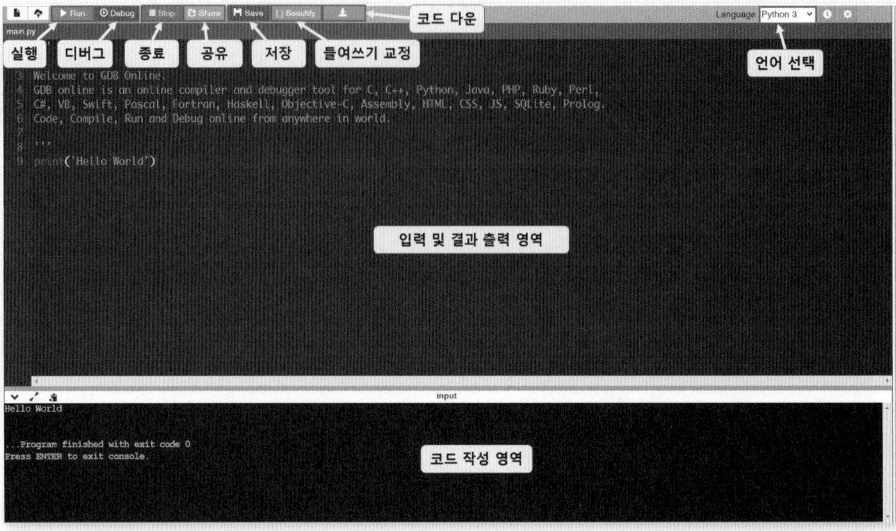

프로그램을 작성한 후, 프로그램을 실행하려면 상단 메뉴바에서 'Run' 버튼을 입력한다. 그러면 결과 출력 영역이 결과 출력 화면 또는 에러 출력 화면으로 변경된다. 정상적으로 프로그램이 실행된 경우에는 입력 및 출력 결과 화면에 프로그램의 실행 결과가 나타나며 에러가 발생한 경우에는 에러 출력 화면에서 에러 메시지를 확인할 수 있다.

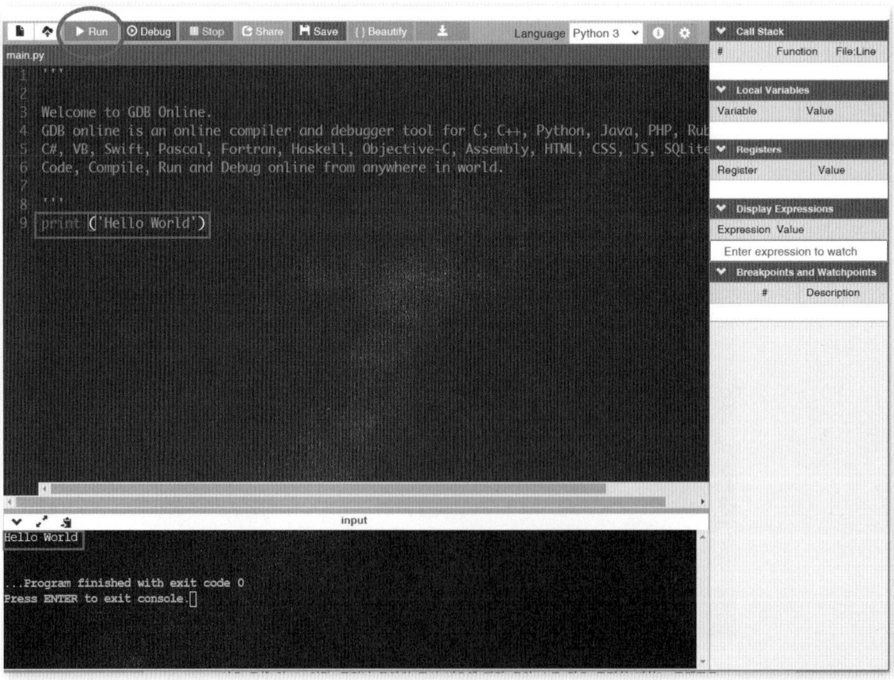

전체 화면 상단의 메뉴에서 'Stop' 버튼은 현재 실행 중인 프로그램을 종료하고자 할 때 사용한다.

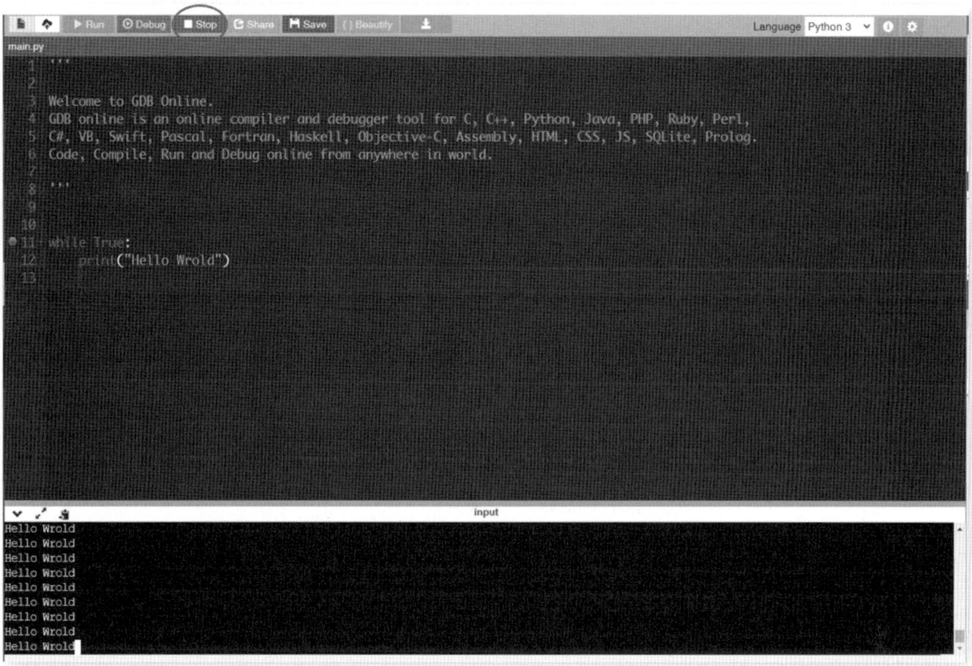

'Share' 버튼은 현재 작성한 소스코드를 참조할 수 있는 링크를 생성하여 공유할 수 있도록 하는 기능을 제공한다. 'Save' 버튼은 현재 작성한 소스코드를 이 사이트에 새로운 프로젝트로 저장할 수 있도록 하는 기능을 제공한다. 'Beautify' 버튼은 현재 작성 중인 소스코드를 보다 읽기 쉬운 형태로 변환하는 기능을 제공한다. 마지막에 이미지로 제공되는 버튼은 다운로드 버튼이다. 현재 사용하고 있는 컴퓨터에 작성한 소스코드를 저장하는 기능을 제공한다.

replit: 리플잇

http://www.replit.com/을 웹사이트에 입력하여 리플잇에 접속할 수 있다. 리플잇에 접속하면 가장 먼저 다음 그림의 ❶번과 같은 화면을 볼 수 있다. Start coding 버튼을 누르면 로그인 화면으로 넘어가며, 리플잇을 사용하기 위해서는 회원가입이 꼭 필요하다. 회원가입 완료 후 로그인을 하면 ❷번과 같은 화면을 볼 수 있다. 'Create' 메뉴는 새로운 프로젝트를 만들기 위한 메뉴로 '+' 버튼을 누르면 프로그래밍을 시작할 언어와 templete을 선택할 수 있다. 'Recent' 메뉴는 최근에 사용했던 프로젝트 목록을 보여준다. 우리는 파이썬 언어를 수행해야 하므로 '+' 버튼을 눌러 'Python'을 선택하거나, 화면에 표시되어 있는 'Python' 버튼을 클릭한다.

'Python' 버튼을 클릭하면 ❸번과 같은 화면이 나타난다. 이 화면은 파이썬 프로젝트를 생성하는 화면으로, 제일 먼저 프로젝트의 이름을 작성한 후 'create repl' 버튼을 누르면 파이썬 프로젝트가 생성된다.

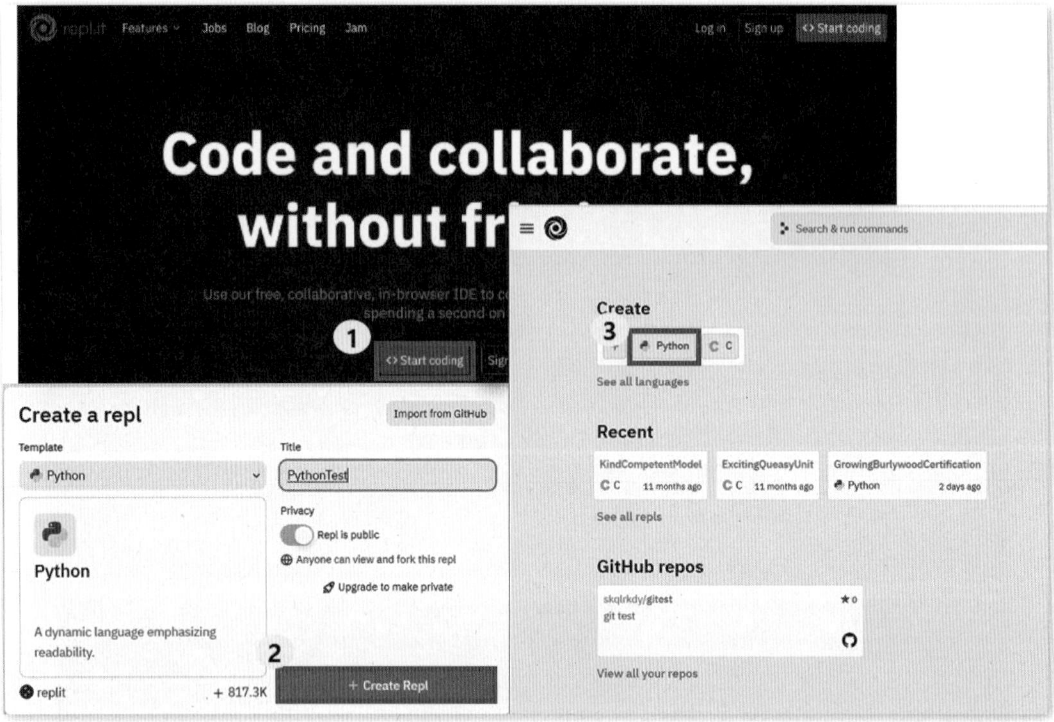

'Create repl' 버튼을 누르면 replit의 메인 화면이 나타난다. 메인 화면의 좌측은 프로젝트 수행을 위한 메뉴들을 나타낸다. 제일 처음 메뉴는 File 메뉴로 현재 프로젝트에서 생성한 파일들의 목록이 출력된다. 해당 메뉴에서 우리는 프로젝트 수행에 필요한 파일 및 폴더들을 추가하거나 삭제할 수 있다. replit은 최초 프로젝트 생성 시 main.py 파일을 생성한다. 두 번째로 github 메뉴가 있다. 자신의 github 계정과 연동할 수 있으며, 코드 수정 후 git의 브랜치를 설정하고, 커밋(commit) 및 푸쉬(push)할 수 있다. 또한 이전에 커밋 했던 내용으로 되돌아갈 수 있다. 세 번째로 디버깅 기능을 수행하는 디버거 메뉴가 있다. 네 번째로 numpy나 opencv 등과 같은 파이썬 패키지를 설치하고 관리할 수 있는 메뉴가 있다. 다섯 번째로 환경 변수 설정을 할 수 있는 메뉴가 있다. 키(key)와 값(value)을 추가하여 사용할 수 있다. 여섯 번째로 환경설정 메뉴가 있다. 환경설정 메뉴에서는 코드 작성 영역과 입력 및 결과 출력 영역의 위치를 조정하는 레이아웃(Layout) 변경 기능, 폰트 크기 조절 기능, 스페이스 혹은 탭 중 들여쓰기 할 수 있는 방식을 결정할 수 있는 들여쓰기 타입 결정 기능, 들여쓰기 크기 조정 기능 등이 있다. 일곱 번째로 데이터베이스에 접근할 수 있는 객체의 기능을 제공하는 메뉴가 있다.

메인 화면은 두 번째와 세 번째는 코드 작성과 입력 및 결과 출력 영역으로 나뉜다. 코드 작성 영역은 파이썬 코드를 작성하는 에디터 영역으로 해당 영역에서 프로그래밍을 진행할 수 있다. 입출력 영역은 파이썬 코드를 실행한 후 값을 입력하거나 출력 결과를 확인하는 영역이다. 코드 작성 영역에 코드를 작성하고 실행 버튼을 누르면 프로그램을 실행한다. 실행 중 종료 버튼을 누르면 즉시 중단하고 프로그램을 종료한다.

Ideone 사용해보기

Ideone은 http://ideone.com/을 웹브라우저 주소창에 입력하면 접속할 수 있다. 주소를 입력하여 Ideone에 접속하면 아래와 같은 에디터를 볼 수 있다. 에디터 우측과 하단에 이용 방법과 트위터 팔로우 링크, 광고, 피드백 등의 메뉴가 제공되지만, 간단한 코딩을 위해서는 필요하지 않다.

제일 먼저 에디터 화면 좌측 하단의 첫 번째 선택 버튼을 눌러 프로그래밍 언어를 선택해 보자. 우리는 파이썬 언어를 공부하고 있으므로, 'Python 3'를 선택하면 된다. 아래의 그림은 프로그래밍 언어 선택 화면이다.

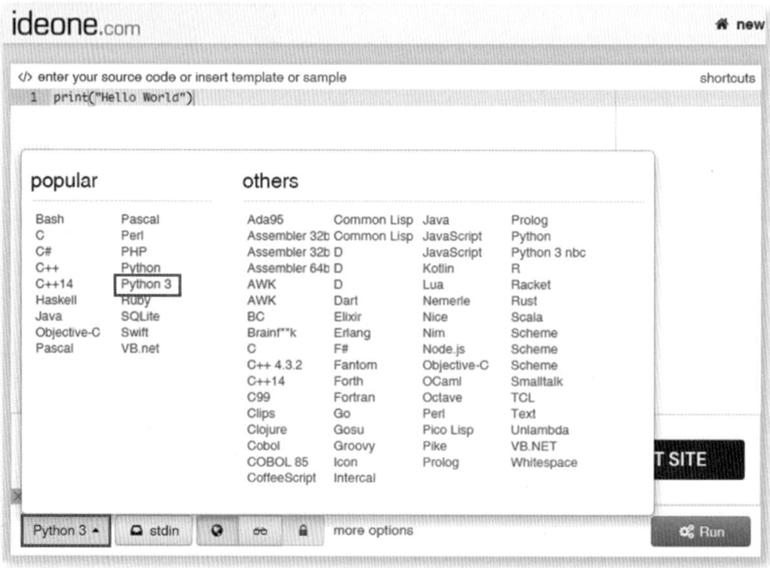

Ideone은 우리가 조금 전에 살펴 본 onlineGDB보다 더 간단한 기능을 제공한다. 에디터에 소스코드를 입력하고 우측 하단의 녹색 'Run' 버튼을 클릭하면, 소스코드를 한 줄씩 읽어 내려가면서 실행하며 프로그램의 실행 결과를 보여주는 화면으로 전환된다. 제일 상단에는 작성한 소스코드를 보여주고, 그 다음에는 실행 중 발생한 에러 메시지를 보여준다. 그 아래에는 표준 입력을 통해 입력 받은 값을 보여준다. 실행에 성공하였을 경우에는 그 아래에 표준 출력으로 프로그램의 실행 결과를 보여주지만, 실행 중 에러가 발생했을 경우에는 에러에 대한 정보를 보여준다. 여기에서 에러 메시지를 확인할 수 있다.

이 화면에서 다시 소스코드를 수정하고 싶다면, 상단 첫 번째 'edit' 버튼을 이용한다. 다시 에디터 화면으로 돌아가면, 처음의 에디터 화면과는 다른 화면 구성을 볼 수 있다. 데이터 하단에 에러 메시지를 보여주어 편리하게 소스코드를 수정할 수 있도록 도와준다. 또한, 에디터 하단에는 입력과 출력을 선택하게 확인할 수 있는 탭이 제공된다. 작성하는 프로그램에 입력값이 필요한 경우에는 여기에 입력을 해 두면, 프로그램을 실행할 때 이 값을 읽어 들이게 된다. 이후의 프로그램의 실행은 'Run' 버튼이 아닌 'ideone it!' 버튼을 이용하도록 변경되어 있을 것이다. 이 버튼을 누르면 화면이 전환되지 않고 한 화면에서 계속 코딩을 진행할 수 있다.

Ideone은 두 가지 에디터 화면이 제공된다. 처음 실행할 때의 에디터 화면과 프로그램 실행 후 에디터 화면이 다르기는 하지만 큰 차이가 없다. 다만 실행 버튼과 입출력 등의 일부 인터페이스와 버튼의 글자가 다르기는 하지만, 충분히 이해하고 사용할 수 있는 수준이다. 아래는 첫 실행 시 에디터 화면에서 'stdin' 버튼을 누르고 입력값을 설정하는 화면을 설명하고 있다.

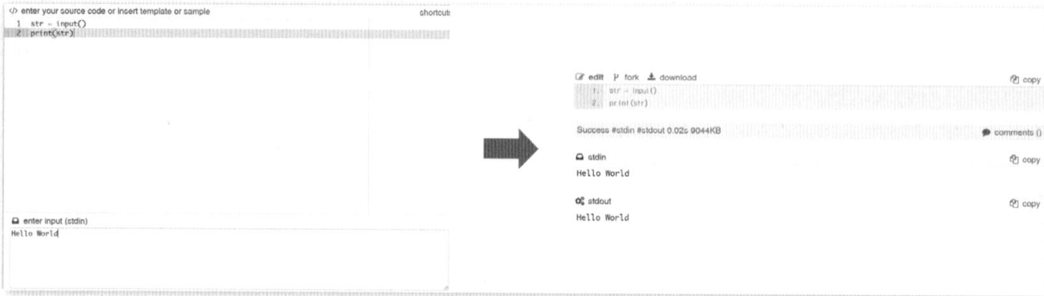

그 외에도 코드 공유와 private 모드 설정, 링크 공유 등의 기능을 제공하고 있다.

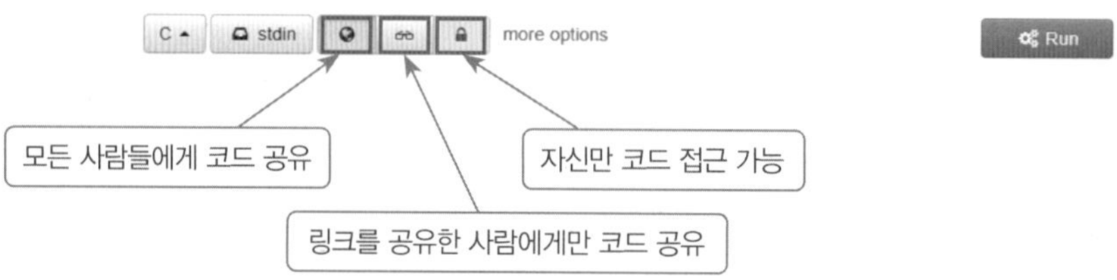

codingground 사용해보기

codingground를 사용하기 위해서는 https://www.tutorialspoint.com/codingground.html을 웹 브라우저 주소창에 입력해 보자. 처음 만나는 화면은 아래와 같다.

이 첫 화면에는 다양한 소프트웨어 개발 환경과 라이브러리, 프로그래밍 언어 등을 살펴볼 수 있다. 화면의 아래쪽으로 이동하다 보면 'Online Compilers and Interpreters'라는 제목의 영역을 확인할 수 있다. 여기에는 온라인으로 코딩을 할 수 있는 다양한 프로그래밍 언어들이 제공된다. 우리는 파이썬 언어를 학습하고 있으므로 파이썬 언어를 선택해 보자.

파이썬 언어를 선택하면 아래의 그림과 같은 에디터 화면을 찾을 수 있다. 전체 화면 윗부분에는 메뉴가 있고, 그 아래에 에디터와 출력 화면이 위치한다. 출력 화면은 에디터 우측 또는 하단에 있는데, 이는 출력 화면 우측 상단의 첫 번째 버튼을 눌러 이동할 수 있다. 그 옆에는 출력 화면을 최대화하는 버튼과, 최소화하는 버튼이 함께 있다. 에디터 상단에는 에디터를 위한 두 개의 버튼과 두 개의 탭이 있다. 코드를 작성하기 위해서는 'main.py'을 클릭한다. 그리고 작성하고자 하는 프로그램의 소스코드를 입력하면 된다.

'main.py' 탭 옆에 있는 'STDIN' 탭은 프로그램에 필요한 입력값을 입력하기 위한 것으로 실행 전에 입력해야 하는 값을 편집할 수 있다. 소스코드 작성이 완료되면 제일 앞에 위치해 있는 'Excute' 버튼을 클릭한다. 이 버튼을 클릭하면 프로그램을 실행하고, 실행 결과는 결과 화면에 출력된다.

결과 화면은 마치 리눅스의 쉘과 상당히 유사하다. 이 결과 화면에서는 리눅스의 쉘에서 실행하는 명령어와 결과를 모두 볼 수 있다.

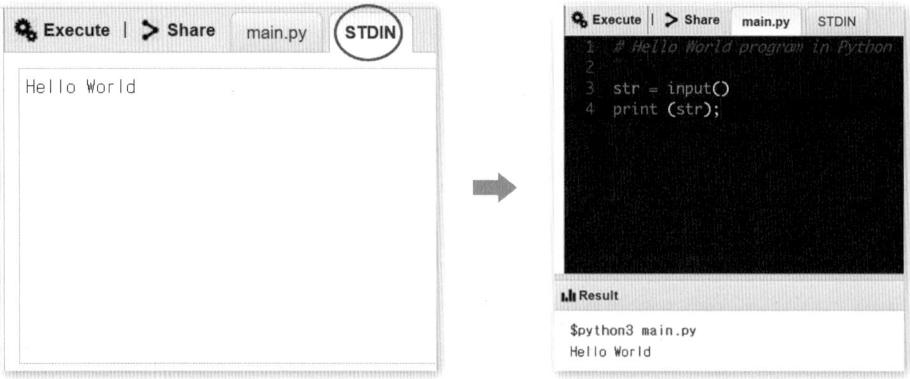

전체 화면 상단에는 프로젝트 이름을 수정하는 메뉴와 프로젝트 관련 설정, 에디터 관련 설정 등의 메뉴가 있다. 'Project' 메뉴에서는 프로젝트 생성과 저장, 공유 기능을 제공한다. 'Edit' 메뉴에는 소스코드 편집에 필요한 복사, 붙여넣기 등의 기능을 제공한다. 'Setting' 메뉴에는 에디터 테마, 글자 크기, 탭(Tab) 사이즈, 라인 번호 보이기 등을 설정할 수 있다.

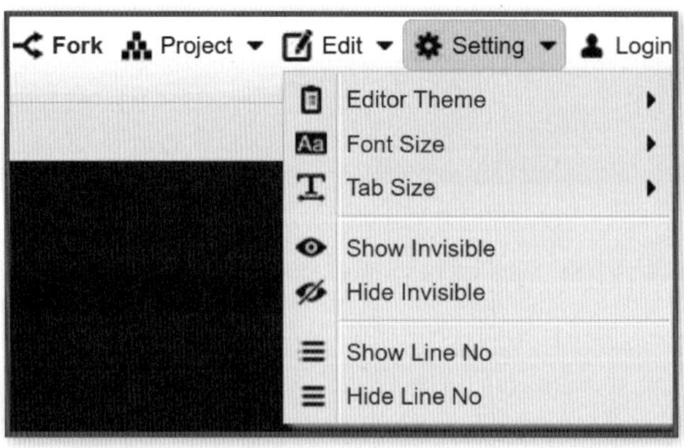

goormide 사용해보기

goormide의 접속 주소는 https://ide.goorm.io/이다. 웹브라우저에 주소를 입력하면, 아래와 같은 화면을 볼 수 있다.

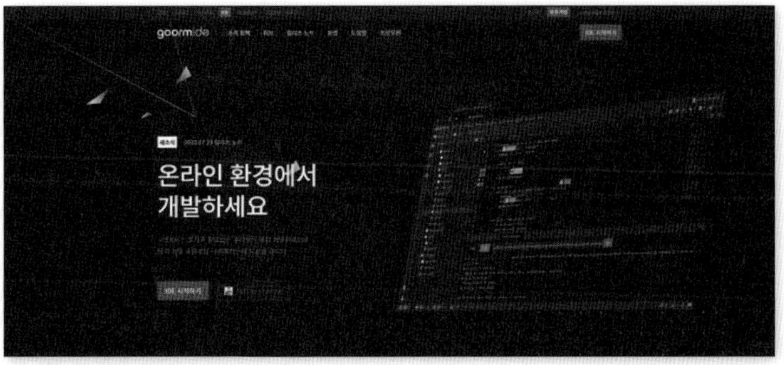

메인 화면에서 IDE 시작하기 버튼을 눌러 goormide를 사용해보자. 회원가입이 필요할 수도 있다.

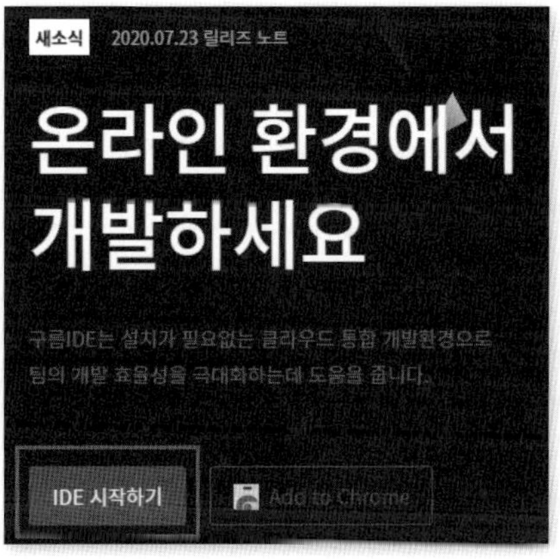

IDE를 시작하면 컨테이너를 새로 생성해야 한다. 컨테이너란 호스트 OS상에 논리적인 구획(컨테이너)을 만들고, 애플리케이션을 작동시키기 위해 필요한 라이브러리나 애플리케이션 등을 하나로 모아, 마치 별도의 서버인 것처럼 사용할 수 있게 만든 것이다. 호스트 OS의 리소스를 논리적으로 분리하고, 여러 개의 컨테이너가 공유하여 사용한다. 컨테이너는 오버헤드가 적기 때문에 가볍고 고속으로 작동하는 것이 특징이다.

새 컨테이너 생성 버튼을 누르면 해당 컨테이너의 정보를 입력하는 화면을 볼 수 있다. 이름과 설명 등의 정보를 입력하자.

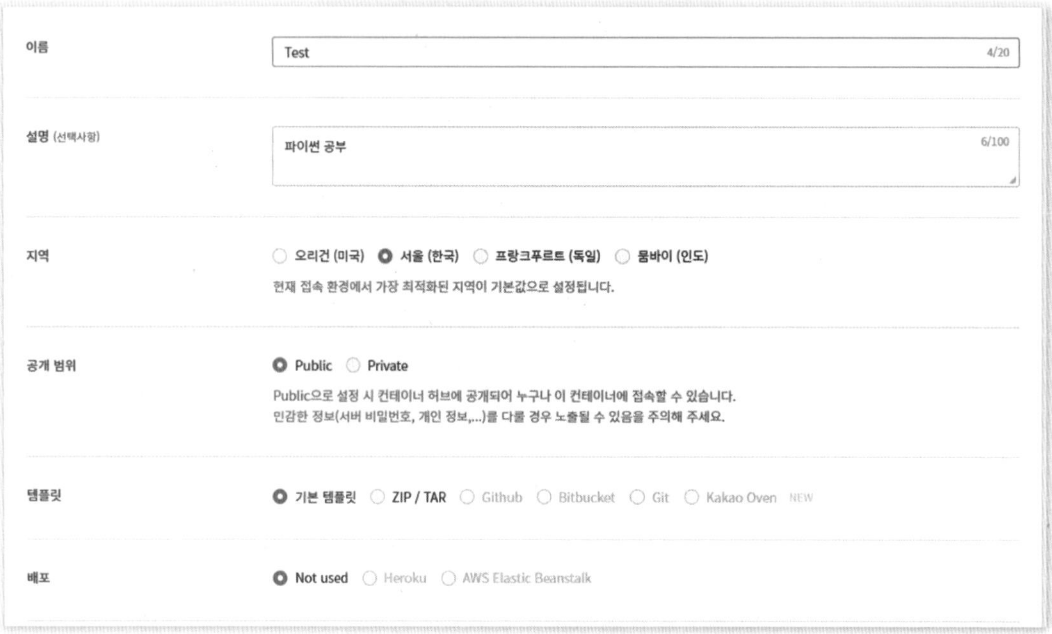

다음으로 사용할 프로그래밍 언어와 운영체제(OS) 환경을 선택해야 한다. 우리는 파이썬 언어를 이용하여 프로그래밍을 진행할 것이므로 파이썬 언어를 선택하면 된다. 운영체제는 Ubuntu 18.04를 선택하도록 하자.

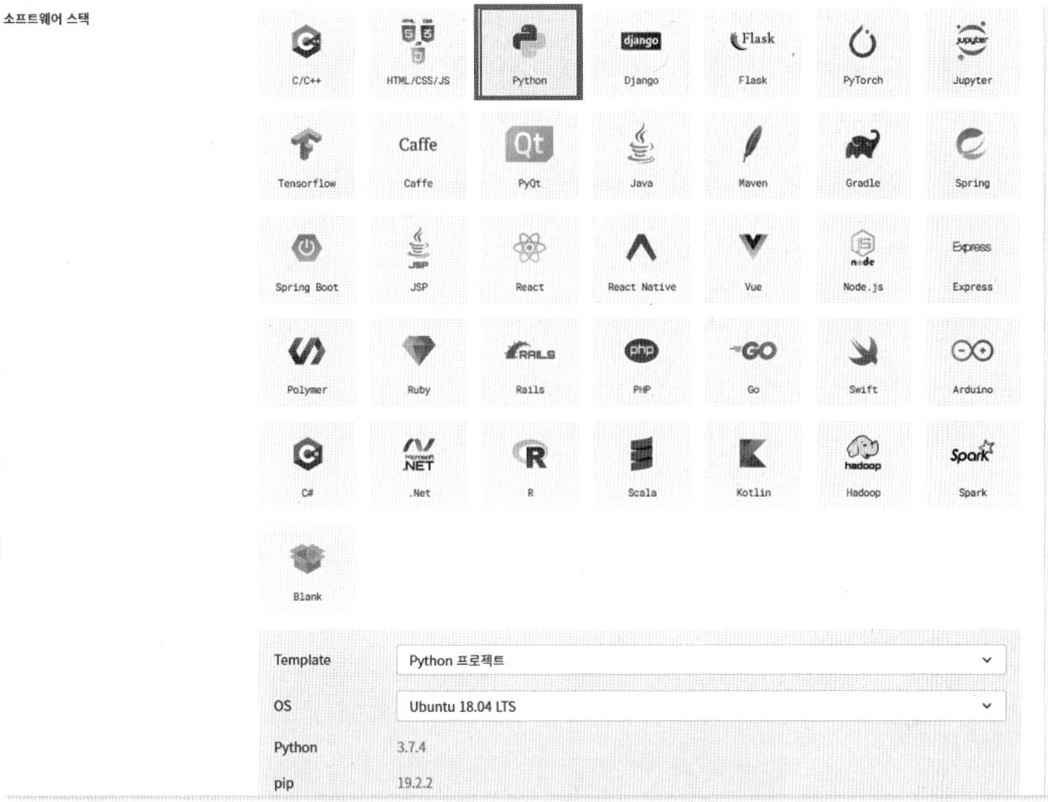

모든 입력을 완료하면 우측 상단의 생성 버튼을 클릭한다.

이제 IDE 화면을 만날 수 있다. 소스코드를 관리할 수 있는 프로젝트 관리 화면과 코드를 입력할 수 있는 에디터, 리눅스 터미널과 리소스 모니터링, 디버그 등을 탭으로 선택할 수 있는 화면으로 구성되어 있다.

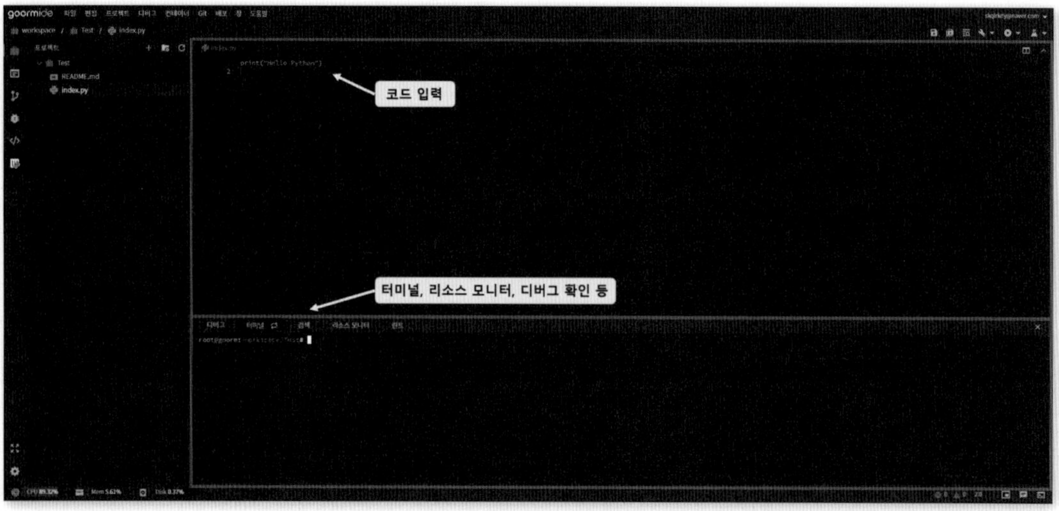

에디터에 작성하고자 하는 프로그램의 소스코드를 입력하고, 프로젝트 메뉴에서 실행 버튼을 클릭하면 실행이 가능하다.

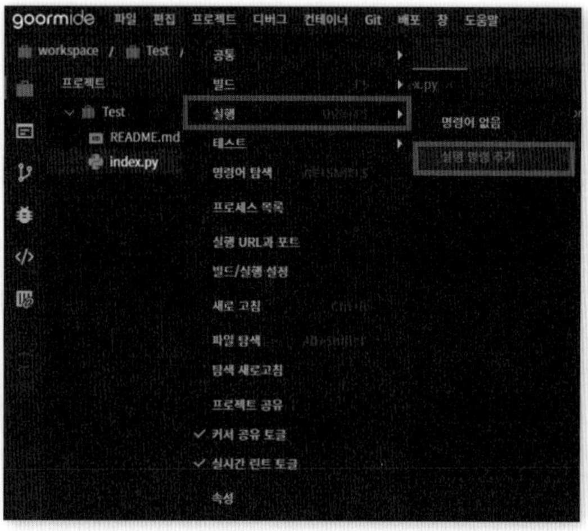

goormide는 PC에 설치하여 사용하는 IDE와 상당히 유사한 형태를 띄고 있으며, 다양한 기능들을 제공한다. 유료 사용자의 경우에는 더 많은 기능을 사용할 수 있다.

설치형 통합개발환경(IDE)

젯브레인스 파이참(Jetbrains Pycharm)

- Pycharm은 JAVA용 IDE인 IntelliJ IDE로 널리 알려진 Jetbrains 사에서 개발한 Python용 IDE이다. Python을 이용한 다양한 프로젝트(Application, Web application 등)를 기본적으로 지원한다. 파이참은 기본적으로 Community 버전과 Professional 버전을 다운로드 받을 수 있다. Community 버전은 순수 Python 개발용으로만 사용할 수 있으며 과학, 웹 Python,

HTML, JS, SQL 등을 지원받으려면 professional 버전을 다운로드 받아야 한다. Professional 버전은 구매를 해야 이용할 수 있지만, Jetbrains에서는 교육용 라이선스를 제공하므로 학생들은 재학 기간 동안 무료로 사용할 수 있다.

이클립스(Eclipse)

- 다양한 운영체제 또는 플랫폼에서 사용할 수 있는 오픈소스 IDE이다. 자바를 비롯한 다양한 언어를 지원하는 프로그래밍 통합 개발환경을 목적으로 시작하였으나, 현재는 범용 응용 소프트웨어 플랫폼으로 진화하였다. 원래 IBM의 웹스피어 스튜디오 애플리케이션 디밸로퍼(WebSpheare Studio Application Developer)란 이름으로 개발되었으나, 엔진부분을 오픈소스로 공개한 것을 기반으로 지금의 이클립스로 발전해 왔다.

비주얼 스튜디오 코드(Visual studio code)

- 비주얼 스튜디오 코드는 마이크로소프트가 마이크로소프트 윈도우, 맥 OS X, 리눅스용으로 개발한 소스코드 편집기이다. 엄밀하게 말하자면 IDE라고 하기는 어렵고 에디터에 가깝지만, 많은 프로그래머들에게 인기가 크게 늘어나고 있다. 흔히, VS코드라고도 한다. 디버깅 지원과 Git 제어, 구문 강조 기능 등이 포함되어 있으며, 사용자가 편집기의 테마와 단축키, 설정 등을 수정할 수 있다. 그리고 플러그인을 통해 편집 기능 추가 및 프로그래밍 언어 지원 등 새로운 확장 기능을 추가할 수 있다.

IDE 설치해보기

Pycharm 설치하기

❶ 파이참 설치를 위해 웹 브라우저를 접속한다.

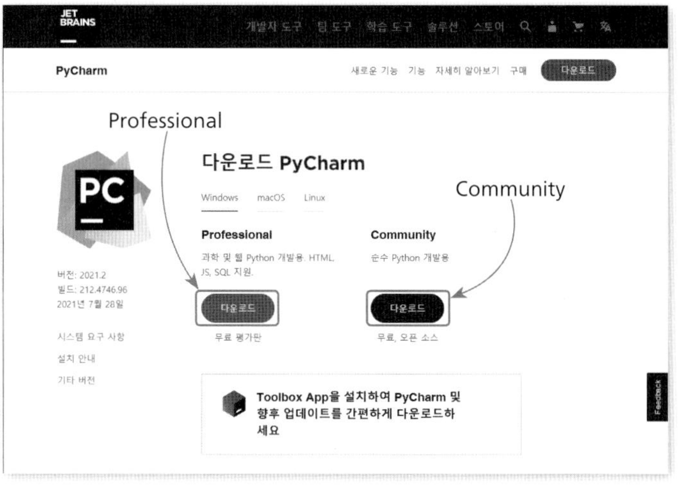

❷ [Next >]를 클릭한다.

❸ 설치경로 지정 후 [Next >]를 클릭한다.

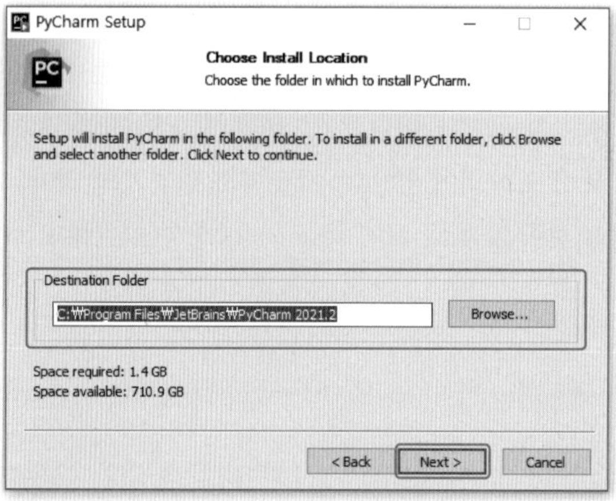

❹ 파이참 설치 옵션을 선택한다.

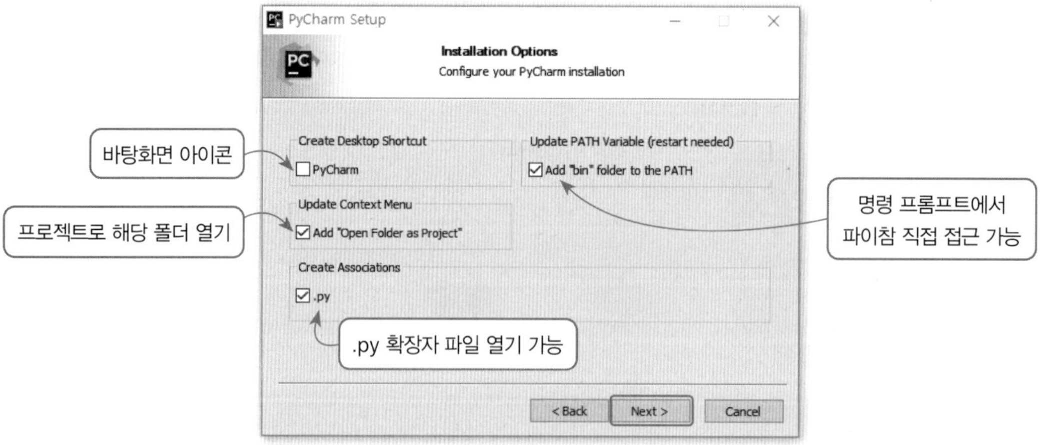

❺ [Install] 버튼을 눌러 파이참을 설치한다.

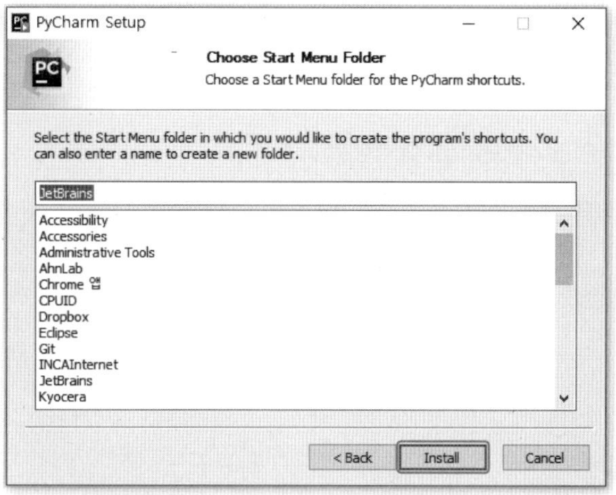

❻ [Finish]를 누르면 설치가 완료된다.

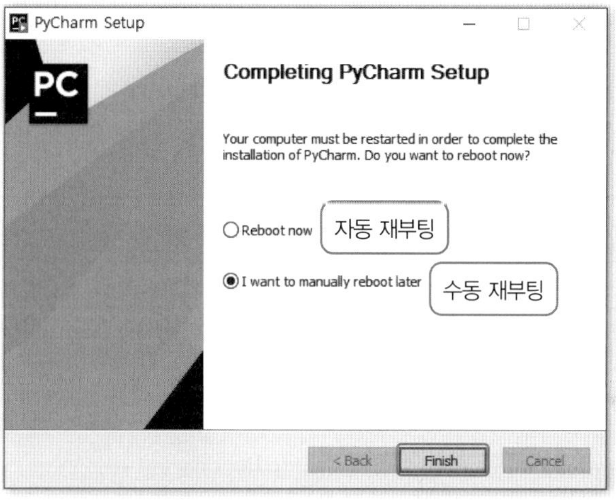

❼ 파이참을 실행한다.

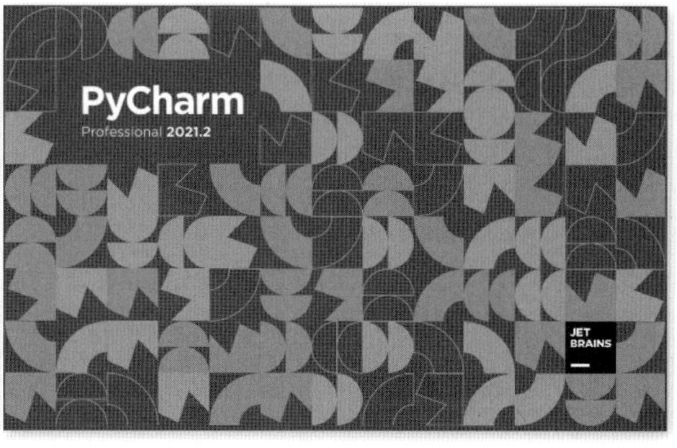

다음은 Professional을 설치했을 시 학생 인증하는 과정이다. Community 버전은 별도의 인증 과정 없이 실행 가능하다. Professional 버전을 사용하기 위해서는 파이참 홈페이지에 회원 가입 후 계정에 라이선스를 등록해야 한다. 방법은 아래와 같다.

❽ 파이참 로그인 화면(Professional 설치했을 시)

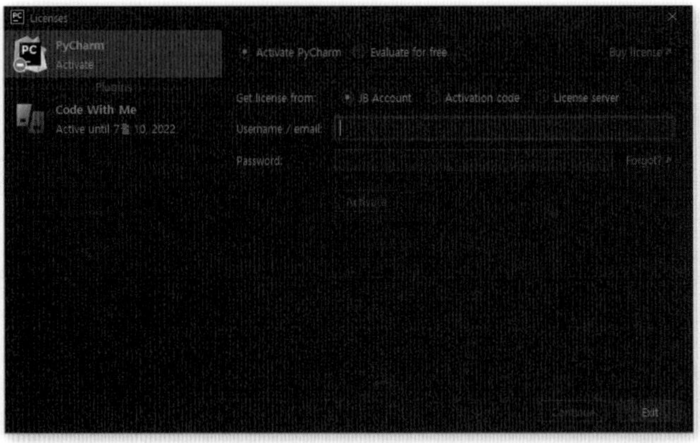

❾ 파이참 홈페이지(https://account.jetbrains.com/login)에 접속 후 'Create JetBrains Account'메뉴에서 이메일 주소를 입력한다. 이메일 주소 입력 후 'Sign Up' 버튼을 클릭한다. 이메일 주소는 꼭 재학 중인 학교 이메일 주소를 사용해야 한다.

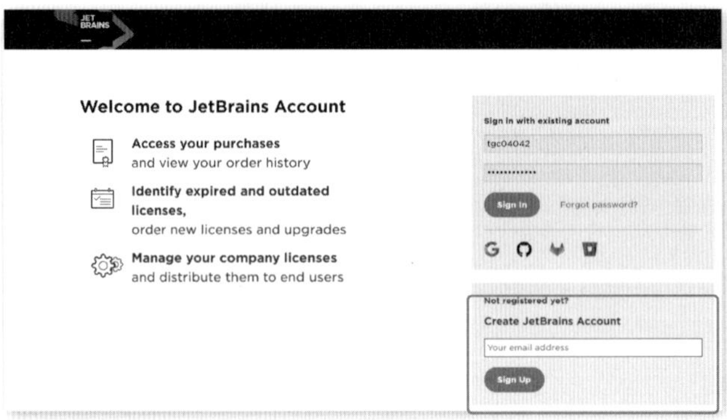

❿ 학생 계정 활성화를 위해 'Apply for a free student or teacher license'를 클릭한다.

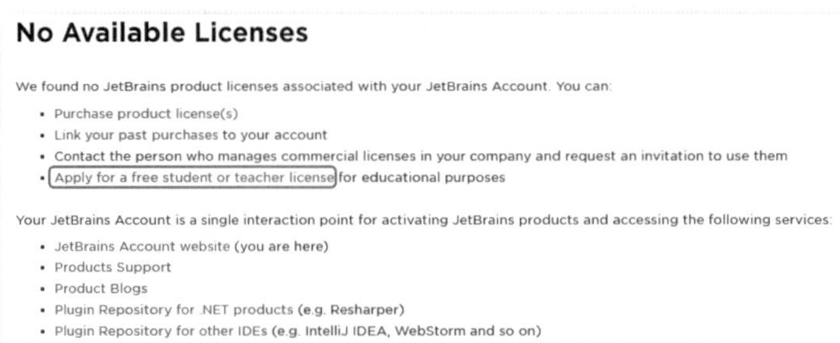

⑪ 다음으로 'for students and teachers' 탭 클릭 후 'Apply now' 버튼을 클릭한다.

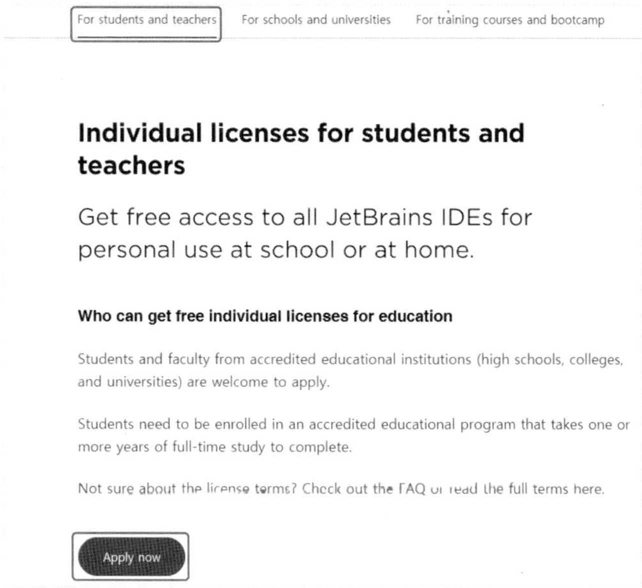

⑫ 교육용 라이선스 등록을 위한 학생 인증을 실시한다. 각 입력창에 정보를 기입하면 된다.

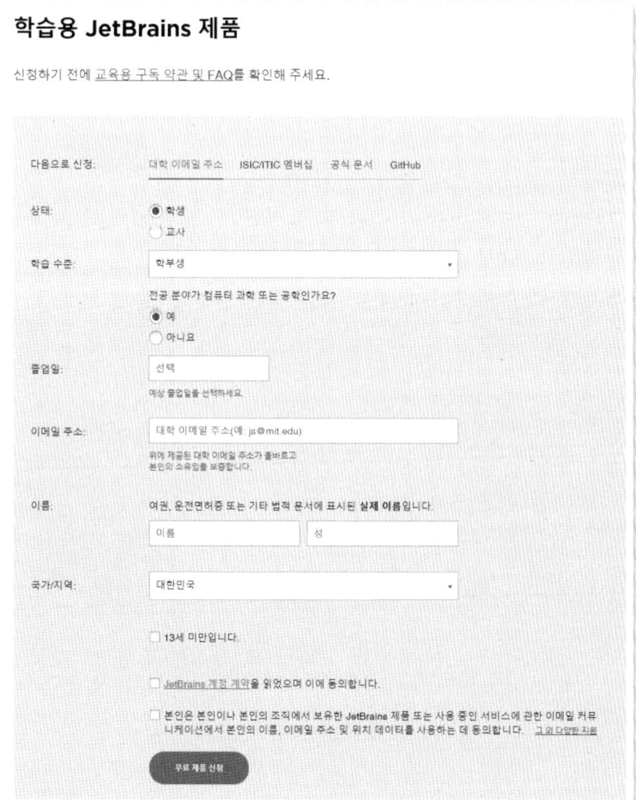

⑬ 학생 인증 완료 후 Jetbrains 계정(아이디/비밀번호)을 입력하고 'Activate'를 클릭한다.

⑭ 계정 인증이 완료되면 'Continue'를 클릭하여 다음으로 진행한다.

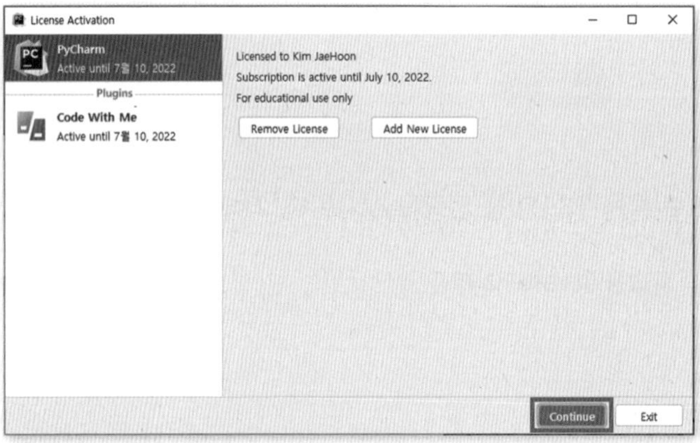

⑮ Python 프로젝트 생성을 위해 'New Project'를 클릭한다.

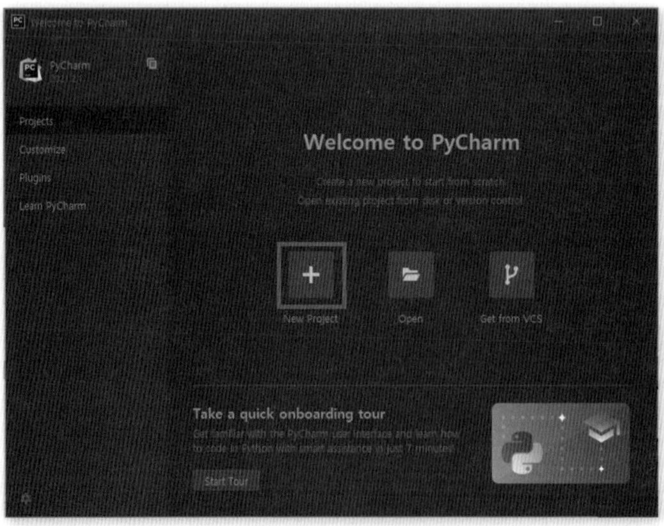

⑯ 'Location' 메뉴에서 프로젝트 경로명을 설정한다. 그 다음 설정의 경우 Python Interpreter를 설정해야 하는데 프로젝트를 처음 생성하면 기본적으로 'New environment using'이라는 탭이 선택되어 있으며 이 탭을 선택하면 Python 가상 인터프리터(Virtualenv) 환경을 생성해 준다. 'Location'과 'Base Interpreter'는 가상 인터프리터의 경로와 Python 버전 정보를 설정할 수 있다. 기본적인 설정값을 유지하면 된다. 다음으로 'Create' 버튼을 누르면 프로젝트가 생성된다.

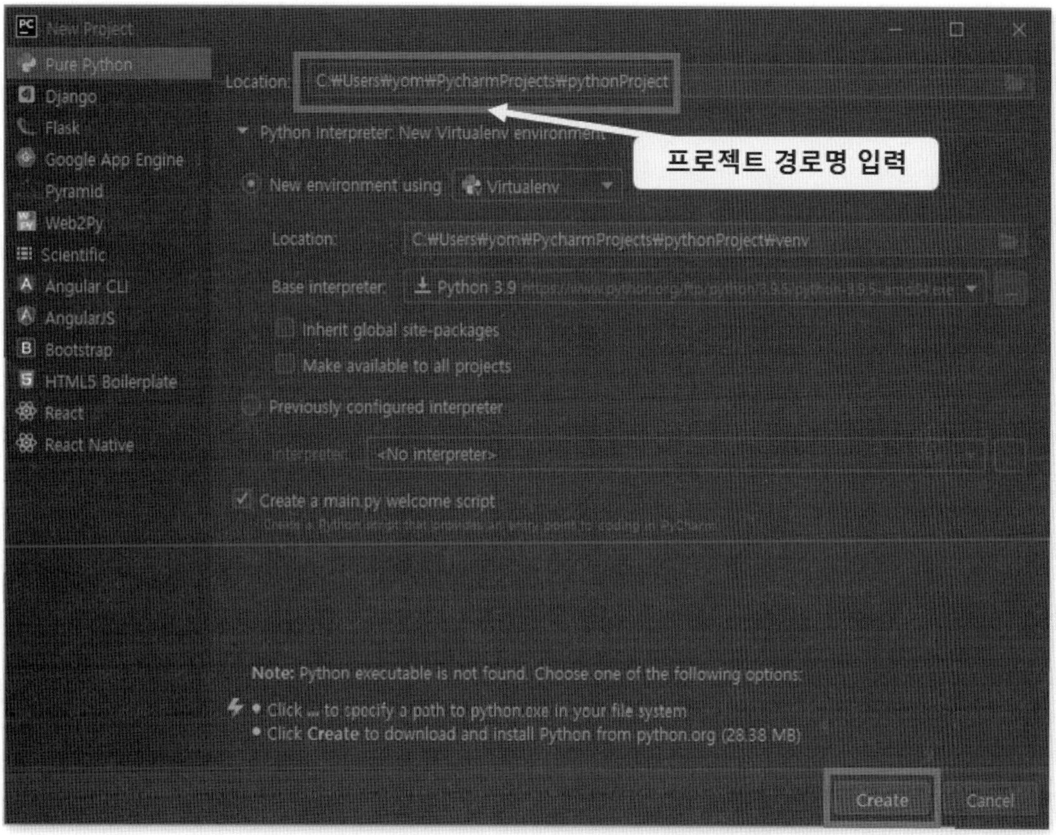

⑰ 프로젝트가 생성되면 Pycharm IDE의 기본 화면을 볼 수 있다. 기본 인터페이스는 프로젝트를 관리할 수 있는 '프로젝트 관리 영역'과 코드를 입력할 수 있는 '코드 작성 영역' 그리고 실행, 디버그, 리눅스 터미널, 파이썬 패키지 관리, 파이썬 콘솔 등을 탭으로 선택할 수 있는 '출력 화면'으로 구성되어 있다.

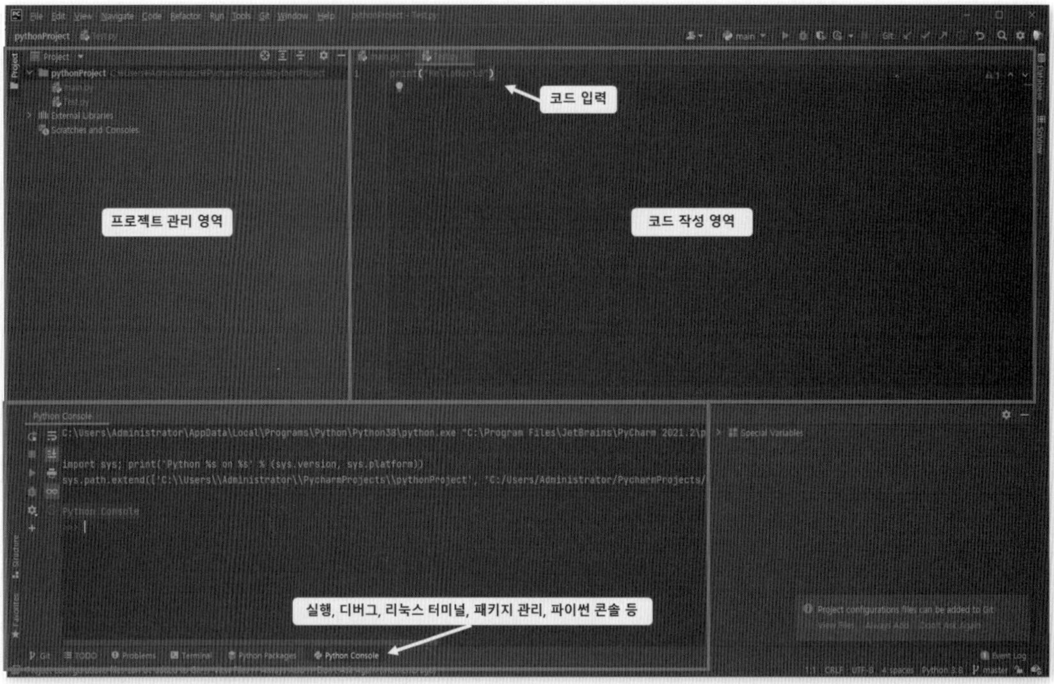

⓲ Pycharm은 프로젝트 생성 단계를 모두 마치면 기본적으로 'main.py' 파일이 생성된다. 새로운 파이썬 파일 생성하기를 원한다면 다음과 같이 파이썬 파일을 생성할 수 있다.

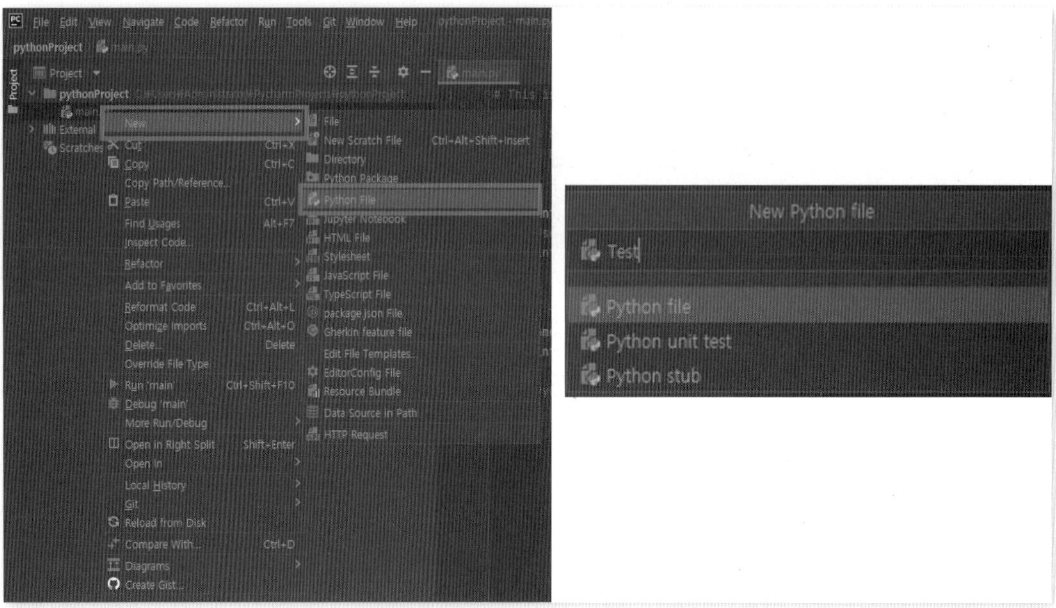

⑲ 파이썬 파일을 생성하고 코드를 작성할 준비가 되면 코드 작성 후 상단에 'Run'메뉴에서 'Run' 버튼을 클릭하면 실행이 가능하다. 프로젝트를 처음 실행하는 경우라면 'Run' 버튼을 눌렀을 시 어떤 파일을 실행할 것인지에 대한 팝업창이 출력된다. 사용자는 해당 팝업창에서 실행하고 싶은 파일을 선택하면 된다. 'Run' 버튼을 클릭하면 '출력 영역'에서 실행 결과를 확인할 수 있다.

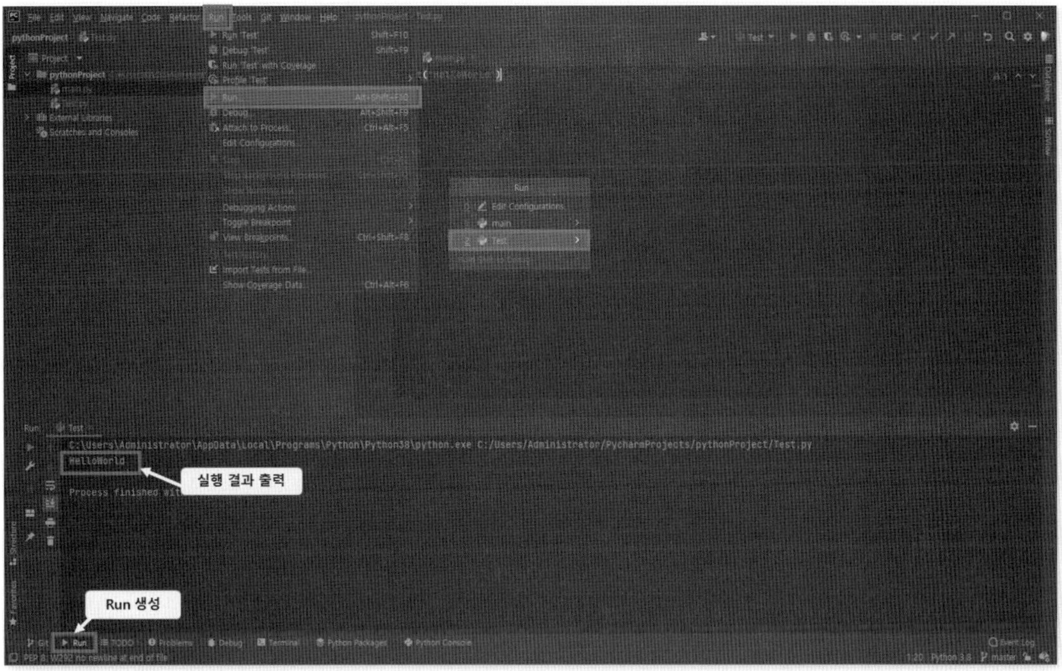

Visual Studio Code 설치하기

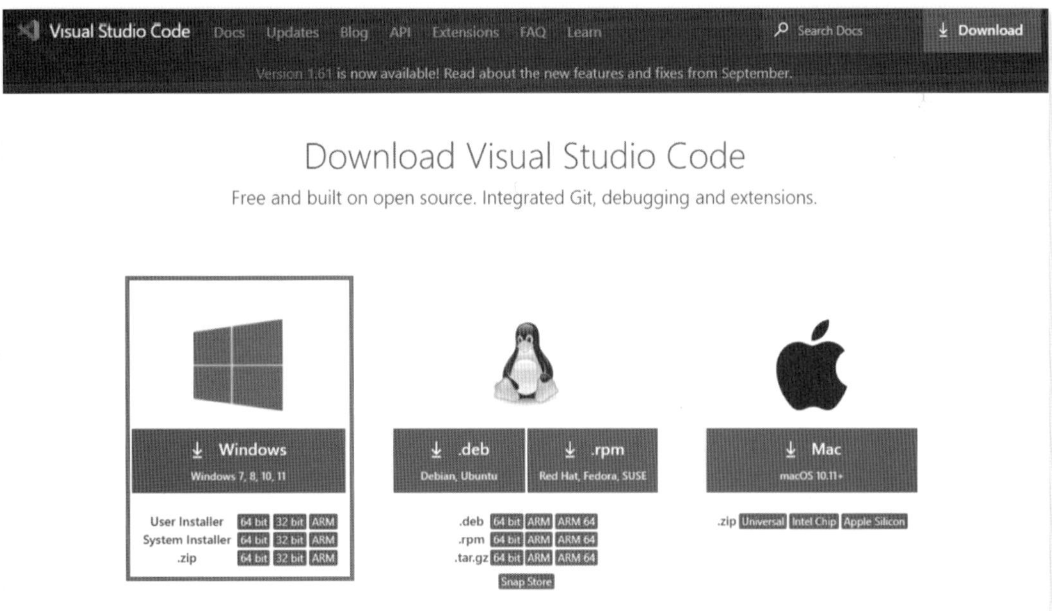

❶ 사용하는 컴퓨터 OS에 맞게 설치 파일을 다운로드 받고 VisualCode를 설치한다.

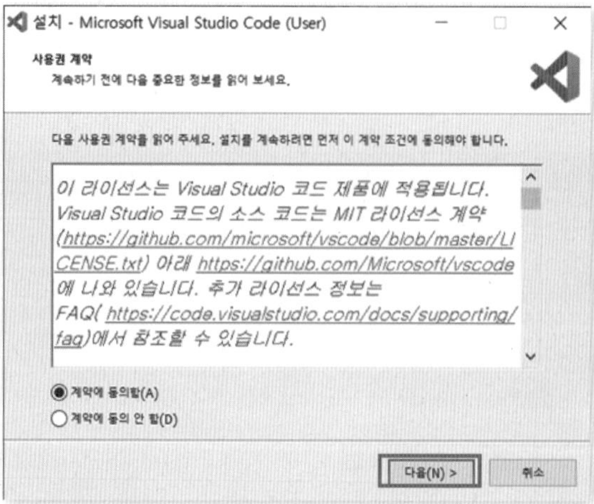

❷ VisualCode 설치 시 설정을 읽어보고 원하는 설정을 추가한다. 환경변수와 바탕화면 바로가기를 체크하는 것을 추천한다.

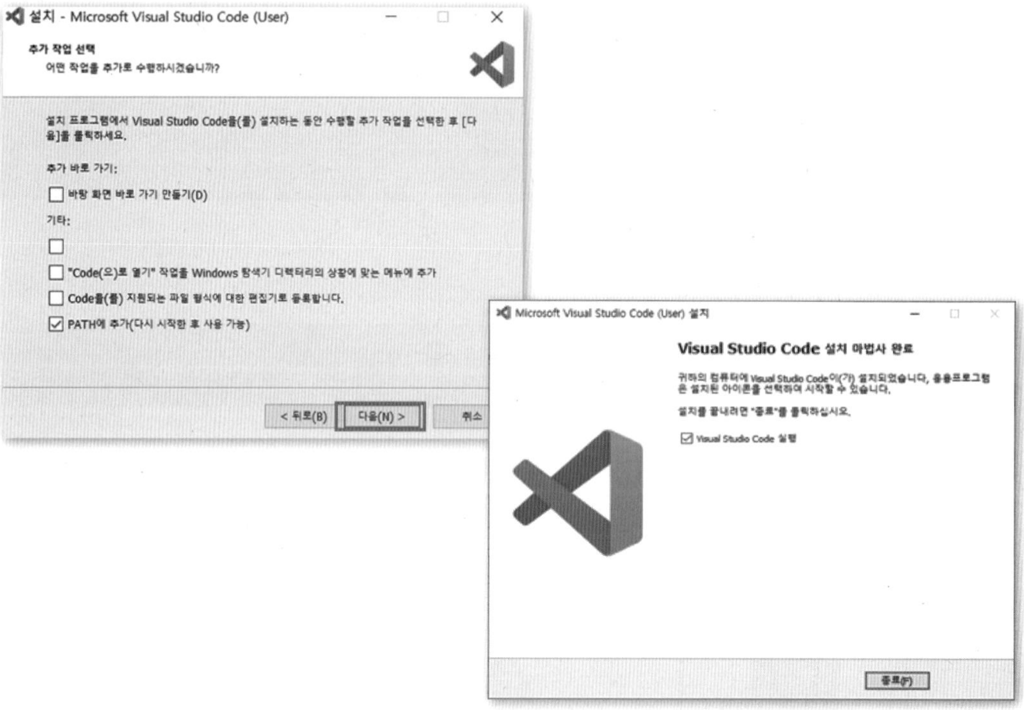

❸ 설치가 끝나고 'Ctrl + Shift + X'를 눌러 확장 도구 탭에서 Python, Python for vscode, Python extension pack을 설치한다.

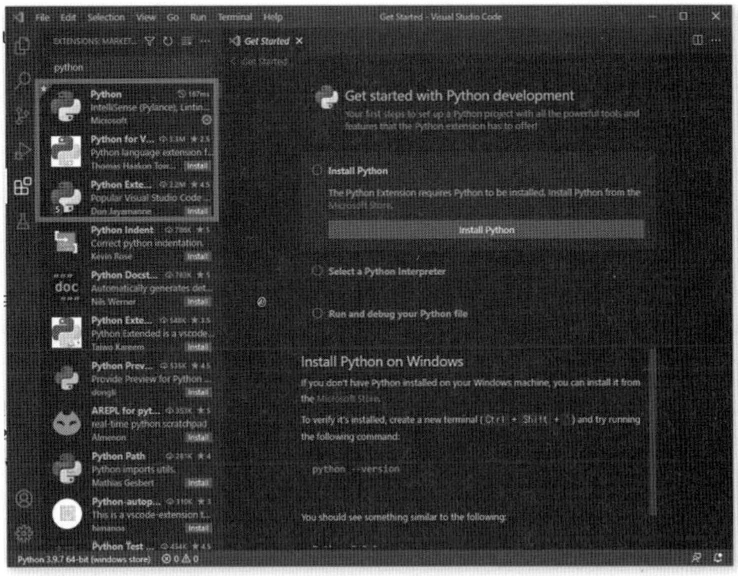

❹ 좌상단 [File] → [New File] 클릭 후 코드 작성 및 확장자를 *.py로 저장한다.

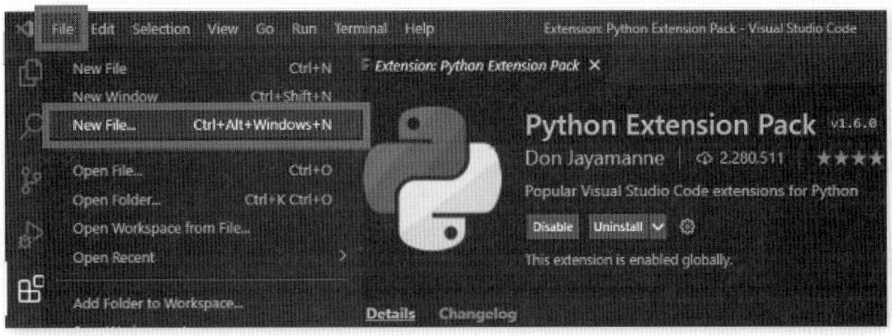

❺ 코드를 작성한다.

❻ 이후 코드를 작성하고 [Run] → [Run Without Debugging] 혹은 Crtl + F5를 눌러 프로그램을 실행한다.

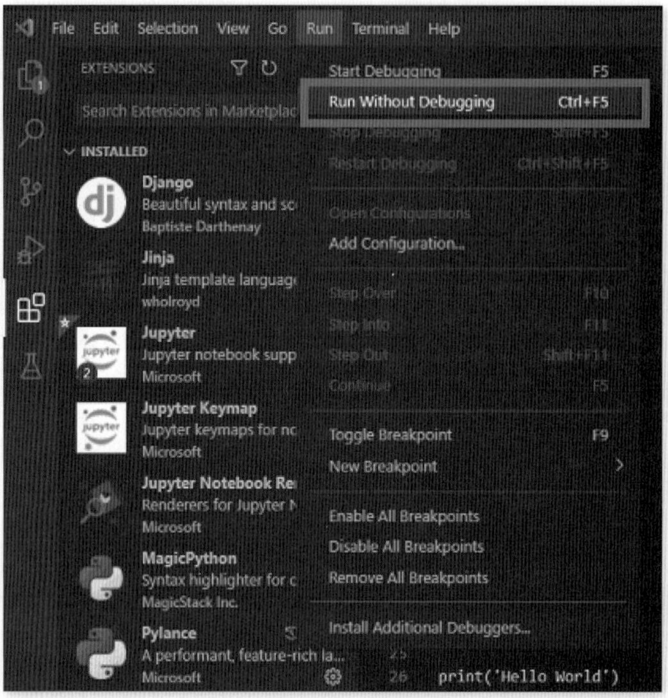

2.3 파이썬 시작하기

파이썬 주석 처리

주석 또는 코멘트(Comment)는 프로그래밍 과정에 있어 내용을 메모하는 목적으로 사용된다. 프로그래밍 과정에서 소스코드에 메모를 한다는 것은 작성된 소스코드를 더 쉽게 이해할 수 있도록 하는 것을 말하며, 특히 많은 협업이 필요한 프로그래밍 과정에서 상호 간의 소스코드 이해관계를 높일 수 있는 방법 중 하나이다. 파이썬 주석은 인터프리터에 의해 일반적으로 무시되어 프로그램에 영향을 주지 않는다.

정리하자면, 주석을 사용하는 목적은 크게 두 가지로 나뉠 수 있다. 첫 번째는 작성된 소스코드의 설명을 위해 메모를 남기는 목적이다. 두 번째는 소스코드 작성 중 특정 코드를 임시로 수행하고 싶지 않을 때 주석 처리를 하여 인터프리터가 해석하지 못하도록 한다.

파이썬의 주석 처리 방법은 두 가지 있다. 첫 번째 방법은 한 줄 주석 처리 방법으로 다음 그림과 같이 소스코드 제일 앞에 '#'을 추가하는 방법이다. 파이썬 인터프리터는 '#'이 작성된 이후의 한 줄을 모두 주석 처리하기 때문에 다음 그림의 '`#My First Python Program`'은 '#'이후의 '`My First`

Python Program'을 주석 처리하게 된다.

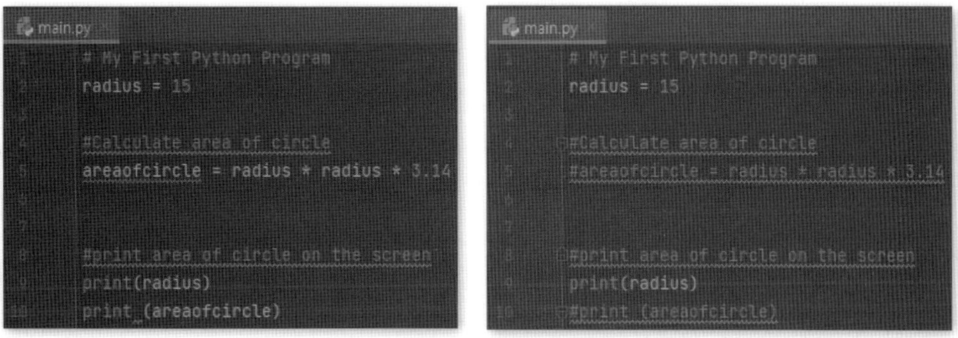

한 줄 주석

두 번째로, 파이썬은 한 줄 주석뿐만 아니라 여러 줄 혹은 전체를 동시에 주석 처리하기 위해 블록 형태의 주석 처리 방법도 제공한다. 블록 주석(Multi-line comments)은 다음과 같이 진행할 수 있다. 우선 블록 주석을 지정할 라인을 정한다. 아래 예제에서는 3, 4, 5번 라인인 'x = 100', 'y = 200', 'z = x + y'를 주석 처리할 예정이므로 오른쪽 그림과 같이 3, 4, 5번 라인 위와 아래에 작은따옴표(quotation marks, ') 3개를 삽입한다. 파이썬 인터프리터는 블록 주석으로 처리된 라인들을 해석하지 않는다.

파이썬 시작해보기

이제 첫 파이썬 프로그래밍을 시작해 보자. 어떤 환경이든 상관 없다. 본인이 편한 IDE를 선택하여 아래의 소스코드를 그대로 에디터에 작성해 보자.

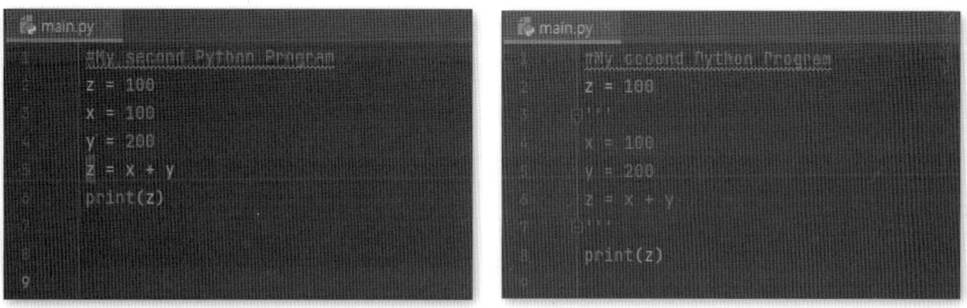

블록 주석

소스 2-1

```
#Print 'Hello World'
print('Hello World')
```

출력 Hello World

입력을 완료한 후 실행을 하면 화면에 "Hello World"가 출력될 것이다. 파이썬이 다른 언어와 다른점은 프로그래밍 시작을 위한 준비 과정이 없다는 것이다. C언어의 경우 main 함수를 만들고 입출력을 위한 stdio.h 헤더파일을 추가한 후에 printf() 함수를 이용하여 문자를 출력해야 하지만 파이썬은 print() 함수만을 이용하여 화면에 문자 또는 숫자들을 출력할 수 있다. 파이썬은 숫자, 문자 등을 print() 함수의 괄호() 안에 작성하여 화면에 출력한다. 위 소스코드에서는 "Hello World"라는 문자를 화면에 출력하기 위해 print의 괄호 안에 "Hello World"를 입력하였고 문자열이라는 것을 알리기 위해 작은따옴표('')를 이용하여 "Hello World" 문자를 감싸고 있다.

다음으로 아래 소스코드를 그대로 에디터에 작성하고 실행해 보자.

소스 2-2

```
print("Hello student,")
print("I'm Online Judge System.")
print("Nice to meet you.")
```

출력

```
Hello student,
I'm Online Judge System
Nice to meet you.
```

이 프로그램을 실행하면 위 출력 예제와 같이 총 3개의 문장이 출력되는 것을 확인할 수 있다. 위 소스코드는 파이썬에 여러 줄의 문장을 출력하기 위한 2가지 방법 중 한 가지를 보여주는 예제이다. 총 3줄의 문장을 출력하기 위해서 각각의 print() 함수를 이용하고 있다. 물론 print() 함수 하나로 여러 줄을 출력할 수 있는 방법도 존재한다. 이 방법은 추후 4장 기본 출력함수에서 알아보기로 한다.

이번에는 문자 출력이 아닌 파이썬에서 특정값을 계산하고 그 결과를 출력하는 예제를 살펴보도록 하겠다. 아래 소스코드를 그대로 에디터에 입력하고 실행해 보자.

소스 2-3

```
1+1
print(2+2)
print(2*2)
print(2+3*2)
```

출력

```
4
4
8
```

위 프로그램을 실행하면 출력 예와 같이 각 숫자의 계산 결과가 출력된다. 위에서 언급했듯이 print() 함수는 문자열뿐만 아니라 숫자 등도 출력할 수 있기 때문에 print() 함수 안에 작성된 계산식의 결과도 위와 같이 출력 가능하다. 계산식의 경우 우리가 알고 있는 수학 계산 우선순위와 같기 때문에 우리가 예상한 계산 결과를 출력할 수 있다. 이 부분에서 명심해야 할 것은 1번째 줄의 "1+1"의 결과는 출력되지 않았다는 것이다. 파이썬은 1번째 줄의 "1+1"의 연산은 수행하지만 그 결과를 화면에 출력하는 print() 함수를 이용하지 않았기 때문에 연산만 수행할 뿐 결과는 화면에 출력하지 않는다. 어떤 결과를 화면에 출력하기 위해서 우리는 print() 함수를 꼭 사용해야 한다는 것을 명심하자.

마지막으로 자료를 저장하는 변수를 활용하여 문제를 해결하는 프로그램을 작성해 보도록 한다. 아래 소스코드를 그대로 에디터에 입력하고 실행해 보자.

소스 2-4

```
01 diameter = 45
02 radius = diameter / 2
03 pizza = radius * radius * 3.14
04 sliceofpizza = pizza / 8
05 print("slice of pizza -> ", sliceofpizza)
```

입력 예

출력 예 `slice of pizza -> 198.703125`

위 소스 2-4는 피자의 지름을 45라고 했을 때 총 8조각으로 나뉘어진 피자 한 조각의 넓이를 구하는 프로그램을 작성한 것이다. 피자 한 조각의 넓이를 구하는 방법은 간단하다. 먼저 지름을 이용하여 피자의 넓이를 구하고, 마지막으로 8조각으로 나뉘어져 있는 피자 한 조각의 넓이를 구하기 위해 피자의 넓이에서 8을 나누면 결과를 얻을 수 있다.

우리는 이 문제를 소스 2-3과 같이 계산식을 이용하여 해결할 수 있지만, 이번 예제에서는 계산에 사용되는 여러 피연산자들을 변수로 저장하여 활용하는 방법에 대해 알아보고자 한다. 변수의 사용 방법은 3장에서 자세히 알아볼 예정이니 이번 장에서는 프로그램의 흐름만 이해하고 넘어갈 수 있도록 한다.

먼저, 첫 번째 라인에서는 원의 지름을 저장하기 위한 변수 diameter를 선언하고 지름값인 45를 diameter 변수에 저장(대입)한다. 이때, '='기호를 중심으로 상수값을 저장하는 변수는 항상 '=' 기호의 왼쪽에 위치하고 대입하는 상수는 '='기호의 오른쪽에 위치한다. 우리는 이 과정을 "변수

diameter에 상수 45를 대입한다"라고 정의할 수 있다.

두 번째 줄에서는 원의 반지름을 저장하기 위한 radius 변수를 선언하고 반지름값을 이 변수에 대입한다. 반지름값은 지름이 저장되어 있는 diameter 변수를 2로 나누어 계산할 수 있다.

세 번째 줄은 피자의 넓이를 저장하는 pizza 변수를 선언하고 반지름값을 저장하고 있는 radius 변수를 이용하여 원의 넓이를 구한다. 원의 넓이를 구하는 방법은 '반지름 * 반지름 * 3.14'이다.

네 번째 줄은 8조각으로 나뉘어진 피자 한 조각의 넓이를 구하기 위해 원의 넓이를 저장하고 있는 pizza 변수에 8을 나누어 계산한 값을 sliceofpizza 변수에 저장한다.

마지막으로 sliceofpizza에 저장되어 있는 피자 한 조각의 넓이를 출력하기 위해 print() 함수를 이용하여 출력한다. 마지막 소스코드에서 print() 함수는 "slice of pizza ->" 문자열과 sliceofpizza 변수를 순서대로 출력하고 있는데, print() 함수는 이처럼 서로 다른 데이터를 연속적으로 출력할 수 있으며, 출력을 위한 데이터는 ','로 구분하여 작성한다.

CHAPTER

03 변수와 데이터형

3.1 변수 이해하기

컴퓨터 프로그래밍에서 변수(Variable)는 일부 알고 있거나 알 수 없는 정보의 양이나 정보에 대한 상징적인 이름이다. 컴퓨터는 모든 데이터를 메모리에 저장하여 사용한다. 프로그램을 실행하면 컴퓨터는 프로그램이 저장되어 있는 위치를 찾아 실행 파일을 읽어 메모리에 복사하고, 이를 순차적으로 실행한다. 이 프로그램에서 사용하는 다양한 데이터 역시 메모리에 저장한다. 프로그램에서 사용하는 다양한 데이터 타입의 변수들 역시 메모리의 공간을 할당받아 사용한다. 각 데이터 타입의 크기만큼 메모리에서 공간을 할당받고, 그 공간에 데이터를 저장하거나 읽는다. 컴퓨터의 메모리에는 주소(address)를 가지고 있어 이 주소를 이용하여 각 변수는 할당받은 공간에 접근할 수 있다. 이러한 주소는 정확한 위치를 표현할 수는 있지만, 프로그램을 작성하는 사람이 모두 기억하기는 쉽지 않다. 변수는 할당받은 공간의 주소에 이름을 붙여 사용할 수 있도록 해 준다. 예를 들어, 일상 생활에서 친구들과의 약속 장소를 결정할 때, "서울역에서 만나자"라고 이야기 하지, "서울특별시 용산구 한강대로 405에서 만나자"라고는 잘 하지 않는다. 주소는 정확한 위치를 알려주는 역할을 하기는 하지만, 일반적인 소통을 위해서는 그 주소에 붙은 이름을 사용한다.

정리하자면 컴퓨터 프로그래밍에서 변수는 데이터의 형태(정수, 실수, 문자 등)를 가지는 데이터의 저장공간으로 정의할 수 있다. 여기서 말하는 데이터의 형태는 저장되는 데이터의 크기와 저장 방법에 따라 정수형, 실수형, 문자형 등으로 나뉠 수 있다. 대부분의 컴퓨터 언어들에서 변수를 선언하기 위해서는 아래와 같이 변수의 이름과 데이터의 형태(자료형)를 정해줘야 한다.

```
int      num1;
```

int	num1;
자료형	변수 이름

위 문장이 실행되면, 프로그램은 정수형(int) 데이터를 저장하기 위한 `num1`이라는 데이터 공간을

할당받고 그 공간의 주소와 num1이라는 이름의 변수와 연결한다. 이렇게 한 번 정해진 변수의 자료형은 프로그램 실행 중에 절대로 변경할 수 없다. 혹자는 이런 생각을 할 수도 있다. "프로그램을 시작할 때 저장공간의 크기와 형태가 정해진다면, 프로그램 중간에 자료의 크기가 변경되거나 형태가 변경되었을 때는 어떻게 처리를 해야 할까?" 대부분의 프로그래밍 언어는 위 문제를 해결하기 위해 그 형태에 맞는 새로운 변수를 할당하고 데이터를 옮기는 방법으로 해결하고 있다. 하지만 이런 과정들을 "프로그래밍을 하면서 메모리 저장공간, 형태까지 신경 써야 하나?"라고 생각하는 독자들도 있을지도 모르겠다.

지금까지는 대부분의 프로그래밍 언어가 변수를 사용하는 방법에 대해서 알아보았다. 아래 코드는 파이썬에서 변수를 사용하는 방법이다.

num1	**=**	**10**
변수		값

num1 = 10의 문장이 실행되면 num1이라는 변수가 선언되고 정수형 값 10을 num1에 대입한다. 이때 num1 변수는 대입되는 데이터값의 타입에 따라 자신의 타입을 변경하게 된다. 이와 같이 변수의 형태가 바뀌는 동작은 프로그램 실행 중에도 언제든지 이루어질 수 있으며 변수의 저장공간까지도 변경이 가능하다. 파이썬에서 이런 문법이 가능한 이유는 선언하는 각각의 값들을 객체형태로 생성하고, 변수와 각 값들을 연결하는 내부 매커니즘을 통해 메모리를 효율적이고 가변적으로 이용할 수 있도록 하고 있기 때문이다. 세부적인 요소들은 이 책에서 추가적으로 설명할 필요는 없다. 여기서 알아야 할 사항은 파이썬에서는 변수에 대입하는 값의 형태에 따라 변수의 형태가 변할 수 있고, 값의 크기에 따라 변수의 저장공간 크기도 변경된다는 점만 알고 넘어가자.

아래 예제는 파이썬에서 변수를 선언하고 초기화하는 예제를 소스코드로 보여준다.

소스 3-1

```
a = 5
f = 3.14
b = 'A'
c = "kim_seok_jin"
d = [10, 20, 30, 40]
print(a, f, b, c, d)
```

입력 예

출력 예 `5 3.14 A kim_seok_jin [10 20 30 40]`

라인 1의 변수 'a'는 정수형 변수로 정수 '5'를 할당하며, 라인 2의 변수 'f'는 실수형 변수로 '3.14'를 입력받는다. 라인 3의 변수 'b'는 문자형 변수로 문자 'A'를 할당하고, 라인 4의 변수 'd'는 정수형 리스트 변수로 '10, 20, 30, 40'을 한 번에 할당한다. 라인 6은 위 변수 'a, f, b, c, d'를 전부 출력하는 코드이며, 변수 'a'는 정수를, 변수 'f'는 실수를, 변수 'b'는 문자를, 변수 'd'는 정수형 리스트를 출력하는 것을 확인할 수 있다. 각각의 데이터 형태는 앞으로 하나씩 배워갈 예정이니 지금 단계에서는 변수의 선언과 초기화가 어떻게 이루어지는지에 대해서만 알고 넘어가면 된다.

변수 이름의 중요성은 위의 설명과 같이 내가 아닌 다른 사람이 해당 변수에 어떤 값이 저장되고 사용되는지 파악해야 하는 것에 있다. 예를 들어 단순히 원의 넓이를 구하는 프로그램에서 반지름의 변수 이름이 'a', 원주율의 이름이 'b'로 되어 있다고 가정한다. 원주율의 경우 '3.141592....'로 값을 유추하는 단계를 거쳐 판별할 수 있지만, 반지름의 경우 해당 값이 반지름인지 지름인지 또는 원둘레인지 파악하기 힘들다. 단순 계산식을 보고 유추를 해야 하는 수준의 변수 이름은 이후 라인 수가 500라인 또는 1,000라인이 넘어가게 되면 유추하는 시간이 오래 걸릴 수 있으며, 파악이 안 되는 경우도 발생한다. 따라서, 이러한 변수 이름을 정하는 규칙인 '코딩 표준' 또는 '변수 명명법'이 존재한다.

변수 이름을 정하는데 고려해야 하는 사항 첫 번째로 대·소문자를 구분해야 한다. 변수 이름 'a'와 'A'는 명확히 다른 변수이다. 두 번째는 한글로 변수 이름을 사용할 수 있다. 세 번째는 밑줄(_)을 제외한 특수문자는 사용할 수 없다. 네 번째는 영어 알파벳과 _를 제외한 문자로 시작할 수 없다. 다섯 번째는 이미 지정된 키워드는 사용할 수 없다. 앞서 설명한 5가지 고려 사항들은 컴퓨터 프로그래밍에서 변수 이름을 작성하는데 엄수해야 하는 규약이며, 해당 사항들을 무시하고 이름을 작성하면 프로그램이 실행되지 않는다.

- 영어 알파벳과 숫자를 사용할 수 있다.
- 한글 변수 이름을 사용할 수 있다.
- 영어 알파벳의 대소문자를 구분한다.
- _ (밑줄 또는 밑줄 문자, underline 또는 underscore)를 제외한 특수문자는 사용할 수 없다.
- 영어 알파벳과 _를 제외한 문자로 시작할 수 없다.
- C언어의 키워드(예약어, keyword, reserved word)는 사용할 수 없다.

위와 같은 5가지 규약을 기준으로 프로그래밍을 하는 사람마다 변수 이름을 작성하는 형태는 다양하다. 예를 들어 누군가는 '좌표'라는 변수 이름을 'coordinates', 'x_y', 'COORDINATES' 또는 'coordinatesXY'와 같이 다양한 형태로 작성할 수 있다. 이와 같은 변수 이름 형태의 혼동을 줄이기 위해 '코딩 표준' 또는 '변수 명명법'이 존재한다. 일반적으로 '식별자 생성 규칙'이라 부르며, 컴퓨터 프로그래밍에서 프로그래머가 변수, 상수, 함수의 이름을 임의로 정하여 사용하는 것을 식별자

(identifier)라 부른다. 이러한 식별자는 실제 프로그래밍에서 사용할 때 프로그래머들 사이의 암묵적인 합의나 규칙 등으로 더 읽기 쉽고 이해하기 쉬운 형태로 사용된다. 식별자 생성 규칙에서의 대표적인 규칙은 파스칼 케이싱(PascalCasing), 카멜 케이싱(CamelCasing), 헝가리안 표기법(Hungarian notation) 등이 있다. 이러한 규칙들은 변수의 이름을 작성할 때 변수 이름 사이에는 공백 문자가 들어갈 수 없으며 한글 이름도 사용할 수 없다. 또한 소문자로 시작하는 변수 이름을 사용한다. 또한 프로그래밍 언어에서 특정 목적이나 용도로 사용하기 위해 사전에 정의해 놓은 단어들인 키워드(Keyword)와 중복되지 않게 사용한다.

사용 불가 변수명		사용 가능, 비권장 변수명		바람직한 변수명	
1bun	#no	PI	NAME	sum	userAge
변수1	my score	xxx	qwerty	average	my_score
이름	$1	AAA	ii	name	updateDate
합계	do	___a	aaa	index	movieName
(total)	if	mynameis	a_b_c	myNameIs	my_name

3.2 데이터형 이해하기

일반적인 상황에서 데이터(data)는 '자료'라는 의미로 주로 사용된다. 컴퓨터 프로그래밍에서의 데이터는 "프로그램에서 사용하거나 저장하기 위한 값"을 의미한다. 데이터 타입(data type)은 자료형이라고도 하며, 프로그래밍 언어에서 정수(integers), 실수(Floating-Point Numbers), 참(True)과 거짓(False), 문자(Character) 등 다양한 타입을 분류하기 위해 사용한다. 프로그램에서 이러한 데이터의 저장은 실제 컴퓨터의 메인 메모리상에 일정 공간을 할당받아 이루어지며, 저장되는 자료형에 따라 할당되는 메모리 공간이 다르다. 단, 3-1에서 말한대로 파이썬에서는 변수를 생성할 때 특별히 데이터 타입을 명시적으로 작성하지 않고 값의 형태에 따라 변수의 데이터 타입이 묵시적으로 변한다. 파이썬에서 메인 메모리 공간 확보를 위해 변수에 저장된 값에 따라 자료형을 구분하며, 이러한 변수의 자료형은 문자형 사이의 계산, 숫자 사이의 계산 등과 같은 상황의 필요에 따라 동적으로 변경할 수 있다.

아래 표는 파이썬에서 주로 사용하는 자료형의 종류를 보여준다.

데이터 타입	코드	설명	크기
Integers	int	정수형	4byte
Floating-Point Number	float	실수형	4byte
Strings	string	문자형	1byte or 2byte
Boolean Type	bool	불리언	1byte

컴퓨터 프로그래밍에서 자료형의 타입에 따라 데이터를 저장할 수 있는 크기가 다르다. 자료형의 크기는 byte로 표기하며, 1byte는 8bit로 표현할 수 있다. 데이터 타입은 정수형(Integer), 실수형(Floating-Point Number), 문자형(String), 불리언(Boolean)이 있으며 각각 정수, 실수, 문자형, 그리고 참(True)과 거짓(False)을 판단하는 역할을 한다.

각 자료형은 위에서 설명한 것과 같이 필요에 따라 데이터 타입을 변환할 수 있고 이를 형 변환(Casting)이라 부른다. 첫 번째로, `int()` 함수는 문자열 또는 실수 데이터를 정수 데이터로 변환한다. 두 번째로, `float()` 함수는 정수 또는 문자열 데이터를 실수 데이터로 변환한다. 세 번째로 `str()` 함수는 숫자(`int`, `float`) 데이터를 문자열 데이터로 변환한다.

함수	기능	예시
int 함수	문자열(str) 데이터를 정수(int) 데이터로 변환한다.	x = int("2002")
float 함수	문자열(str) 데이터를 실수(float) 데이터로 변환한다.	pi = float("3.14")
str 함수	숫자(정수, 실수) 데이터를 문자열(str) 데이터로 변환한다.	text = str(3.14)

소스 3-2는 정수형 변수를 선언하고 `str()` 함수를 이용하여 데이터형을 문자형으로 변경하는 프로그램을 작성한 소스코드이다.

소스 3-2

```
01  num = 2021
02  print(num, type(num))
03  str_num = str(num)
04  print(str_num, type(str_num))
```

입력 예

출력 예

```
2021 <class 'int'>
2021 <class 'str'>
```

라인 1에서 `num` 변수를 선언하고 정수값 '2021'을 대입한다. 이렇게 되면 `num` 변수의 데이터형은 정수형으로 변경된다. 라인 2에서 `num` 변수에 할당된 값과 데이터형을 출력한다. `type()` 함수는 인자로 넘겨진 데이터의 형태를 반환하는 함수로 라인 2의 경우 정수형 타입인 int가 반환된다. 라인 3에서는 `str_num` 변수를 선언하고 `str()` 함수를 이용하여 정수형 변수 `num`을 문자형 타입으로 변환한다. 그 후 `str_num` 변수에 문자형으로 변환된 값을 대입한다. 마지막으로 라인 4에서 데이터 타입이 문자형으로 변환된 2021을 출력하기 위해 `str_num` 변수를 `print()` 함수를 통해 출력한다. 출력 결과에서 볼 수 있듯이 `str_num`의 데이터형은 문자형(str)으로 출력된다.

소스 3-3은 정수형 변수 num 변수를 실수형, 불리언형으로 변환하는 프로그램을 작성한 소스코드이다.

소스 3-3

```
01 num = 2021
02 print(num, type(num))
03 floating_point_num = float(num)
04 print(floating_point_num, type(floating_point_num))
05 boolean_num = bool(floating_point_num)
06 print(boolean_num, type(boolean_num))
```

입력 예

출력 예

```
2021 <class 'int'>
2021.0 <class 'float'>
True <class 'bool'>
```

라인 1은 변수 num을 선언하고 정수 2021을 변수에 대입한다. num 변수의 데이터형은 2021이 대입되는 순간 정수형으로 변경된다. 라인 2는 변수 num의 데이터 타입과 데이터값을 출력한다. 라인 3은 float() 함수를 이용하여 num 변수의 값을 입력받고 입력받은 데이터를 실수형으로 변환시킨 후 라인 4와 같은 형태로 출력한다. 라인 5와 6 또한 동일하게 작성되며, 출력에서의 차이가 존재한다. boolean 데이터 타입은 참(Ture), 거짓(False)값에 해당하는 1과 0만을 가지는 데이터 타입이다. 보통 프로그래밍 언어에서는 0이 아닌 모든 수를 참으로 0은 거짓으로 판단한다. 따라서 라인 5의 boolean_num 변수의 값은 1이 대입되며 변수의 데이터의 타입은 불리언이 된다.

3.3 데이터가 메모리에 저장되는 방법

숫자 데이터의 저장 방식

기본적으로 컴퓨터 프로그래밍에서 모든 데이터는 2진수의 형태로 처리된다는 것을 1장에서 알아보았다. 데이터의 형태가 숫자든 문자이든 모든 데이터는 2진수의 형태로 변형되어 컴퓨터에 저장되거나 처리된다. 2진수란 한 자리의 숫자가 최대 1까지 표현할 수 있는 진수법으로 0과 1로 숫자를 표현할 수 있다. 다음 표는 10진수에 대해 2진수로 어떻게 표현되는지를 설명한다.

10진수	2진수
1	0000 0001
2	0000 0010
3	0000 0011
4	0000 0100
5	0000 0101

본 장에서는 10진수를 2진수로, 2진수를 10진수로 변경하는 방법은 모두 알고 있다고 생각하겠다. 혹여나 정보를 원하는 독자는 인터넷 검색을 통해 알아볼 수 있도록 한다. 위 표에서 볼 수 있듯이 1(10진수)은 0000 0001(2진수), 2(10진수)는 0000 0010(2진수)으로 진법을 변경할 수 있다. 여기서 2진수의 표현 방법을 보면 총 8자릿수의 공간에서 각 값을 표현하는 것을 볼 수 있다. 컴퓨터는 데이터를 저장하고 연산하기 위해 이와 같은 2진수의 공간을 이용하며 이 공간의 1자리를 1bit로 표현한다. 그러므로 위 표에서 표현하는 2진수의 최대 표현 공간은 총 8bit의 공간인 것을 확인할 수 있다. 그렇다면 8bit의 공간에서 최대 얼마까지의 10진수를 표현할 수 있을까? 답은 간단하다. 1111 1111을 10진수로 변환하면 되는데 256까지의 수를 표현할 수 있다. 결국 2진수의 공간은 표현할 수 있는 숫자의 크기를 말한다. 그럼 3-2에서 배운 데이터형의 크기에 따라 숫자를 얼마까지 표현할 수 있을까? 3-2의 표를 다시 한 번 보면 정수형은 4byte, 실수형도 4byte, 문자형은 1 ~ 2byte, 불리언은 1byte로 설정되어 있다. 여기서 컴퓨터 데이터의 단위에 대해 알아보면, 가장 작은 단위인 1bit를 시작으로 8bit는 1byte로 표현할 수 있다. 이후엔 1024byte는 1KB(killo byte), 1024KB는 1MB(Mega Byte), 1024MB는 1GB(Giga Byte)로 표현할 수 있다. 그렇기 때문에 정수형의 경우 4byte의 공간이므로 총 32bit의 공간에 숫자를 표현할 수 있다. 이를 10진수로 변환해 보면 4,294,967,295까지의 수를 표현할 수 있고 프로그래밍 언어에서는 제일 왼쪽 1bit를 부호비트로 표현하기 때문에 정수형의 경우 −2,147,483,648 ~ 2,147,483,647까지의 숫자를 표현할 수 있다. 실수형의 경우 부동소수점 표기법으로 숫자를 저장하기 때문에 단순한 진법 연산으로는 10진수로 표현이 불가능하다. 부동소수점의 부호비트, 지수 부분(exponent)과 가수 부분(fraction/mantissa)으로 각 비트를 나누어 실수를 표현하는 방법으로 자세한 표현 방법은 위키를 참조하기 바란다.

파이썬에서는 위와 같은 2진수를 확인하고 출력할 수 있는 `bin()` 함수가 존재한다. 소스 3-4는 `bin()` 함수를 이용하여 10진수를 2진수로 변경하는 프로그램을 작성한 소스코드이다.

소스 3-4

```
01 num_1 = 10
02 num_2 = 3
03 num_3 = 2
04 num_4 = 300
05 print(bin(num_1))
06 print(bin(num_2))
07 print(bin(num_3))
08 print(bin(num_4))
```

입력 예

출력 예

```
0b1010
0b11
0b10
0b100101100
```

라인 1~4는 각 변수에 정수형 값을 대입한다. 라인 5~8은 `bin()` 함수를 이용해 2진수를 출력한다. 기본적으로 `bin()` 함수는 입력받은 값을 2진수 형태로 반환하되 반환되는 자료의 데이터형은 문자형으로 반환한다. 출력 결과를 보면 `0b1010`, `0b11`, `0b10` 등 '`0b`'가 공통적으로 출력되는 것을 볼 수 있다. 파이썬에서 `0b`는 2진수를 뜻하며, `0o`는 8진수, `0x`는 16진수를 뜻한다. 따라서, `0b` 뒤에 출력되는 0과 1은 10진수를 2진수로 변환한 값이다.

숫자의 정밀도

파이썬에서는 앞서 설명한 자료형 타입에 따라 저장 가능한 공간을 메모리 크기가 허용하는 범위에서 동적으로 할당한다. 우리는 바로 위에서 숫자의 저장방식에 대해 알아보았다. 전통적인 프로그래밍 언어는 기본적으로 각 데이터 타입에 설정된 자료의 크기만큼 데이터를 표현하고 저장할 수 있다. 예를 들어 정수형의 경우 메모리로부터 4byte의 공간을 할당받을 수 있으며 최대 −2,147,483,648 ~ 2,147,483,647까지의 숫자를 표현할 수 있다. 물론 이 값보다 큰 수를 표현하기 위해서 8byte의 자료형을 가지는 데이터형도 존재하지만 파이썬에서는 이보다는 더 단순한 방법으로 데이터의 크기를 키울 수 있다.

소스 3-5는 파이썬에서 동적 메모리 할당에 대한 동작확인을 하기 위한 프로그램을 작성한 소스 코드이다.

소스 3-5

```
01 import sys
02 num_1 = 30
03 num_2 = 1
04 num_3 = 1234567890
05 num_4 = 28492912041924927849
06 print(sys.getsizeof(num_1))
07 print(sys.getsizeof(num_2))
08 print(sys.getsizeof(num_3))
09 print(sys.getsizeof(num_4))
```

입력 예

출력 예

```
28
28
32
36
```

라인 1은 실제 변수에 할당된 메모리 사이즈를 확인하기 위해 사용되는 라이브러리인 sys를 선언하는 코드이다. sys 라이브러리를 통해 getsizeof() 함수를 사용할 수 있으며 getsizeof() 함수는 인자로 넘겨받은 데이터의 크기를 반환해준다. 라인 2~5는 변수에 각기 다른 데이터값을 할당하는 코드이다. 라인 6~9는 각 변수에 할당된 메모리 크기를 출력하는 코드이다. 출력 결과를 보면 6~7번째 라인과 같이 정수형(int)의 최대 크기를 넘어가지 않는 변수의 경우 28byte가 할당된 것을 볼 수 있다. 출력 예제를 보면 정수형의 데이터 크기는 4byte인데 28byte가 할당된 것을 볼 수 있다. 파이썬의 경우 파이썬 3버전 이후로 Arbitrary precision arithmetic(임의의 정밀도 계산)을 채택해 메모리 공간 문제로부터 자유로워졌다. Arbitrary precision(임의의 정밀도) 계산 방식은 10진법 체계 하에서 사람이 정수를 계산하듯 계산한다. 즉 각 자릿수에 해당하는 위치에 0~9 사이의 숫자를 저장하는 방식이다. 한편 정수의 크기가 2^{30} − 1을 넘어가면 int의 사이즈를 int의 크기만큼 증가시켜 32bytes로 변경된 것을 볼 수 있다. 위 소스코드의 라인 8과 9와 같이 기본 정수의 크기를 넘어가는 변수는 파이썬에서 동적으로 4byte를 추가 할당하여 메모리를 더 많이 할당하는 것을 볼 수 있다.

소스 3-6

```
import sys
num_1 = 2.3
num_2 = 3.42145
```

```
04 num_3 = 5.3231234242
05 num_4 = 8.34254152354362132532
06 print(sys.getsizeof(num_1))
07 print(sys.getsizeof(num_2))
08 print(sys.getsizeof(num_3))
09 print(sys.getsizeof(num_4))
10 print(num_4)
```

입력 예

출력 예

```
24
24
24
24
8.342541523543622
```

소스 3-6은 파이썬에서 실수형 데이터를 메모리에 저장하는 경우 메모리 크기에 대한 변화를 확인하기 위한 코드이다. 라인 2~5는 변수에 실수 데이터를 대입하는 과정이다. num_1부터 num_4까지 정밀도를 높여가며 실수값을 대입한다. 라인 6~9는 메모리에 할당된 byte의 크기를 출력한다. 실수형 데이터는 최대 4byte, 8byte까지 할당할 수 있으며, 출력 가능한 유효자리는 15자리이다. 따라서, 라인 6~9의 경우 출력되는 byte 값이 변하지 않는 것을 볼 수 있으며, 유효자리 15자리의 경우 라인 10의 출력 결과에서 변수 'num_4'의 소수점 자리 16번째 수를 반올림한 것을 볼 수 있다.

문자 데이터의 저장방식

앞서 설명한 바와 같이 컴퓨터는 0과 1의 2진수 형태로 데이터를 저장하고 처리한다. 그러므로 숫자로 구성되어 있는 컴퓨터 환경에서 문자를 처리하기 위해 다양한 방법이 고안되었지만 가장 간단하고 효율적인 방법은 글자를 숫자로 매핑(mapping)하는 것이다. 가장 대표적인 매핑 방법으로는 아스키(ASCII) 방식이 있다. 아스키(ASCII)는 'American Standard Code for Information Interchange'의 약자로 영문 알파벳을 사용하는 대표적인 문자 인코딩이며, 미국 ANSI에서 발표한 표준 정보교환용 7bit 부호체계이다. 아스키코드라 불리는 이 방식은 0부터 127까지 총 128개 부호를 사용할 수 있으며, 33개의 출력 불가능한 제어 문자들과 공백을 비롯한 95개의 출력 가능한 문자들로 이루어진다. 또한 출력 가능한 문자들은 52개의 영문 알파벳 대소문자와 10개의 숫자, 32개의 특수문자, 그리고 하나의 공백 문자로 구성된다. 아스키는 컴퓨터와 통신 장비를 비롯한 문자를 사용하는 많은 장치에서 사용되며, 대부분의 문자 인코딩이 아스키에 기초를 두고 있다.

아래 표는 아스키 문자표의 일부를 10진수, 16진수, 문자의 형태로 보여준다. 아스키 문자표는 총 128개의 문자 및 부호에 대하여 코드를 가지고 있다. 예를 들어 문자 'A'의 경우 아스키코드표는 10진수로 65이며 이를 16진수로 표현하면 0x41이 된다. 이렇게 사용자가 문자 'A'를 입력하면 컴퓨터는 아스키 규약에 따라 'A'의 코드인 65로 문자값을 인식하고 저장 및 처리를 진행한다.

10진수	16진수	문자	10진수	16진수	문자	10진수	16진수	문자
65	0x41	A	97	0x61	a	33	0x21	!
66	0x42	B	98	0x62	b	34	0x22	"
...	...	...	...	...	...	...	...	...
90	0x5A	Z	122	0x7A	z	47	0x2F	/

소스 3-7은 아스키코드를 사용하는 방법을 보여주기 위한 프로그램을 소스코드로 보여준다.

소스 3-7

```
01 chr_1 = 'F'
02 num_1 = 45
03 print(chr_1)
04 print(num_1)
05 print(ord(chr_1))
06 print(chr(num_1))
```

입력 예

출력 예

```
F
45
70
```

라인 1은 문자형 상수인 'F'값을 chr_1 변수에 할당한다. 대부분의 프로그래밍 언어에서는 작은따옴표('')를 이용하여 문자형 상수값을 표현하지만 파이썬의 경우 작은따옴표('')나 큰따옴표("")를 써도 무방하다. 라인 2의 경우 숫자 45를 num_1 변수에 대입한다. 라인 3은 chr_1 변수를 그대로 출력하는 부분으로 문자 'F'가 출력된다. 라인 4도 3과 마찬가지로 num_1 변수를 출력하는 부분으로 num_1의 값인 45가 출력된다. 라인 5, 6은 파이썬에서 제공하는 변환 함수 사용의 예를 보여준다. 이 예제에서는 ord()와 chr() 함수를 사용하는데 ord() 함수의 경우 인자값은 문자형으로 입력되어야 하며 ord() 함수는 입력받은 인자값에 대하여 아스키코드를 반환해준다. 예를 들어 문자 'A'를 입력하면 65가 반환되는 형식이다. chr() 함수는 ord() 함수와 반대로 코드값을 입력하면 아스키코드값에 대한 문자를 출력해주는 함수로 65를 입력하면 문자 'A'가 반환된다. 그러므로 라인 5는 ord() 함수를 이용해 문자 'F'의 아스키코드값을 반환한다. 라인 6 또한 chr() 함수를 이용해 아스키코드값 45에 해당하는 문자값을 반환한다. 따라서 라인 5의 경우 대문자 'F'에 대한 아스키코드값인 70이 반환되어 출력되며 라인 6의 경우 아스키코드값 45에 대한 문자 '-'가 반환되어 출력된다.

소스 3-8은 대문자를 이용하여 소문자를 구하는 프로그램을 작성한 소스코드이다.

소스 3-8

```
01  capital = "A"
02  smallNum = ord(capital) + 32
03  small = chr(smallNum)
04  print("Capital :", capital)
05  print("Small :", small)
```

입력 예

출력 예

```
Capital : A
Small : a
```

우선 라인 1에서 대문자 'A'를 변수 capital에 대입한다. 다음으로 대문자 'A'를 이용하여 소문자를 구해야 하는데 생각보다 간단한 방법으로 구할 수 있다. 아스키코드표를 보면 대문자 'A'의 아스키코드는 65이며 소문자 'a'의 아스키코드는 97인 것을 알 수 있다. 또한 각 알파벳은 아스키코드표에서 순서대로 나열되어 있기 때문에 대문자의 경우 아스키코드값은 65~90까지 할당되어 있으며 소문자의 경우 97~122로 할당되어 있다. 그러므로 대문자값을 이용하여 소문자값을 구하는 방법은 단순히 대문자 코드표에서 32를 더하면 된다. 이 방법은 라인 2와 3을 통해 구해볼 수 있다. 라인 2는 우선 문자 'A'가 저장되어 있는 capital 변수를 ord() 함수에 입력값으로 넣어 문자 'A'에 대한 아스키코드값을 구한다. 그 후 'A'에 대한 아스키코드값에 32를 더하여 소문자 'a'에 대한 아스키코드값을 구한다. 라인 3은 소문자 'a'의 아스키코드값이 저장되어 있는 smallNum 변수를 chr() 함수의 입력값으로 넣음으로써 문자 'a'를 구해 small 변수에 대입한다. 마지막으로 라인 4, 5를 통해 capital과 small 변수를 출력한다.

소스 3-9

```
01 in1 = "L"
02 in2 = "O"
03 in3 = "V"
04 in4 = "E"
05 in1E = chr(ord(in1)+1)
06 in2E = chr(ord(in2)+1)
07 in3E = chr(ord(in3)+1)
08 in4E = chr(ord(in4)+1)
09 print(in1, "-->", in1E)
10 print(in2, "-->", in2E)
11 print(in3, "-->", in3E)
12 print(in4, "-->", in4E)
```

입력 예

출력 예

```
L --> M
O --> P
V --> W
E --> F
```

소스 3-9는 '두 사람만의 비밀 편지' 프로그램으로 입력받은 문자를 아스키코드로 변환 후 1을 더하여 변환하는 것으로 암호화를 목적으로 한다. 라인 1~5는 문자형 데이터를 변수에 할당하는 과정이다. 라인 5~8은 문자형 데이터를 아스키코드 10진수값으로 변환 후 1을 더한다. 1이 더해진 아스키코드 10진수값은 다시 아스키코드 문자값으로 변환되어 변수에 할당되며, 라인 8까지 같은 방식으로 구성되어 있다. 그렇게 변환된 코드를 라인 9~12를 통해 출력한다.

컴퓨터 프로그램에서 문자는 영어 알파벳만 존재하는 것이 아니다. 현재 이 책의 경우 한글로 작성되어 있으며 컴퓨터로 작성되었다. 컴퓨터에서의 영어 문자 표현을 아스키코드로 하였다면 한글은 유니코드(Unicode)를 통해 표현할 수 있다. 유니코드란 전 세계의 모든 문자를 컴퓨터에서 일관되게 표현하고 다룰 수 있도록 설계된 산업 표준이다.

연습 문제

01 대문자 A부터 Z, 소문자 a부터 z까지 모두 출력하는 프로그램을 작성하시오.

입력 예 1	
출력 예 1	ABCDEFGHIJKLMNOPQRSTUVWXYZ abcdefghijklmnopqrstuvwxyz

02 문자열을 소문자는 대문자로, 대문자는 소문자로 출력하는 프로그램을 작성하시오.

입력 예 1	Hello
출력 예 1	hELLO
입력 예 2	AbCd
출력 예 2	aBcD

03 문자열을 암호화하기 위해서 아스키코드값에 원하는 숫자를 더한 후 문자를 숫자로 출력하는 프로그램을 작성하시오.

입력 예 1	HELLO 1
출력 예 1	I -> 73 F -> 70 M -> 77 M -> 77 P -> 80
입력 예 2	DCU 10
출력 예 2	N -> 78 M -> 77 _ -> 95

CHAPTER

04 표준 출력함수

4.1 표준 입력을 위한 print() 함수

사람과 컴퓨터의 의사소통은 컴퓨터가 데이터를 처리하는 것만큼 중요한 요소 중 하나이다. 컴퓨터는 스스로 동작할 수는 있지만 이 동작을 위해서는 사람으로부터의 입력이 필요하며 입력에 대해 수행한 결과에 대한 피드백이 필요하다. 컴퓨터가 입력을 받지 않고 반환하는 출력이 없다면 우리가 컴퓨터를 사용하는 이유도 없을 것이다.

표준 입출력은 사람과 컴퓨터와의 의사소통을 할 수 있는 가장 기본적인 기술 중 하나로 기본적으로 표준 스트림을 사용한다. 표준 스트림(Standard Stream)은 컴퓨터 프로그램에서 '표준적으로' 입력으로 받고 출력으로 보내는 데이터와 매체를 총칭하는 용어이다. 표준 스트림은 크게 세계의 스트림으로 나누어지는데 하나는 입력을 위한 스트림(Standard Input, STDIN, 0), 하나는 출력을 위한 스트림(Standard Output, STDOUT, 1), 하나는 오류 메시지를 출력하기 위한 스트림(Standard Error, STDERR, 2)이다. 이번 장에서는 컴퓨터로부터 출력 스트림을 전달받을 수 있는 표준 출력(Standard output)에 대해 알아보도록 한다. 표준 출력은 프로그램에서 출력되는 데이터의 표준적인 방향을 말한다. 한마디로 여러분이 파이썬 프로그래밍을 하며 보여지는 모든 문자들은 표준 출력을 통해 이루어진다고 생각하면 된다.

파이썬에서는 print() 함수를 이용하여 표준 출력을 제공한다. print() 함수는 기본적으로 표준 출력 장치인 화면에 처리 결과를 문자 형태로 보여준다. print() 함수를 이용하여 우리는 문자, 문자열, 숫자, 변수, 수식 등의 값을 출력할 수 있으며, 앞으로 여러분이 코딩을 하면서 가장 많이 사용하는 함수 중 하나가 될 것이다.

소스 4-1은 print() 함수를 이용한 표준 출력의 여러 가지 예를 보여준다.

소스 4-1

```
01 print("Hello World!")
02 print(10)
03 print(3.14)
04 x = 10
05 y = 3.14
06 print(x)
07 print("x")
08 print(x+10/2*y-20)
```

입력 예

출력 예

```
Hello World
10
3.14
10
x
45.0
```

라인 1은 print() 함수를 이용하여 문자열 "Hello World!"를 출력한 것으로 출력 예제와 같이 화면에는 "Hello World!"가 출력된다. 라인 2는 상수 10을 print() 함수로 출력한 것으로 화면에는 10이 출력된다. 라인 3은 라인 2와 마찬가지로 실수형 상수 3.14를 print() 함수로 출력한 것으로 화면에는 3.14가 출력된다. 라인 4와 5는 변수 x와 y에 각각 상수값 10, 3.14를 대입한다. 라인 6은 print() 함수를 이용하여 변수 x를 출력하는 것을 보여준다. 예상한대로 변수 x의 값이 출력되므로 화면에는 10이 출력된다. 라인 7은 print() 함수로 x를 출력하는 것으로 라인 6과 동일한 것처럼 보이지만 ""를 이용하여 문자 x를 출력한 것이기 때문에 변수 x의 값이 아닌 문자 x가 화면에 출력된다. 마지막으로 라인 8의 경우 변수와 상수를 이용한 연산 결과를 print() 함수로 출력하는 것으로 화면에는 연산 결과값인 45가 출력된다.

4.2 print() 함수를 이용한 문자열 출력

파이썬에서의 문자열 출력은 작은따옴표(''), 큰따옴표("")를 이용해 출력한다. 문자와 문자열의 차이는 하나 이상의 문자를 조합하여 사용하였는지에 대한 여부에 따라 나뉜다. 파이썬 이외의 C언어, Java와 같은 언어들은 문자를 작은따옴표, 문자열을 큰따옴표로 구분하여 사용한다. 하지만 파이썬에서는 이러한 구분 없이 사용해도 단순 코드 실행에는 문제가 발생하지 않지만, 프로그래밍에서의 암묵적인 규정으로 인해 다른 언어와 같이 문자는 작은따옴표, 문자열은 큰따옴표로 구별한다.

따옴표 출력하기

파이썬에서 문자 또는 문자열 출력을 위해 작은따옴표(''), 큰따옴표("")를 사용한다. 문자열 출력에 사용되는 따옴표 이외에 문자열에 포함되는 따옴표를 표현하고자 한다면, 역 슬래시(backslash)를 이용해 출력할 수 있다. 예를 들어 I'm python language "student"와 같이 큰따옴표가 포함되는 문장을 `print()` 함수에서 작성한다면 `print("I'm python language \"student\"")`와 같이 작성할 수 있다. 한글 윈도우 환경에서의 역 슬래시는 원기호(₩) 모양으로 표시된다.

소스 4-2는 따옴표를 이용한 기본적인 문자열 출력의 예를 보여준다.

소스 4-2

```
01 print("Hello Python!")
02 print('Python is easy and strong language!')
```

입력 예

출력 예

```
Hello Python!
Python is easy and strong language!
```

라인 1은 큰따옴표("")를 이용해 "Hello Python!" 문자열을 출력하는 소스코드로 출력 예제와 같이 화면에 `"Hello Python!"`이 출력된다. 라인 2도 라인 1과 마찬가지로 `print()` 함수를 이용하여 문자열을 출력한다. 한 가지 다른 점은 작은따옴표('')를 이용한다는 것인데 파이썬에서는 큰따옴표와 작은따옴표 구분 없이 문자나 문자열을 모두 출력할 수 있다. 결과는 아래와 같이 화면에 "`Python is easy and strong language!`"가 출력되는 것을 볼 수 있다.

소스 4-3

```
01 print("I'm coding \"student\"")
02 print('I\'m coding \"student\"')
03 print('I'm coding \"student\"')
```

입력 예

출력 예

```
I'm coding "student"
I'm coding "student"
```

소스 4-3은 역 슬래시를 이용한 문자열 내 따옴표 출력을 위한 코드이다. 라인 1의 경우 문자열 선언을 위한 큰따옴표가 선언되어 있고, '`student`' 단어를 큰따옴표로 표현하고자 하는 코드이다.

student 단어의 왼쪽과 오른쪽에 \"이 존재하는 것을 볼 수 있다. 라인 2는 문자열 선언을 위한 따옴표가 작은따옴표로 선언되어 있다. 그에 따라 "I'm"에 있는 작은따옴표를 역 슬래시를 이용해 라인 3과 같이 영어 'I'만 작은따옴표로 닫히지 않게 작성한다(라인 3의 경우 실행되지 않는 코드이다).

소스 4-4

```
01 intro = '''I\'m coding noob
02 and python noob'''
03 print(intro)
```

입력 예

출력 예

```
I'm coding noob
and python noob
```

소스 4-4는 파이썬에서 작은따옴표 3개를 연속적으로 사용했을 때의 코드이다. 라인 1은 작은따옴표 3개를 사용한 문자열을 변수에 할당한다. 작은따옴표 3개 또는 큰따옴표 3개를 연속적으로 사용하여 여닫아 문자열을 선언할 수 있으며, 따옴표 3개를 사용한 문자열만 줄 바꿈(Enter)이 같이 변수에 할당된다.

제어문자 사용하기

제어문자는 출력의 제어를 하기 위한 용도로 사용되는 문자이다. 아래 표는 제어문자들을 표로 작성해놓은 것이다. '따옴표 출력하기'에서 배운 "문자열 내 따옴표 출력"을 위해 사용했던 역 슬래시(backslash) 기호를 사용하며, 역 슬래시 뒤에 오는 특별한 의미를 가진 문자, 특수문자, 숫자에 따라 문자열 내에서 각기 다른 기능을 수행한다. 이처럼 역 슬래시를 사용하여 문자, 숫자와 결합하는 조합을 제어문자 또는 이스케이프 시퀀스라고 한다.

특수문자	표현 내용	비고
\n	새로운 줄	새로운 줄(New Line)을 의미함, Enter 키를 누른 것과 같은 줄 바꿈 효과
\t	탭	Tab 키를 누른 효과(보통 4칸 띄움)
\'	작은따옴표 문자	' 자체를 출력함
\"	큰따옴표 문자	" 자체를 출력함
\\	\ 문자	\ 자체를 출력함
\b	backspace	역방향으로 한 문자 지움, IDLE 쉘 모드에서는 실행 안 될 수 있음, 콘솔에서 확인 가능함

위 표는 대표적인 제어문자 중 일부를 기재한 것이다. 표의 최상단에 있는 '\n'은 새로운 줄이라는 뜻의 영어 new line의 첫 글자 n을 의미하며, 새로운 줄에서 시작한다는 의미가 있다. 또한 '개행 문자'라고 부른다. 해당 특수문자가 선언된 뒤에 작성된 문자열은 줄 바꿈이 수행된 후 작성된다. 특수문자 '\t'는 영어 tab의 첫 글자 t를 의미하며, 공백 문자 4개를 추가하겠다는 의미이다. '\''과 '\"'는 특수문자는 '따옴표 출력하기'에서 다뤘던 내용이며, 특수문자 '\\' 는 '\'를 출력한다. 특수문자 '\b'는 영어 backspace의 첫 글자 b를 의미하며, 해당 특수문자 왼쪽에 있는 문자를 지우고 출력한다.

소스 4-5

```
01  print("Hello World! Hello Python!")
02  print("Hello World!\nHello Python!")
03  print("Hello World! \"Hello Python!\"")
04  print("Hello World! \\Hello Python!\\")
```

입력 예

출력 예

```
Hello World! Hello Python!
Hello World!
Hello Python!
Hello World! "Hello Python!"
Hello World! \Hello Python!\
```

소스 4-5는 특수문자 중 대표적인 것들을 이용해 결과값을 출력하는 코드이다. 라인 1은 일반적인 문자열을 출력한 것이며, 라인 2~4에서 출력될 문자열들과 비교하기 위해 작성한 것이다. 라인 2는 특수문자 '\n'을 사용하여 뒤에 문자열을 줄 바꿈한다. 라인 3은 특수문자 '\"'를 사용해 큰따옴표를 문자열과 같이 출력한다. 라인 4는 '\\'를 사용해 '\' 를 문자열과 같이 출력한다.

4.3 print() 함수를 이용한 변수값 출력하기

기본 변수 출력

변수값 출력은 3장에서 예제 코드 및 연습 문제로 접해본 코드이다. 단, 3장에서 사용한 print() 함수의 사용법이 전부가 아니기 때문에 본 장에서 다시 한 번 학습해 보도록 한다. 단순 변수 출력은 어떠한 따옴표도 없이 print() 함수 안에 변수만을 대입하여야 하며, 변수에 할당된 값에 따라 정수, 실수, 문자 등의 출력이 가능하다. 또한 print() 함수 내 수학 기호와 관련된 수식을 입력해 변수와 변수 사이의 연산이 가능하며, 쉼표(,)를 사용하여 하나의 print() 함수에 여러 변수를 선언할 수 있다. 해당 쉼표와 관련된 내용은 이후 '쉼표 활용하기'에서 다룬다.

소스 4-6

```
01  age = 20
02  print(age)
03  print("age")
04  print("age = ", age)
05  print(age, age+4)
```

입력 예

출력 예

```
20
age
age = 20
20 24
```

소스 4-6은 변수 출력에서 정수, 실수, 문자 등의 값을 출력 가능성을 보며, 하나의 print() 함수에서 여러 변수를 출력할 수 있고 연산 또한 가능하다는 것을 보여준다. 특히 라인 3번과 같이 변수를 출력하기 위해 큰따옴표("")를 실수로 사용하는 경우도 있는데 이때에는 변수의 값이 아닌 "age"라는 문자열이 출력된다는 것을 명심하자.

쉼표(,) 활용하기

파이썬 print() 함수에서 쉼표(,)는 여러 개의 변수, 문자열 등을 연속적으로 출력하기 위해 사용한다. print() 함수에서 1개 이상의 문자열을 쉼표로 연결하여 하나의 문자열을 만들 수 있고, 숫자와 문자를 통해 하나의 수식으로 연결할 수 있다.

소스 4-7

```
print("My name is", "Hong", "Gildong.")
lastName = "Kim"
firstName = "Babo"
print("My name is ", lastName, firstName,".",sep="")
```

입력 예

출력 예

```
My name is Hong Gildong.
My name is KimBabo.
```

소스 4-7은 쉼표를 이용하여 print() 함수의 출력 결과물이 연결되는지를 확인하기 위한 코드이다. 라인 1의 경우 "My name is", "Hong", "Gildong" 3가지 문자열이 쉼표를 통해 나열되어 있다. 첫째 출력 결과가 연결되어 나오는 것을 확인할 수 있고, 각 문자열이 연결되는 시작 지점 및 끝나는 지점에 공백( )이 없어도 공백을 추가하여 출력하는 것을 확인할 수 있다. 라인 2, 3은 이름과 관련된 문자열 값을 변수에 할당하고, 라인 4에 문자열과 변수를 쉼표로 연결하여 두 번째 출력 결과와 같이 출력한다.

구분 문자 변경하기

'쉼표 활용하기'에서 설명했던 쉼표에 의해 연결된 문자열과 문자열 사이의 공백이 기본 구분 문자이며, 파이썬에서 자동으로 문자열 연결 지점에 추가한다. 파이썬에서 기본적으로 사용되는 공백 이외의 구분 문자를 설정하여 사용할 수 있으며, sep='구분 문자' 형태의 파라미터를 print() 함수에 추가하여 사용할 수 있다.

소스 4-8

```
01 print("My name is", "Hong", "Gildong.")
02 lastName = "Kim"
03 firstName = "Babo"
04 print("My name is ", lastName, firstName,".",sep-"")
```

입력 예

출력 예
```
My name is Hong Gildong.
My name is KimBabo.
```

소스 4-8은 기본 구분 문자인 공백 이외의 구분 문자를 파라미터로 정의하여 출력하는 코드이다. 라인 1은 기본 구분 문자인 공백이 쉼표의 구분 지점에 따라 자동으로 추가되어 출력되는 것을 볼 수 있다. 라인 2, 3은 문자형 데이터를 변수에 할당하는 것이다. 라인 4는 print() 함수에 'sep='으로 작성된 파라미터를 이용해 기본 구분 문자인 공백을 제거할 수 있는데 'sep=""'은 구분 문자열값으로 어떠한 문자열도 넣지 않았기 때문에 각 변수에 구분 문자열로 공백(" ")이 " "로 변경된다.

소스 4-9

```
miles = 190
rate = 1.60934
km = miles * rate
print("seoul-Daegu Distance")
```

```
05 print("Mile: ", miles, "miles", sep="")
06 print("Km: ", km, "km", sep="")
```

입력 예

출력 예
```
seoul-Daegu Distance
Mile: 190miles
Km: 305.7746km
```

소스 4-9는 거리 변환을 위해 작성된 코드이다. 라인 1, 2는 거리와 변환에 필요한 비율로(1mile = 1.60934km) mile을 km로 변환하는 데 필요한 데이터를 변수에 할당한다. 라인 3은 거리 단위 mile을 km로 변환하는 수식으로 계산 후 변수에 할당한다. 라인 4는 단순 출력문이며, 라인 5, 6은 각각 mile과 km를 출력하며, 각 print() 함수에 파라미터 'sep='를 이용해 쉼표로 인한 공백을 제거한다.

끝 문자 변경하기

파이썬의 print() 함수에서는 출력 문장의 제일 끝에 삽입할 수 있는 끝 문자를 설정할 수 있다. 파이썬은 기본적으로 문장의 끝에 제어문자인 '\n'이 삽입되어 있다. 그렇기 때문에 print() 함수를 사용하면 문장을 모두 출력하고 개행('\n')을 하게 된다. print() 함수는 구분 문자 이외에 끝 문자를 변경시키기 위한 파라미터 'end='를 사용할 수 있다.

소스 4-10

```
01 print("Hello World!", end = " ")
02 print("Hello Python!", end =" ")
03 print("Hello World!", end ="\n")
04 print("Hello Python!", end ="__")
05 print("Hello Python!", end ="")
06 print("Hello Python!", end ="")
```

입력 예

출력 예
```
Hello World! Hello Python! Hello World!
Hello Python!__Hello Python!Hello Python!
```

소스 4-10은 print() 함수에서 끝 문자 'end='를 사용하는 다양한 방법을 보여준다. 라인 1의 경우 print() 함수에 작성된 문자열이 끝난 후 줄 바꿈이 아닌 단순 공백을 이용해 다음 문자열을 출력한다. 라인 2 또한 1과 같으며 다음에 출력될 문자열에 대해 줄 바꿈 대신 공백으로 출력한다. 라인 3의 경우 라인 2의 출력 결과와 공백으로 연결된 형태로 문자열을 출력한 후 'end=\n'에 의해 다음 문자열 출력은 줄 바꿈을 적용해 출력한다. 그러므로 출력 예를 보면 라인 1, 2, 3의 결과가 한 줄에 모두 출력되는 것을 볼 수 있다. 라인 4의 경우 끝 문자열로 "__"를 입력하였기 때문에 출력 예제와 같이 "Hello Python!" 뒤에 "__"가 출력된 것을 볼 수 있다. 라인 5, 6은 줄 바꿈도 공백도 적용하지 않고 문자열과 문자열 사이를 연결만 한다. 따라서, 출력문을 보게 되면 '!' 뒤에 연이어 문자열이 출력되는 것을 볼 수 있다.

연습 문제

01 구구단 5단과 8단을 다음 '출력 예'와 같이 출력하시오. (단, 큰 공백의 경우 '\t'를 사용)

입력 예

출력 예

```
Print Multiplication Table of Number 5 and 8
5 * 1 = 5          8 * 1 = 8
5 * 2 = 10         8 * 2 = 16
5 * 3 = 15         8 * 3 = 24
5 * 4 = 20         8 * 4 = 32
5 * 5 = 25         8 * 5 = 40
5 * 6 = 30         8 * 6 = 48
5 * 7 = 35         8 * 7 = 56
5 * 8 = 40         8 * 8 = 64
5 * 9 = 45         8 * 9 = 72
```

02 하나의 'print()'문을 사용하여 다음 '출력 예'와 같이 출력하시오.

입력 예

출력 예

```
I'm coding with Python and I'm learning code related to output. (*>o<*)
We learn the possibility of creating various programs by learning
coding. (/*¯︶¯)/
And today we learn about
'print()',    'Special Caracters',    'etc.'
```

CHAPTER 05

표준 입력함수

5.1 표준 입력을 위한 input() 함수

사람과 컴퓨터와의 의사소통에 있어 컴퓨터에게 정보를 전달하는 것은 정보를 전달받는 것만큼 중요한 요소 중 하나이다. 표준 입력은 컴퓨터에게 의사를 전달하는 방법으로 프로그램에 입력되는 데이터의 표준적인 출처(장비나 파일)를 말한다. 입력 장치는 키보드, 마우스 등과 같이 다양하게 존재하나 파이썬에서 표준 입력은 기본적으로 키보드로 설정되어 있다.

파이썬에서는 표준 입력을 하는 함수로 `input()` 함수를 지원한다. 파이썬의 `input()` 함수는 입력되는 모든 데이터를 문자열 형태로 받아오며, 우리는 입력된 문자열 데이터를 필요에 따라 다른 데이터 형태(문자, 문자열, 정수, 실수 등)로 변경하여 사용할 수 있다.

파이썬 프로그램은 `input()` 함수가 호출되면 사용자로부터의 입력을 기다린다. 프로그램은 사용자가 입력을 완료할 때까지 대기하고 있기 때문에, 만약 입력을 완료하였다면 입력 완료 메시지를 프로그램에 전달해야 한다. 기본적인 입력 완료 메시지는 엔터키('\n')이며, 프로그램은 엔터('\n') 입력이 전달되면 입력 스트림을 통해 입력값을 전달받는다.

아래 소스 5-1을 통해 표준 입력의 기본 과정을 살펴보도록 한다.

소스 5-1

```
name = input()
print("name = ", name, sep="")
```

입력 예

```
Jackson
```

출력 예

```
Jackson
name = Jackson
```

소스 5-1은 input() 함수를 사용하여 표준입력을 구현한 코드이다. 라인 1은 input() 함수를 사용하여 입력받은 데이터를 name 변수에 대입한다. 파이썬에서 input() 함수를 통해 프로그램으로 전달하는 기본 데이터 타입은 문자열이다. 그러므로 name 변수의 데이터형은 대입되는 input() 함수의 데이터형에 따라 기본적으로 문자열로 변경된다. input() 함수가 호출되면 프로그램은 키보드로부터 입력값이 전달될 때까지 입력 대기 상태로 있으며, 입력 예제와 같이 'Jackson'을 입력하고 엔터키를 입력하면 입력값이 프로그램으로 전달된다. 라인 2는 input() 함수에서 할당된 변수 name의 값을 출력하되 옵션 'sep='를 사용하여 쉼표에서 발생하는 공백을 제거한다.

소스 5-2

```
01 name = input("What's your name? ")
02 uni = input("What's the name of your university? ")
03 major = input("What's your major? ")
04 print(name, ", you are studying ", major, " at ", uni, ".", sep="")
```

입력 예

```
What's your name? Jackson
What's the name of your university? DCU
What's your major? Computer Science
```

출력 예

```
What's your name? Jackson
What's the name of your university? DCU
What's your major? Computer Science
Jackson, you are studying Computer Science at DCU.
```

소스 5-2는 이름, 학교, 학과를 입력받아 각 변수에 저장하고 입력한 내용을 출력하는 프로그램을 작성한 것이다. 라인 1~3은 각각 이름, 학교, 학과를 입력받아 변수에 대입한다. 라인 1의 input() 함수 내에 작성되어 있는 문자열("What's your name?")은 입력을 받기 위해 사용되는 입력 안내문 또는 인터페이스라고 한다. 입력 인터페이스는 사용자로부터 입력을 받기 전 입력을 해야 할 내용이 무엇인지에 대한 설명을 작성하는 것으로 기본적으로 사용자의 입력 편의성을 위해 작성하는 것이 좋다. 라인 1과 같이 input() 함수에 "what's your name?"을 작성하면 프로그램은 입력 대기 직전에 "What's your name?"을 출력하여 입력해야 할 내용에 대한 설명을 사용자에게 제공한다. 소스 5-2는 3개의 input() 함수를 통해 총 3개의 입력을 받고 있으며 각 입력이 완료될 때마다 name, uni, major 변수로 입력값들이 대입된다. 이때 대입되는 데이터형은 모두 문자형이다. 라인 4는 쉼표를 이용해 문자열과 변수를 각각 연결하고 구분 문자를 제거하여 출력 예제와 같이 출력될 수 있도록 한다.

5.2 정수값 입력받기

파이썬에서 input() 함수를 사용할 경우 일반적으로 모든 데이터를 문자형으로 변수에 저장한다. 키보드로 정수나 실수를 입력할 경우에도 파이썬은 예외 없이 변수에 문자열 형태로 저장한다. 여러분이 알고 있는 것처럼 파이썬은 아무리 숫자를 변수에 대입했다 하더라도 그 형태가 문자형이라면 그 데이터는 정수 또는 실수로 인식하지 않는다. 그러므로 입력값을 이용하여 어떤 문제를 해결하는 과정에서 독자가 이 부분을 신경 쓰지 않는다면 데이터형과 관련된 오류를 자주 목격할 수 있다.

소스 5-3-1은 이와 같은 문제가 발생하는 간단한 예제를 구현한 프로그램이다. 소스 5-3-1은 사용자로부터 inch 값을 입력받은 후 이 값을 cm로 변환하는 프로그램을 작성한 소스코드이다.

소스 5-3-1

```
01  inch = input("Please enter an inch to convert >> ")
02  inchtocm = 2.54
03  centimeter = inch * inchtocm
04  print(inch, "inches is ", centimeter, "cm", sep="")
```

입력 예

```
Please enter an inch to convert >> 30
```

출력 예

```
Please enter an inch to convert >> 30
Traceback (most recent call last):
  File "C:\Users\user1\Desktop\test.py", line 3, in <module>
    centimeter = inch * inchtocm
TypeError: can't multiply sequence by non-int of type 'float'
```

라인 1은 input() 함수를 통해 문자형 데이터를 변수 inch에 대입한다. 입력 예제를 보면 숫자 30을 입력한 것이 보이지만 파이썬은 이 입력값을 문자형으로 전달하기 때문에 inch 변수의 자료형은 문자형이 된다. 라인 2는 inch를 cm로 변경하기 위해 1inch에 대한 cm 값을 변수 inchtocm에 대입한다. 1인치는 2.54cm이므로 실수 2.54를 inchtocm에 대입한다. 라인 3은 inch를 cm로 변환하는 수식이며, 계산된 결과값을 centimeter 변수에 대입한다. 마지막으로 라인 4는 inch 값과 계산된 centimeter 값을 출력하는 코드이다.

코드를 작성한 후 프로그램을 실행하고 입력값을 입력하면 예상과는 다르게 출력 예제와 같은 결과를 확인할 수 있을 것이다. 출력 예제를 살펴보면 라인 3번에서 에러가 발생한 것을 확인할 수 있다. 에러 내용은 실수값 inchtocm는 정수 형태가 아니므로 곱셈을 수행할 수 없다는 것을 표시하고 있다.

우리는 이미 3장에서 각 자료형에 대한 파이썬의 연산 결과를 확인해 보았다. 라인 3의 경우 입력값 30에 대한 inch 변수는 문자형이고 inchtocm는 실수형이므로, 파이썬은 기본적으로 문자열 곱셈을 시도하려고 했을 것이다. 하지만 문자열 곱셈을 하기 위해서는 곱셈 뒤에 나오는 피연산자가 항상 정수여야 하기 때문에 출력 예제와 같이 연산을 수행할 수 없다는 에러 메시지가 출력된다.

라인 3에서 우리는 입력값 30에 2.54를 곱한 연산을 수행하여 cm값을 구하려고 한다. 그러므로 inch와 inchtocm에 대해 프로그램은 모두 숫자에 대한 연산을 수행할 필요가 있고, 이를 해결하기 위해 프로그램은 연산을 수행하기 전에 inch 변수에 대한 형 변환을 수행해야 한다.

소스 5-3-2는 입력값에 대하여 형변환을 통해 우리가 원하는 숫자 계산이 수행될 수 있도록 프로그램을 구현한 예제이다.

소스 5-3-2

```
01 inch = int(input("Please enter an inch to convert >> "))
02 inchtocm = 2.54
03 centimeter = inch * inchtocm
04 print(inch, "inches is ", centimeter, "cm", sep="")
```

입력 예
```
Please enter an inch to convert >> 30
```

출력 예
```
Please enter an inch to convert >> 30
30inches is 76.2cm
```

소스 5-3-2은 input() 함수에서 반환된 입력값을 inch 변수로 대입하기 전에 int() 함수를 이용하여 함수에서 반환된 값을 문자열에서 정수형으로 변환한다. inch 변수는 입력값을 정수형으로 저장하며 추후 라인 3번에서는 우리가 의도한 숫자 계산이 이루어지게 된다. 마지막으로 프로그램을 수행하면 출력 예와 같이 정상적으로 동작하는 것을 확인할 수 있다.

소스 5-3-3

```
01 inch = input("Please enter an inch to convert >> ")
02 inchtocm = 2.54
03 centimeter = int(inch) * inchtocm
04 print(inch, "inches is ", centimeter, "cm", sep="")
```

입력 예
```
Please enter an inch to convert >> 30
```

출력 예

```
Please enter an inch to convert >> 30
30inches is 76.2cm
```

소스 5-3-3는 input() 함수에 형변환을 적용하지 않고 라인 3의 수식에서 inch 변수를 형변환한다. 따라서, 출력 예와 같이 정상적으로 동작하는 것을 확인할 수 있다.

소스 5-4

```
01 money = int(input("How much will you exchange? "))
02 rate = int(input("What is the exchange rate? "))
03 dollar = money / rate
04 print(money, "won to", dollar, "dollor")
```

입력 예

```
How much will you exchange? 100000
What is the exchange rate? 1150
```

출력 예

```
How much will you exchange? 100000
What is the exchange rate? 1150
100000 won to 86.95652173913044 dollor
```

소스 5-4는 한국 돈과 환율을 입력받아(정수), 미국 달러로 환전하는 프로그램을 구현한 소스코드이다.

이 프로그램을 구현하기 위해서 우리는 주어진 문제를 이용하여 프로그램이 수행되어야 할 작업들을 각 역할별로 분해해 볼 수 있다. 우선 우리는 프로그램을 한국 돈과 환율을 입력받기 위한 입력부, 입력한 환율을 적용하여 미국 달러로 계산하기 위한 처리부, 계산한 미국 달러를 출력하기 위한 출력부로 나눌 수 있다. 이와 같이 분해된 각 작업들을 소스코드로 구현해 보도록 하겠다. 우선 입력부 구현을 위해 라인 1은 환전할 돈(금액)을 정수형으로 입력받아 변수 money에 대입하고, 라인 2에서 환율(1달러에 1150원)을 rate 변수에 대입한다. 두 번째로 처리부 구현을 위해 라인 3은 입력받은 돈을 환율에 맞게 달러로 변환하기 위한 계산을 수행한다. 마지막으로 라인 4에서는 쉼표와 구분 문자를 이용해 변수와 문자열을 연결하여 계산된 달러를 출력할 출력부를 구현한다.

프로그램을 실행하면 우선 입력 예처럼 한국 돈과 환율을 입력받게 되며, 처리부를 통해 원화를 달러로 계산한다. 마지막으로 프로그램은 출력부를 통해 계산된 달러를 출력한다.

5.3 실수값 입력받기

'정수값 입력받기'에서 다루었던 형변환과 고려 사항들은 실수값 입력받기에서도 동일하게 적용된다. 단, 형변환을 하기 위한 함수가 조금 다를 뿐이다. 정수형의 경우 `input()` 함수를 `int()` 함수로 감싸 문자형을 정수형으로 변환하였다면, 실수형의 경우 3장에서 다룬 자료형 변환 함수에 따라 `float()` 함수로 `input()` 함수를 감싸 문자열을 실수형으로 변환한다.

소스 5-5는 키를 입력값으로 받아 표준 몸무게를 계산하는 프로그램을 구현한 소스코드이다. 표준 몸무게는 식 (키 − 100) × 0.9로 계산할 수 있다. 이 코드도 소스 5-4와 마찬가지로 프로그램을 구현하기 위해 입력부, 처리부, 출력부로 작업을 분해할 수 있다.

소스 5-5

```
01 height = float(input("What's your height? "))
02 sWeight = (height -100) *0.9
03 print("Your proper weight :", sWeight)
```

입력 예

```
What's your height? 165
```

출력 예

```
What's your height? 165
Your proper weight : 58.5
```

우선 입력부 구현을 위한 라인 1은 입력받을 키 입력값을 `float()` 함수를 이용해 실수형으로 형변환을 수행한 후 `height` 변수에 대입한다. `height` 변수는 입력값의 자료형에 따라 실수형으로 변경된다. 표준 몸무게를 계산하기 위한 라인 2는 `(height-100)*0.9` 계산식을 통해 구해진 결과값을 `sWeight` 변수에 대입한다. 마지막으로 계산된 표준 몸무게는 라인 3 과정을 통해 출력된다.

소스 5-6은 키와 몸무게를 입력 받아 BMI(Body Mass Index)를 계산하는 프로그램을 구현한 소스코드이다. BMI는 식 몸무게(kg)/(키(m)^2)로 구할 수 있다. 이 코드도 프로그램을 구현하기 위해 입력부, 처리부, 출력부로 작업을 분해해 보도록 한다.

소스 5-6

```
height = float(input("height = "))
weight = float(input("weight = "))
height_m = height/100
bmi = weight/(height_m*height_m)
print("BMI : ",bmi, sep="")
```

입력 예
```
height = 175
weight = 70
```

출력 예
```
height = 175
weight = 70
BMI : 22.857142857142858
```

우선 라인 1은 키를 `float()`으로 형변환하여 `height` 변수에 할당한다. 라인 2는 몸무게를 `float()`으로 형변환하여 `weight` 변수에 할당한다. BMI를 구현하기 위한 처리부는 총 2개의 계산을 수행해야 한다. 우선 BMI를 계산하기 위한 키의 단위는 m이지만, 입력받은 키의 단위는 cm이다. 그러므로 라인 3과 같이 우선 cm를 m로 변환하는 계산을 수행하여 그 결과를 `height_m` 변수에 대입한다. 다음으로 라인 4에서는 BMI를 계산하기 위한 수식(몸무게/(키^2))으로 BMI 수치를 계산한다. 라인 5는 계산된 BMI 수치를 구분 문자를 이용해 공백을 제거하고 출력한다. 추가적인 정보로 BMI 수치에 따른 몸무게 기준은 다음과 같다(20 미만: 저체중, 20~24: 정상, 25~29: 과체중, 30 이상: 비만).

연습 문제

01 두 지점 A, B 사이를 왕복하는데 A에서 B로 가는 시속값을 x, B에서 A로 가는 시속값을 y로 입력받는다. x, y 시속으로 A, B 지점을 왕복하는데 z의 시간이 걸렸다고 가정한다면 A, B 사이의 거리는 얼마인지 구하시오.

- x, y, z 값 입력
- 시간 = 거리/속력
- 거리 = A에서 B로 가는 시간 + B에서 A로 가는 시간

입력 예 1
```
x = 4
y = 3
z = 2
```

출력 예 1
```
x = 4
y = 3
z = 2
3.4285714285714284(km)
```

입력 예 2
```
x = 30
y = 50
z = 1
```

출력 예 2
```
x = 30
y = 50
z = 1
37.5(km)
```

02 차량의 주유량과 이동거리를 입력받아 차량의 연비를 계산하시오.
(연비: L당 몇 km를 이동할 수 있는지의 비율)

입력 예
```
fuel volume : 20
driving distance : 297
```

출력 예
```
fuel volume : 20
driving distance : 297
fuel efficiency = 14.85 (km/L)
```

CHAPTER

06
연산자

6.1 연산자에 대한 이해

파이썬 프로그래밍에서의 연산은 독자들이 실제 수학에서 배웠던 연산과 유사한 부분이 많지만 다른 부분들이 있다. 파이썬을 포함하는 프로그래밍 언어에서 연산식은 표현식(expressions)이라고도 한다. 이 말은 우리가 수학에서 주로 사용하는 연산식을 컴퓨터가 이해할 수 있는 연산식으로 만들어야 우리가 의도한 결과를 컴퓨터를 통해 얻을 수 있다는 것이다. 파이썬 언어에서는 다양한 연산을 수행하기 위한 많은 종류의 연산자가 제공된다. 우리가 평소에 수학에서 사용하는 덧셈, 뺄셈, 곱셈, 나눗셈 등을 위한 산술 연산자부터 데이터를 저장하기 위해 변수에 대입을 하는 대입 연산자에 이르기까지 다양한 종류의 연산자가 존재한다. 연산자의 종류로 산술 연산자와 대입 연산자, 비교 연산자, 논리 연산자, 비트 연산자가 있다. 이런 연산자는 수학에서 사용하는 연산자와 유사한 형태를 가지고 있지만, 컴퓨터의 키보드를 통해 입력할 수 있는 연산 기호의 제약 때문에 다른 형태의 기호를 연산자로 사용하기도 한다. 수학과 마찬가지로 컴퓨터 프로그램의 연산식에는 각 연산자에 따르는 우선순위가 존재하며, 그 우선순위에 따라 연산의 순서가 정해지기 때문에 다양한 연산자의 종류와 그 우선순위를 기억하고 정확한 연산식을 만들 수 있어야 한다. 아래 표는 피연산자 개수에 따른 연산자의 종류를 정리한 표이다.

피연산자 개수에 따른 연산자의 종류		연산자
단항 연산자		+, -
이항 연산자	산술	+, -, *, /, %
	대입	=, +=, -=, *=, **/, /=, //=, %=
	관계	>, <, >=, <=, ==, !=
	논리	and, or, not
	비트	&, |, ^, ~, <<, >>
삼항 연산자		?, :

또한 아래 코드는 파이썬으로 작성한 연산식의 예를 보여준다.

```
1 + 2       #덧셈 연산의 결과는 정수값
x < 30      #비교 연산의 결과는 1(참) 또는 0(거짓)
3.14        #실수형 상수
'a'         #문자 상수
x           #변수 x도 값이 있다면 수식
```

연산식은 항상 값을 가지고 있는데 각각의 연산식 계산 결과를 우리는 대표값 또는 결과값이라고 한다. 변수 또는 상수도 하나의 연산식으로 볼 수 있다. 하나의 연산식은 다시 여러 개의 연산식으로 구성된다. 이러한 연산식의 구성은 연산자(operator)와 피연산자(operand)로 구성된다. 연산자의 종류에 따라 하나 이상의 피연산자가 필요하며, 하나의 피연산자가 있어야 하는 연산자를 단항(unary)이라고 하고, 두 개 이상의 피연산자가 있어야 하는 것을 이항(binary) 연산자라고 한다. 3개 이상의 피연산자가 있어야 하는 경우는 삼항 연산자라고 한다.

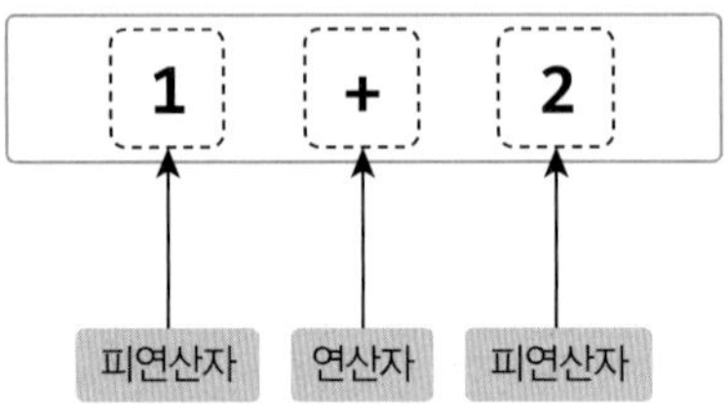

이 연산식에서 +는 연산자, 1과 2는 피연산자이다. 덧셈을 수행하는 + 연산자는 두 개의 피연산자의 값을 더하는 역할을 하므로, 이항 연산자이다. 1의 값과 2의 값을 더하는 이 연산식의 대표값은 3이 된다.

6.2 산술 연산자

산술 연산자 기호는 덧셈(+)과 뺄셈(-), 곱셈(*), 나눗셈(/), 나머지 연산(%), 제곱근(**), 정수 나누기(//)로 나눌 수 있다. 해당 기호들을 통해 하나의 계산식 즉, 수식을 만들어 낼 수 있으며, 이를 연산식 또는 표현식(expressions)이라고도 한다. 연산자를 이용해 하나의 수식을 표현할 수 있으며, 수학에서 수식은 사칙연산의 개념을 따른다. 컴퓨터 프로그래밍에서 수식에 대한 사칙연산의 개념은 '우선순위'로 불리며, 수학에서의 사칙연산과 동일한 개념으로 적용된다.

산술 연산자	역할	산술 연산식 예시	연산 결과
+(단항)	양수 부호	+x	10
(단항)	음수 부호	-x	-10
+	더하기	x + y	14
*	곱하기	x * y	40
-	빼기	x - y	6
**	제곱	x ** y	10000
/	나누기	x / y	2.5
//	정수 나누기	x // y	2
%	나머지 연산	x % y	2

산술 연산자는 위의 표의 예시와 같은 형태로 수행된다. x 값을 10, y 값을 4로 가정하고 위의 표에 해당하는 연삭식 예시를 출력하면 연산 결과와 같이 출력된다. x 변수에 10이라는 값을 저장할 경우 x = 10의 형태로 코드를 작성할 수 있다. x = -10의 코드를 작성할 경우 x 변수에는 -10이라는 값을 할당한다. x + y의 경우 10 + 4로 표현 가능하며, 빼기, 곱하기 모두 다음과 같은 형태로 값을 연산할 수 있다. 나누기의 경우 10을 4로 나누었을 때의 몫을 연산하며, 나머지 연산의 경우 10을 4로 나눈 나머지를 결과값으로 도출한다. 나누기 연산자를 이용해 나누기 연산을 수행할 때, 나누기 기호를 두 번 사용하여 연산자를 구성할 경우 정수형 형태로 결과값을 계산할 수 있다. 예를 들어 5에 3을 나눈 경우 몫은 1.66666...으로 무한히 구성된다. 이때 기호(//)를 사용하면 1이 결과값으로 도출되며, 이외의 소수점은 모두 제거된다.

소스 6-1

```
01 a = 2
02 b = 3
03 x = 4
04 y = x**2 + b/a*x + (b/2*a)**2
05 print("y =", y)
```

입력 예

출력 예 `y = 31.0`

소스 6-1은 $y = x^2 + \frac{b}{a}x + \left(\frac{b}{2a}\right)^2$ 수식을 코드로 표현 후 계산한다. 라인 1~3은 각 변수 a, b, x에 2, 3, 4의 값을 할당한다. a는 2의 값을, b는 3의 값을, x는 4의 값을 가진다. 라인 2는 사칙연산

(우선순위) 규칙을 준수하며 작성한 수식이다. x^2은 파이썬에서 x**2으로 표현되며, **10일 경우 10제곱을 의미한다. $\frac{b}{a}x$는 b/a에 x를 곱하는 것으로 표현할 수 있으며, $\left(\frac{b}{2a}\right)^2$는 (b/2a)에서 2제곱을 한 것으로 **2를 붙여서 작성한다. 라인 2와 같이 하나의 수식을 코드로 작성할 경우 반복해서 해당 수식을 사용할 수 있으며, 변수의 값만을 변경하여 연산이 가능하다. 라인 3은 해당 연산 결과값인 변수 y를 출력한다.

소스 6-2

```
01  cScore = float(input("C Score >> "))
02  javaScore = float(input("Java Score >> "))
03  pythonScore = float(input("Python Score >> "))
04  average = (cScore + javaScore + pythonScore) /3
05  print("Average score :", average)
```

입력 예

```
C Score >> 88
Java Score >> 90
Python Score >> 92
```

출력 예

```
C Score >> 88
Java Score >> 90
Python Score >> 92
Average score : 90.0
```

소스 6-2는 성적 평균을 내는 코드이다. 라인 1 ~ 3은 각각 C 점수, Java 점수, Python 점수로 input() 함수를 이용해 실수형인 float 자료형으로 변수에 값을 할당한다. 라인 4는 입력받은 변수의 값의 평균을 구한다. 이때 사칙연산(우선순위) 규칙을 준수하여 '()'를 이용해 더하기(+)와 나누기(/)를 구분지어 수식을 구성한다. 라인 5는 문자열로 구성된 출력문과 함께 입력받은 점수의 평균을 출력한다.

소스 6-3

```
print(5 ** (1/2))
print(7 ** (1/3))
```

입력 예

출력 예

```
2.23606797749979
1.912931182772389
```

소스 6-3은 파이썬으로 제곱근을 구하는 코드이다. 라인 1은 $\sqrt[2]{5}$를 표현하는 코드이다. $\sqrt[2]{5}$는 다르게 표현하면, $5^{\frac{1}{2}}$로 표현할 수 있고 해당 수식을 코드로 표현할 수 있다. 라인 2 또한 라인 1과 마찬가지로 $\sqrt[3]{7}$을 코드로 표현한 것이며, $7^{\frac{1}{3}}$을 코드로 표현한 것이다. `print()` 함수 내에 표현식을 작성함으로써 연산과 함께 출력할 수 있다.

6.3 대입 연산자

대입 연산자는 등호 기호를 사용하며, 등호 기호를 사용함으로써 '등호 연산자'로 불리기도 한다. 컴퓨터 프로그래밍에서 '등호'의 의미는 수학에서의 '같다'의 의미와는 다르다. '등호'는 오른쪽에 있는 값을 왼쪽에 '대입'하며, 이는 곧 "변수에 '할당'한다"의 의미가 된다. 대입 연산자는 영어로 Assignment Operator이며, 이를 '지정 연산자' 혹은 '할당 연산자'로 번역할 수 있다.

소스 6-4

```
01  x = 10
02  y = 20
03  x = y
04  z = 30
05  z = x + y
06  print("z =", z)
```

입력 예

출력 예 `z = 40`

소스 6-4는 대입 연산자를 이용해 변수에 값을 할당하는 방식을 보여주는 코드이다. 라인 1의 경우 'x'라는 변수에 '10'이라는 정수형 값을 대입 연산자 '='를 이용해 할당한다. 이 때 앞에서 설명한 것과 같이 대입 연산자 '='를 기준으로 오른쪽인 정수형 값 10을 왼쪽에 있는 변수 x에 할당하게 된다. 라인 2는 라인 1과 같이 변수 y에 정수형 값 20을 할당한다. 라인 3은 변수 y를 변수 x에 할당한다. 라인 3의 의미는 10을 가지고 있던 x에 y가 가지고 있는 20을 할당한다는 의미이며, 이는 곧 덮어쓰기를 진행한다는 뜻이다. 라인 4는 변수 z에 정수형 값 30을 할당한다. 라인 5는 정수형 값 30을 가지고 있던 변수 z에 x + y에 해당하는 값을 할당한다는 의미이며, 라인 3에서 20을 할당받은 변수 x와 라인 2에서 20을 할당받은 변수 y를 더하겠다는 의미이다. 따라서, 라인 6에서 출력되는 변수 z는 20 + 20인 40이 출력되는 것을 확인할 수 있다.

소스 6-5

```
01  money = int(input("How much is the money to exchange? "))
02  rate = int(input("What's the current exchange rate? "))
03  dollar = money // rate
04  remainder = money % rate
05  print("The exchange amount of", money, "won is", dollar, "dollars and",
06                                                                  end=" ")
07  print("the change is", remainder, "won.")
```

입력 예

```
How much is the money to exchange? 100000
What's the current exchange rate? 1150
```

출력 예

```
How much is the money to exchange? 100000
What's the current exchange rate? 1150
The exchange amount of 100000 won is 86 dollars and the change is
1100 won.
```

소스 6-5는 산술 연산자와 대입 연산자를 이용한 환전 예시 코드이다. 라인 1, 2는 `input()` 함수를 이용해 값을 받고, `int()`를 이용해 형변환을 수행한 후 대입 연산자 '='를 이용해 변수에 할당한다. 라인 3은 환전할 돈을 환율로 나누어 변수 `dollar`에 대입 연산자 '='를 이용해 할당한다. 라인 4는 환전할 돈을 환율로 나누어 나온 나머지를 변수 `remainder`에 대입 연산자 '='를 이용해 할당한다. 라인 5와 6은 환전한 금액의 결과를 출력하는 것으로 라인 5는 환전된 달러를 출력하며, 라인 6은 남은 잔돈 '`1100 won`'을 출력한다.

6.4 연산자 줄여쓰기

6-3 대입 연산자에서 배운 기호 '='는 오른쪽에 있는 값을 왼쪽에 할당한다는 의미를 가진다. 이번 장에서는 6-2 산술 연산자와 6-3 대입 연산자를 결합한 형식을 다룬다.

함축 연산자	활용	코드 의미
+=	x += a	x = x + a
-=	x -= a	x = x - a
*=	x *= a	x = x * a
/=	x /= a	x = x / a
//=	x //= a	x = x // a
%=	x %= a	x = x % a
**=	x **= a	x = x ** a

위 표는 산술 연산자와 대입 연산자를 이용해 함축적으로 사용한 코드 형태와 예시이다. 표의 '함축 연산자'를 보면 산술 연산자 '+'와 대입 연산자 '='를 같이 사용하는 것을 볼 수 있다. 표의 '활용'은 '함축 연산자'의 실제 활용 예제이며, '코드 의미'는 함축적으로 표현하지 않은 코드이다. 연산자를 줄여 사용할 경우, '코드 의미'에 작성된 코드와 같이 '할당할' 변수와 '할당될' 변수의 이름이 같을 경우 사용할 수 있다. 예시로 '코드 의미' 첫 번째 코드인 'x = x + a'의 경우 변수 이름 'x'가 공통적으로 들어가 있는 것을 볼 수 있다. 대입 연산자 '=' 기준 왼쪽의 변수 'x'와 오른쪽의 'x'는 같은 변수이며, 변수 'x'에 변수 'a'를 더한 후 변수 'x'에 다시 할당하겠다는 의미이다. '함축 연산자'의 연산자들은 변수 'x'와 같이 공통적인 변수를 연산할 때 사용할 수 있음을 기억해야 한다.

소스 6-6

```
01  x = 5
02  a = 10
03  x = x + a
04  print("x =", x)
05  x += a
06  print("x =", x)
```

입력 예

출력 예

```
x = 15
x = 20
```

소스 6-6은 '함축 연산자'의 사용 예시를 위한 코드이다. 라인 1, 2는 각각의 변수 x, a에 5와 10을 할당한다. 소스 6-6의 라인 3은 일반적으로 변수 x에 x + a에 해당하는 값을 할당한다. 라인 5는 '함축 연산자'를 이용해 변수 x에 변수 a값을 더하고 있다. 라인 6은 '함축 연산자'로 연산한 변수 x의 결과값을 출력하는 것을 볼 수 있다.

6.5 비교 연산자

비교 연산자는 '관계 연산자'로 불리기도 하며, 2개의 피연산자값을 비교하여 참(True)인지 거짓(False)인지를 판단한다. 즉, 두 피연산자값의 비교 조건을 만족함을 확인 후 Boolean 타입의 자료형인 True와 False로 결과를 출력한다. 비교(관계) 연산자는 뒤에서 다룰 '조건문'과 '반복문'에서 주로 사용되며, 단독으로 사용되는 경우는 거의 없다. 또한, 파이썬에서 True, False를 표기할 때 첫 글자는 대문자로 작성해야 하는 것을 주의하자.

비교 연산자	사용 방식	의미	결과
==	x == y	x, y의 값이 같은가?	거짓(0, False)
!=	x != y	x, y의 값이 같지 않은가?	참(1, True)
>	x > y	x값이 y값보다 큰가?	거짓(0, False)
>=	x >= y	x값이 y값보다 크거나 같은가? (이상인가?)	거짓(0, False)
<	x < y	x값이 y값보다 작은가?	참(1, True)
<=	x <= y	x값이 y값보다 작거나 같은가? (이하인가?)	참(1, True)

위 표는 비교(관계) 연산자의 종류를 나열한 것으로 두 개의 기호로 이루어진 경우 반드시 붙여서 사용해야 하며, 기호의 순서 또한 중요하다. 크거나 작은 걸 비교하는 기호 '>', '<' 뒤에 같은지를 비교하는 기호 '='가 따라오는 것으로 기억하면 쉽게 기억할 수 있을 것이다. 위 표에서 '사용 방식'은 코드상에서 표현할 때 사용하는 방식이며, '의미'는 '사용 방식'의 연산자가 의미하는 것을 문장으로 작성한 것이다. 예를 들어, 'x == y'는 "x와 y의 값이 같은가?"를 의미하며, x의 값이 10, y의 값이 20이라고 가정했을 때 만족하지 않으므로 거짓(False)이 결과로 기재되어 있는 것을 확인할 수 있다.

소스 6-7

```
01  num = int(input("Pls input the positive integer >> "))
02  isEven = (num%2 == 0)
03  print(num, "is even number?", isEven)
```

입력 예
```
Pls input the positive integer >> 10
```

출력 예
```
Pls input the positive integer >> 10
10 is even number? True
```

입력 예
```
Pls input the positive integer >> 11
```

출력 예
```
Pls input the positive integer >> 11
11 is even number? False
```

소스 6-7은 '비교 연산자'를 이용해 참(True), 거짓(False)를 출력하는 코드이다. 라인 1은 input() 함수를 이용해 정수형(int) 타입의 데이터를 받아 변수 'num'에 할당한다. 라인 2는 입력받은 변수 'num'을 2로 나누어 나머지가 0인지 판별 후 참(True) 또는 거짓(False)을 변수 'isEven'에 할당한다. 첫 번째 '입력 예'의 경우 10을 입력받아 변수 'num'에 정수값 10을 할당한다. 라인 2에서 변수 'num'을 2로 나누어 나온 나머지 값을 비교연산자 '=='를 이용해 0과 같은지 비교한다. 나머지가 0과 같은지 판별 후 변수 'isEven'에 True를 할당한다. 이때, 변수 'isEven'은 Boolean 타입이다. 라인 3은 변수 'isEven'에 할당된 True를 출력한다. 두 번째 '입력 예'의 경우 11을 2로 나눈 나머지가 0과 같지 않기 때문에 변수 'isEven'에 False를 저장 후 라인 3에서 False를 출력한 것을 볼 수 있다.

소스 6-8

```
01  num1 = int(input("num1 : "))
02  num2 = int(input("num2 : "))
03  print('num1>num2 :', num1>num2)
04  print('num1==num2 :', num1==num2)
05  print('num1<num2 :', num1<num2)
```

입력 예

```
num1 : 20
num2 : 10
```

출력 예

```
num1 : 20
num2 : 10
num1>num2 : True
num1==num2 : False
num1<num2 : False
```

입력 예

```
num1 : 10
num2 : 10
```

출력 예

```
num1 : 10
num2 : 10
num1>num2 : False
num1==num2 : True
num1<num2 : False
```

소스 6-8은 비교 연산자를 이용해 두 변수의 값을 비교한 후 출력되는 값을 확인하는 코드이다. 라인 1, 2는 정수형 데이터를 입력받아 변수에 할당한다. 라인 3은 변수 'num1'이 변수 'num2'보다 큰지를 판단한다. 변수 'num1'이 변수 'num2'보다 크면 True, 작거나 같으면 False를 반환한다. 라인 4는 변수 'num1'과 변수 'num2'가 같은지를 판별한다. 단순히 같으면 True, 다르면 False를 반환한다. 라인 5는 변수 'num1'이 변수 'num2'보다 작은지를 판별한다. 변수 'num1'이 크거나 같으면 False, 작으면 True를 반환한다.

소스 6-9

```
01 chr1 = input("chr1 : ")
02 chr2 = input("chr2 : ")
03 print('chr1>chr2 :', chr1>chr2)
04 print('chr1!=chr2 :', chr1!=chr2)
05 print('chr1<chr2 :', chr1<chr2)
```

입력 예

```
chr1 : t
chr2 : s
```

출력 예

```
chr1 : t
chr2 : s
chr1>chr2 : True
chr1!=chr2 : True
chr1<chr2 : False
```

입력 예

```
chr1 : t
chr2 : t
```

출력 예

```
chr1 : t
chr2 : t
chr1>chr2 : False
chr1!=chr2 : False
chr1<chr2 : False
```

소스 6-9는 비교(관계) 연산자를 이용해 문자를 비교하는 코드이다. 라인 1, 2는 형변환 없이 문자열(String) 타입의 데이터를 받아 변수에 할당한다. 라인 3은 변수 'chr1'이 변수 'chr2'보다 크면 True, 작거나 같으면 False를 반환한다. 이때 문자열 타입의 비교에 사용되는 값은 아스키값을 기준으로 사용되며, 비교 연산에 사용되는 값은 정수 형태의 값이다. 즉 첫 번째 '입력 예'를 보면 입력받은 값은 t와 s이며, t와 s를 아스키값으로 표현할 시 116(t)과 115(s)를 비교하는 것으로 라인 3은 True를 출력한다. 라인 4는 소스 6-7과 다르게 비교(관계)연산자 중 '같지 않다'의 의미를 가진 기호 '!='이며, 아스키값 기준으로 t와 s는 같지 않기 때문에 True를 출력한다. 라인 5는 4와 정반대의 의미이기 때문에 False를 반환하는 것을 볼 수 있다. 두 번째 '입력 예'는 t와 t를 비교하는 것으로 비교(관계) 연산자에 '같다'의 의미인 기호 '='가 없으므로 전부 False가 출력되는 것을 볼 수 있다. 만약 라인 3의 비교(관계) 연산자 기호가 '>='이면, True를 출력할 것이다. 단, 아스키값은 소문자, 대문자에 대한 구분이 명확하며, 아스키코드값이 다르기 때문에 t와 T를 비교연산자 '=='로 판별하여도 False를 출력한다.

소스 6-10

```
01 str1 = input("str1 : ")
02 str2 = input("str2 : ")
03 print('str1>str2 :', str1>str2)
04 print('str1==str2 :', str1==str2)
05 print('str1<str2 :', str1<str2)
```

입력 예

```
str1 : hi
str2 : hello
```

출력 예

```
str1 : hi
str2 : hello
str1>str2 : True
str1==str2 : False
str1<str2 : False
```

입력 예

```
str1 : hi
str2 : hi
```

출력 예

```
str1 : hi
str2 : hi
str1>str2 : False
str1==str2 : True
str1<str2 : False
```

소스 6-10은 문자열을 비교(관계) 연산자를 이용해 판별하는 코드이다. 라인 1, 2는 문자열을 받아 변수에 할당한다. 문자열 비교는 문자 비교와 크게 다르지 않다. 문자열은 문자의 집합으로 문자 하나하나 아스키코드값으로 표현이 가능하며, 비교 또한 가능하다. 라인 3은 변수 'str1'이 변수 'str2'보다 클 때 True를 반환한다. 이때 문자열의 비교는 왼쪽의 첫 번째 문자부터 비교한다. 예를 들어, 첫 번째 '입력 예'를 보면 입력값은 'hi', 'hello'이며, 첫 번째 문자인 h의 아스키값을 서로 비교한다. 첫 번째 문자인 h는 변수 'str1', 'str2' 모두 같기 때문에 두 번째 문자를 비교한다. 두 번째 문자인 'i'와 'e'를 기준으로 비교하면, 각각 아스키값이 105, 101이다. 따라서 라인 3에서 True를 출력한다. 라인 4는 첫 번째 문자만이 아닌 모든 문자의 아스키코드값이 같을 경우에 True를 출력한다. 따라서, 첫 번째 '입력 예'는 False를, 두 번째 '입력 예'는 True를 출력한다. 라인 5는 라인 3과 반대로 판별하며, 첫 번째 '입력 예'는 False를, 두 번째 '입력 예' 또한 False를 출력한다.

6.6 논리 연산자

논리 연산자는 참(True)과 거짓(False)을 이용한 논리 연산인 AND, OR, NOT 세 가지가 존재한다. 이항 연산자(AND, OR)와 단항 연산자(NOT)를 통해 논리적인 연산식을 만들 수 있으며, 연산 결과는 참(True) 또는 거짓(False)이다. 논리 연산자는 주로 조건을 복합적으로 구성할 때 사용하며, 뒤에서 다룰 조건문에서 주로 사용된다.

논리 연산자	설명
a and b	a와 b가 둘 다 참일 때만 참(1, True), 그 외에는 모두 거짓(0, False)
a or b	a와 b가 둘 다 거짓이면 거짓(0, False), 그 외에는 모두 참(1, True)
not a	a가 거짓이면 참(1, True), a가 참이면 거짓(0, False)

위 표는 논리 연산자에 대한 간단한 설명을 기재한 것이다. AND 연산자는 a와 b 둘 다 참일 때만 참(True)을 반환하며, 하나라도 거짓일 경우 거짓(False)을 반환한다. OR 연산자는 a와 b 둘 중 하나만 참이어도 참(True)을 반환하며, 둘 다 거짓일 경우 거짓(False)을 반환한다. NOT 연산자는 a의 정반대되는 값을 반환하는 것으로 a가 참이면 거짓(False)을 반환하며, a가 거짓이면 참(True)을 반환한다.

A	B	A and B	A or B	not A	not B
False	False	False	False	True	True
False	True	False	True	True	False
True	False	False	True	False	True
True	True	True	True	False	False

위 표는 A와 B가 값을 가지고 있을 때 논리 연산자의 연산 결과를 기재한 것이다. A와 B가 전부 False일 때 AND는 False, OR는 False, !(NOT)은 모두 True를 출력하는 것을 볼 수 있다. A와 B가 전부 True일 때 AND는 True, OR는 True, NOT은 모두 False를 출력하는 것을 볼 수 있다. A와 B가 False와 True를 혼합적으로 가지고 있는 경우 AND는 모두 False, OR는 모두 True, NOT은 반대값을 출력하는 것을 볼 수 있다.

소스 6-11

```
score = int(input("Score : "))
absent = int(input("Absent : "))
print(score >=90 and absent <2)
print(score >=90 or absent <2)
print(not(score ==91)
```

입력 예	
	Score : 91 Absent : 2

출력 예	
	Score : 91 Absent : 2 False True False

소스 6-11은 논리 연산자를 이용해 참과 거짓 결과를 출력하는 코드이다. 라인 1, 2는 정수형 데이터를 받아 변수에 할당한다. 라인 3은 변수 score가 90 이상이고, 변수 absent가 2 미만일 경우 참(True)을 출력한다. 라인 3은 변수 absent의 값이 2이므로 and 조건에 만족하지 않아 거짓(False)을 출력하는 것을 볼 수 있다. 라인 4는 변수 score가 90 이상이거나 변수 absent가 2 미만일 경우 참(True)을 출력한다. 라인 3과 4의 차이점은 문장에서도 확인할 수 있듯이 '이거나', '이고'의 차이이다. 영어에서 and는 '그리고'의 의미를 지니며, or은 '또는', '이거나'의 의미를 지닌다. 따라서 라인 4의 경우 변수 score가 만족하기 때문에 참(True)을 출력하는 것을 볼 수 있다. 라인 5는 비교 연산자를 이용해 1차적으로 변수 score가 91인가를 비교하여 참(True)을 판별한다. 하지만, True로 판별된 값은 NOT에 의해 거짓(False)으로 변환되어 출력되는 것을 볼 수 있다.

소스 6-12

```
01  Korean = True
02  Male = True
03  if(Korean ==True and Male ==True):
04     print("You are obligated to serve in the military.")
```

입력 예	

출력 예	You are obligated to serve in the military.

소스 6-12는 뒤에서 다룰 조건문에 논리 연산자를 사용한 예시 코드이다. 라인 1, 2는 Boolean 타입의 변수에 True를 할당한다. 라인 3은 if() 조건문으로 뒤에서 더 자세하게 다룰 예정이므로 간단하게 설명한다. if() 조건문 내에 작성된 비교 연산자와 논리 연산자를 복합적으로 사용한 것으로 한국인이 맞는지와 남자가 맞는지를 우선 확인한다. 한국인 남자를 비교 연산자로 확인 후 논리 연산자를 이용해 두 가지 조건을 모두 충족하면 라인 4의 print() 함수를 이용해 "You are obligated to serve in the military."를 출력한다.

소스 6-13

```
01 number = int(input())
02 if(number%3 ==0 or number%6 ==0 or number%9 ==0):
03     print("\aclap\aclap\aclap")
04 else:
05     print(number)
```

입력 예	3
출력 예	clapclapclap
입력 예	12
출력 예	clapclapclap
입력 예	25
출력 예	25

소스 6-13은 조건문을 이용한 비교 연산자 및 논리 연산자 예시 코드이다. 라인 1은 정수형 데이터값을 변수 'number'에 할당한다. 라인 2는 변수 'number'를 3, 6, 9로 나누어 나머지가 0일 경우 라인 3과 같이 print() 함수를 이용해 "flapflapflap"을 출력한다. 라인 4는 라인 2의 if() 조건문에 충족하지 않을 때 사용되는 코드로 변수 'number'가 3, 6, 9로 나누어 나머지가 0이 아닐 때 라인 5와 같이 print() 함수를 이용해 변수 'number'를 출력한다.

연습 문제

01 학교에서 사용 중인 QR 질의응답 형태를 가진 '자가 진단서'를 작성해보시오. (단, 입력에 사용되는 "True", "False" 문자열 이외의 값에 대한 예외처리 필요)

입력 예 1

```
Do you have a fever of 37.5C or higher?
(However, it is excluded if fever symptoms continue regardless of
COVID-19 due to underlying diseases, etc.)
>> True
Do you have any "clinical symptoms" below you suspect COVID-19?
[Major clinical symptoms] Cough, Shortness of breath, chills, muscle
pain, headache, sore throat, loss of smell, or pneumonia
(However, except for cases where the following symptoms usually per-
sist regardless of COVID-19 due to underlying diseases, etc.)
>> True
Is "Self or Cohabitant person" currently being "self-isolated" by the
quarantine authorities?
[Guidelines for quarantine authorities] Self-isolated measures for
those who have overseas entrants within the last 14 days, and those
who have come in contact with confirmed cases and etc.
(However, due to the nature of the job, self-isolation is exempted
if there are no clinical symptoms due to frequent overseas departure
& entry.)
>> True
```

출력 예 1

```
Do you have a fever of 37.5C or higher?
(However, it is excluded if fever symptoms continue regardless of
COVID-19 due to underlying diseases, etc.)
>> True
Do you have any "clinical symptoms" below you suspect COVID-19?
[Major clinical symptoms] Cough, Shortness of breath, chills, muscle
pain, headache, sore throat, loss of smell, or pneumonia
(However, except for cases where the following symptoms usually per-
sist regardless of COVID-19 due to underlying diseases, etc.)
>> True
Is "Self or Cohabitant person" currently being "self-isolated" by the
quarantine authorities?
[Guidelines for quarantine authorities] Self-isolated measures for
those who have overseas entrants within the last 14 days, and those
who have come in contact with confirmed cases and etc.
(However, due to the nature of the job, self-isolation is exempted
```

```
if there are no clinical symptoms due to frequent overseas departure
& entry.)
>> True
blue rectangle
```

입력 예 2
```
Do you have a fever of 37.5C or higher?
(However, it is excluded if fever symptoms continue regardless of
COVID-19 due to underlying diseases, etc.)
>> True
Do you have any "clinical symptoms" below you suspect COVID-19?
[Major clinical symptoms] Cough, Shortness of breath, chills, muscle
pain, headache, sore throat, loss of smell, or pneumonia
(However, except for cases where the following symptoms usually per-
sist regardless of COVID-19 due to underlying diseases, etc.)
>> False
Is "Self or Cohabitant person" currently being "self-isolated" by the
quarantine authorities?
[Guidelines for quarantine authorities] Self-isolated measures for
those who have overseas entrants within the last 14 days, and those
who have come in contact with confirmed cases and etc.
(However, due to the nature of the job, self-isolation is exempted
if there are no clinical symptoms due to frequent overseas departure
& entry.)
>> True
```

출력 예 2
```
Do you have a fever of 37.5C or higher?
(However, it is excluded if fever symptoms continue regardless of
COVID-19 due to underlying diseases, etc.)
>> True
Do you have any "clinical symptoms" below you suspect COVID-19?
[Major clinical symptoms] Cough, Shortness of breath, chills, muscle
pain, headache, sore throat, loss of smell, or pneumonia
(However, except for cases where the following symptoms usually per-
sist regardless of COVID-19 due to underlying diseases, etc.)
>> False
Is "Self or Cohabitant person" currently being "self-isolated" by the
quarantine authorities?
[Guidelines for quarantine authorities] Self-isolated measures for
those who have overseas entrants within the last 14 days, and those
who have come in contact with confirmed cases and etc.
(However, due to the nature of the job, self-isolation is exempted
if there are no clinical symptoms due to frequent overseas departure
& entry.)
```

```
>> True
red rectangle
```

입력 예 3

```
Do you have a fever of 37.5C or higher?
(However, it is excluded if fever symptoms continue regardless of
COVID-19 due to underlying diseases, etc.)
>> True
Do you have any "clinical symptoms" below you suspect COVID-19?
[Major clinical symptoms] Cough, Shortness of breath, chills, muscle
pain, headache, sore throat, loss of smell, or pneumonia
(However, except for cases where the following symptoms usually per-
sist regardless of COVID-19 due to underlying diseases, etc.)
>> False
Is "Self or Cohabitant person" currently being "self-isolated" by the
quarantine authorities?
[Guidelines for quarantine authorities] Self-isolated measures for
those who have overseas entrants within the last 14 days, and those
who have come in contact with confirmed cases and etc.
(However, due to the nature of the job, self-isolation is exempted
if there are no clinical symptoms due to frequent overseas departure
& entry.)
>> 9
```

출력 예 3

```
Do you have a fever of 37.5C or higher?
(However, it is excluded if fever symptoms continue regardless of
COVID-19 due to underlying diseases, etc.)
>> True
Do you have any "clinical symptoms" below you suspect COVID-19?
[Major clinical symptoms] Cough, Shortness of breath, chills, muscle
pain, headache, sore throat, loss of smell, or pneumonia
(However, except for cases where the following symptoms usually per-
sist regardless of COVID-19 due to underlying diseases, etc.)
>> False
Is "Self or Cohabitant person" currently being "self-isolated" by the
quarantine authorities?
[Guidelines for quarantine authorities] Self-isolated measures for
those who have overseas entrants within the last 14 days, and those
who have come in contact with confirmed cases and etc.
(However, due to the nature of the job, self-isolation is exempted
if there are no clinical symptoms due to frequent overseas departure
& entry.)
>> 9
wrong response
```

02 카페에서 커피 메뉴를 주문하고자 한다. 첫번째로 일행의 인원수를 입력한다(한 명당 한 잔 이상의 커피 메뉴를 선택해야 한다). 두 번째로 커피 메뉴에 대해 주문 여부를 선택한다(해당 메뉴를 선택하는 사람이 없는 경우 0을 입력). 세 번째로 커피 메뉴에 대한 개수를 입력한다. 네 번째로 사이드 메뉴에 대한 주문 여부를 입력받는다. 다섯 번째로 사이드 메뉴 개수에 대해 입력한다. 최종적으로 커피와 사이드 메뉴에 대한 총 금액을 계산하시오.

입력 예 1
```
The total number of members : 5
Would you like to order coffee? (True, False) : False
```

출력 예 1
```
The total number of members : 5
Would you like to order coffee? (True, False) : False
This is a cafe. Please order coffee.
```

입력 예 2
```
The total number of members : 5
Would you like to order coffee? (True, False) : True

Espresso(3,500) : 0
Long black(3,800) : 0
Cafe latte(4,000) : 0
Cold brew(5,000) : 4
Cappuccino(4,500) : 0
```

출력 예 2
```
The total number of members : 5
Would you like to order coffee? (True, False) : True
Please enter the number of menus you want to order.
Espresso(3,500) : 0
Long black(3,800) : 0
Cafe latte(4,000) : 0
Cold brew(5,000) : 4
Cappuccino(4,500) : 0
The total number of coffee you ordered : 4

Please order a cup of coffee per person.
```

입력 예 3
```
The total number of members : 5
Would you like to order coffee? (True, False) : True

Espresso(3,500) : 0
Long black(3,800) : 2
Cafe latte(4,000) : 1
Cold brew(5,000) : 1
Cappuccino(4,500) : 1

Would you like to order side dishes? (True, False) : False
```

출력 예 3
```
The total number of members : 5
Would you like to order coffee? (True, False) : True
Please enter the number of menus you want to order.
Espresso(3,500) : 0
Long black(3,800) : 2
Cafe latte(4,000) : 1
Cold brew(5,000) : 1
Cappuccino(4,500) : 1
The total number of coffee you ordered : 5

Would you like to order side dishes? (True, False) : False
Total order money : 21100
```

입력 예 4
```
The total number of members : 5
Would you like to order coffee? (True, False) : True

Espresso(3,500) : 0
Long black(3,800) : 2
Cafe latte(4,000) : 1
Cold brew(5,000) : 1
Cappuccino(4,500) : 1

Would you like to order side dishes? (True, False) : True
Panini(6,500) : 1
Sandwich(5,000) : 1
Honey bread(4,600) : 0
```

출력 예 4
```
The total number of members : 5
Would you like to order coffee? (True, False) : True
Please enter the number of menus you want to order.
Espresso(3,500) : 0
Long black(3,800) : 2
Cafe latte(4,000) : 1
Cold brew(5,000) : 1
Cappuccino(4,500) : 1
The total number of coffee you ordered : 5

Would you like to order side dishes? (True, False) : True
Panini(6,500) : 1
Sandwich(5,000) : 1
Honey bread(4,600) : 0
The total number of side dishes you ordered : 2
```

```
Coffee order amount : 21100
Side dishes order amount : 11500
Total order money : 32600
```

07 문자열과 문자열 포맷팅

7.1 문자열에 대한 이해

문자열은 문자형 데이터가 연속적으로 모여 있는 형태의 데이터를 말한다. 문자열은 보통 단일 작은따옴표(''), 큰따옴표("")로 둘러싸여 있는 연속적인 문자로 "Hello World", 'Hello World' 등과 같은 형태를 가진다. 우리가 print() 함수에서 사용하는 형식 문자열도 문자열의 한 형태이므로 큰따옴표 또는 작은따옴표로 둘러싸여 있다. 파이썬은 C언어와는 다르게 문자와 문자열이 구분되지 않으며 모든 문자는 문자열로 처리된다. 또한 파이썬은 C언어에 비해 문자열을 생성하고 제어하기가 쉽고 편하기 때문에 코딩에 큰 어려움 없이 사용할 수 있다. 이번 장에서는 문자열을 생성하는 방법, 그리고 문자열을 제어하는 다양한 함수, 문자열 슬라이싱에 대해 알아본다. 또한 문자열의 형태를 제어할 수 있는 문자열 포맷팅에 대해서도 알아보도록 한다.

문자열 생성과 문자열 연산

위에서 설명한대로 파이썬에서는 문자와 문자열을 구분하지 않기 때문에 작은따옴표 또는 큰따옴표로 문자열을 선언할 수 있다. 아래 소스 7-1은 파이썬에서 문자열 변수를 선언하고 초기화한 후 각 변수의 자료형을 출력하는 프로그램을 작성한 소스코드이다.

소스 7-1

```
char1 = 'A'
char2 = "B"
str1 = 'Python'
str2 = "Python"
print(type(char1))
print(type(char2))
print(type(str1))
print(type(str2))
```

출력 예
```
<class 'str'>
<class 'str'>
<class 'str'>
<class 'str'>
```

우선 라인 1과 2는 char1과 char2 변수에 각각 문자 'A'와 'B'를 대입한다. 여기서 라인 1과 2의 다른 점은 문자를 대입할 때 작은따옴표와 큰따옴표를 사용한 것인데 앞서 설명했듯 파이썬은 문자와 문자열을 구분하지 않기 때문에 작은따옴표와 큰따옴표 모두 자료형은 문자열의 형태로 char1과 char2 변수에 대입되게 된다. 라인 3, 4도 마찬가지로 문자열 'Python'을 작은따옴표와 큰따옴표로 각각 str1과 str2 변수에 대입하였는데 이 문장도 마찬가지로 변수 str1과 str2에는 문자열 형태로 대입된다. 라인 5부터 6은 각 변수에 대한 자료형을 출력하는 문장으로 결과는 모든 변수의 자료형이 문자열(string)임을 확인할 수 있다.

파이썬에서 문자열은 숫자처럼 덧셈과 곱셈 연산이 가능하다. 다른 언어에서는 쉽게 할 수 없는 기능으로, 코딩을 하는 사람들의 생각을 그대로 반영해주는 파이썬만의 장점이라고 할 수 있다. 파이썬에서 문자열 덧셈은 두 개의 피연산자(문자열)를 연결하는 것이고, 문자열 곱은 문자열을 곱하는 수만큼 반복하라는 뜻을 지닌다.

다음 7-2 예제는 문자열을 더해서 연결(Concatenation)하는 프로그램을 작성한 소스코드이다.

소스 7-2

```
01 str1 = 'I Love'
02 str2 = 'Python'
03 print(str1 + str2)
```

출력 예
```
I Love Python
```

라인 1과 2는 문자열 "I Love"와 "Python"을 각각 str1과 str2 변수에 할당한다. 라인 3번은 print() 함수로 두 변수의 덧셈 연산 결과를 출력하는 문장으로 출력 결과가 어떻게 나올지 생각해 보자. 물론 바로 확인할 수 있겠지만 예상한 대로 두 문장이 연결되어 출력된 것을 확인할 수 있다. 즉 str1과 str2 변수가 덧셈(+)에 의해 합쳐진 것이다.

다음 소스 7-3은 문자열의 곱셈에 대해 어떤 결과가 나올 수 있는지 확인해보는 프로그램을 작성한 소스코드이다.

소스 7-3

```
01 str1 = 'Python'
02 str2 = '*'
03 print(str1 * 3)
04 print(str1 + str2 * 3)
05 print(str2 * 5)
```

출력 예
```
PythonPythonPython
Python***
*****
```

우선 라인 1과 2는 "Python" 문자열과 "*" 문자를 각각 str1과 str2 변수에 할당하였다. 그후 3~5 라인에서 각 문자열의 연산을 수행한 결과를 출력하고 있다. 라인 3부터 확인해 보면 print() 함수는 str1에 3을 곱한 결과를 출력하고 있다. 앞서 설명한 것과 같이 문자열에서 곱셈(*)의 의미는 어떤 문자열을 곱한 만큼 반복하라는 뜻이다. 그러므로 라인 3에 대한 결과는 출력 예제와 같이 "Python" 문장을 3번 반복한 결과를 보여준다. 라인 4의 경우 덧셈과 곱셈을 같이 사용한 예제를 보여준다. 문자열에서의 곱셈과 덧셈 연산의 우선순위는 숫자의 연산 우선순위와 같다. 그러므로 라인 4의 경우 str2*3의 연산이 먼저 수행되고 그 이후 str1과의 덧셈 연산을 수행한다. 연산 결과는 출력 예제와 같이 "Python" 문자열 뒤에 "*" 문자가 3개 출력된 것을 확인할 수 있다. 라인 5번은 str2 변수에 5를 곱한 결과를 출력하는 것으로 예상한 것과 같이 "*"가 5번 출력되는 것을 확인할 수 있다.

문자열 내장함수

파이썬 문자열 자료형은 문자열을 제어할 수 있는 내장함수를 가지고 있다. 이 함수들을 다른 말로 문자열 내장함수라고 한다. 문자열 내장함수는 문자열 또는 문자열 변수 뒤에 '.'을 붙인 다음 함수 이름을 쓰면 사용할 수 있다. 문자열 내장함수는 문자열의 제어, 탐색, 변경 등을 쉽게 이용할 수 있도록 파이썬에서 제공해주는 함수이다. 아래 표는 많은 문자열 내장함수 중 대표적인 함수 몇 개를 소개한다.

함수	설명
count(문자 또는 문자열)	인자로 입력받은 문자의 수 세기
find(문자 또는 문자열)	인자로 입력받은 문자열 찾기
upper()	문자열을 대문자로 변경
lower()	문자열을 소문자로 변경
strip(문자 또는 문자열)	양쪽 공백 및 입력받은 문자 제거

함수	설명
lstrip(문자 또는 문자열)	왼쪽의 공백 및 입력받은 문자 제거
rstrip(문자 또는 문자열)	오른쪽의 공백 및 입력받은 문자 제거
replace(검색, 치환, 치환 횟수)	문자열 치환
split(구분 문자, 최대 분할 수)	문자열을 구분 문자를 기준으로 분리
len()	문자열 길이

count(문자 또는 문자열) 함수는 현재 문자열에서 인자로 전달받은 문자 또는 문자열과 매칭되는 문자나 문자열이 몇 개나 되는지 개수를 세어주는 함수이다. 문자열에서 세고자 하는 문자를 count() 함수의 인자로 넣어주면 해당하는 문자의 수를 반환한다.

소스 7-4

```
01 str1 = ' I Love Python '
02 print('str1 :', str1.count('o'))
```

출력 예 `str1 : 2`

위 소스코드의 라인 3은 count() 함수를 사용하여 str1의 문자열에서 'o'의 개수를 세어 그 결과를 출력하는 코드이다. 알파벳 'o'이 'str1'의 문자열에 2개 존재하기 때문에 2를 출력한다.

find(문자 또는 문자열) 함수는 문자열에서 인자로 입력되는 문자 또는 문자열을 찾기 위한 함수이다. 문자열에서 찾고자 하는 문자나 문자열을 find() 함수에 인자로 입력하면 해당하는 문자가 처음 등장하는 위치의 인덱스값을 반환한다.

소스 7-5

```
str1 = 'I Love Python '
print('str1 :', str1.find('v'))
```

출력 예 `str1 : 5`

소스 7-5의 예제와 같이 str1 변수에 저장된 문자열에서 문자 v를 찾고 v의 위치 순서를 출력한다. 문자 'v'는 " I Love Python " 문자열에서 공백을 포함해 6번째에 위치하고 있으므로 숫자 5가 출력된다. 문자열의 인덱스는 0부터 시작하기 때문에 6번째 인덱스인 5가 출력된다.

upper() 함수는 문자열 내부에 존재하는 모든 소문자를 대문자로 변경한다. 또한 lower() 함수는 문자열 내부에 존재하는 모든 대문자를 소문자로 변경한다.

소스 7-6

```
str1 = ' I Love Python '
print('str1 :', str1.upper())
print('str1 :', str1.lower())
```

출력 예

```
str1 :  I LOVE PYTHON
str1 :  i love python
```

소스 7-6은 위 두 함수의 예제를 보여주는 소스코드로 문자열의 알파벳이 각각 대문자와 소문자로, 변경되어 출력되는 것을 확인할 수 있다.

strip(문자 또는 문자열) 함수는 인자가 입력으로 전달되지 않으면 문자의 양쪽 공백을 제거하고, 인자가 전달되면 문자열 양쪽에 존재하는 동일한 특정 문자 모두를 제거하는 함수이다. strip() 함수의 경우 문자열의 양쪽을 모두 고려했다면 lstrip() 함수의 경우는 왼쪽을 rstrip() 함수는 오른쪽의 공백 혹은 인자로 입력받은 문자나 문자열을 제거하는 함수이다.

소스 7-7

```
01 str1 = ' I Love Python '
02 str2 = '00I Love Python0000'
03 print('str1: ', str1.strip(), '(strip)')
04 print('str2 :', str2.strip('0'), '(strip(\'0\'))')
05 print('str1 :', str1.lstrip(), '(lstrip)')
06 print('str1 :', str1.rstrip(), '(rstrip)')
```

출력 예

```
str1 : I Love Python (strip)
str2 : I Love Python (strip('0'))
str1 : I Love Python  (lstrip)
str1 :  I Love Python (rstrip)
```

소스 7-7 예제를 보면, 라인 3번의 경우 변수 str1에 저장된 문자열 양쪽의 공백을 모두 제거한 결과를, 라인 4번의 경우 변수 str2에 저장된 문자열 양쪽에 존재하는 모든 '0'을 제거한 결과를 출력한다. 라인 5번의 경우 str1에 저장된 문자열 왼쪽에 존재하는 공백을, 라인 6번의 경우 오른쪽에 존재하는 공백을 모두 제거한 결과를 출력한다.

replace(검색, 치환, 치환 횟수) 함수는 문자열을 치환하는 함수로, 첫 번째 인자로 문자열 내에서 찾을 문자를, 두 번째 인자로 새로 변경하고 싶은 문자를, 세 번째 인자로 변경할 횟수를 지정해 준다. 세 번째 인자에 횟수를 입력하지 않는다면 기본값을 자동으로 지정해 주는데, 관련된 문자열 전체를 변경해준다.

소스 7-8

```
01 str1 = 'I Love Python ooo'
02 print('str1 :', str1.replace('o','K',2), '(replace)')
```

출력 예

```
str1 :  I LKve PythKn  (replace)
```

소스 7-8 예제에서 보는 것과 같이 라인 2번은 str1에 저장된 문자열 내에 'o'라는 문자가 존재한다면 그 문자를 'K' 문자로 변경하되 최대 2회까지만 변경한다. 그렇기 때문에 출력 결과를 보면 처음 두 개의 'o'의 경우 'K'로 변경이 되었지만 마지막 3개의 'o'는 변경되지 않은 것을 확인할 수 있다.

split() 함수는 문자열을 분리할 때 사용하는 함수이다. 첫 번째 인자로 문자열을 분리할 때 기준이 되는 기호를 지정해 준다. 만약 인자로 아무 값을 넣어주지 않는다면 공백을 기준으로 문자열을 나눈다. 두 번째 인자로 문자를 나눌 최대 분할 수를 지정해 준다. 만약 아무 값을 넣어주지 않는다면 문자 전체를 나눈다. split() 함수는 문자열을 분리한 후 그 결과값을 list() 형태로 반환해 준다. list는 여러 데이터를 그룹으로 묶은 자료형이다. 예를 들어 split() 함수를 이용하여 문자열 "start python split()"을 공백을 기준으로 분리한다고 했을 때 그 결과는 ["start", "python", "split()"] 형태로 반환된다. list 자료형은 대괄호([]) 안에 여러 자료형이 그룹으로 저장되어 있으며 각 자료에 접근하는 방법은 문자열의 인덱싱과 같다. 위 예제를 통해 반환되는 list 자료형을 A라는 변수에 대입한다고 했을 때 "start"의 값에는 A[0]으로 접근이 가능하다. 리스트에 대한 자세한 학습은 11장에서 다시 하도록 하겠다.

소스 7-9는 split() 함수를 이용하여 '.'을 기준으로 문자열을 나누는 예제이다.

소스 7-9

```
str1 = 'p.y.t.h.o.n programming'
print(str1.split())
print(str1.split('.', maxsplit=2))
print(str1.split(sep='.'))
```

출력 예

```
['p.y.t.h.o.n', 'programming']
['p', 'y', 't.h.o.n programming']
['p', 'y', 't', 'o', 'n programming']
```

이 예제는 split() 함수의 3가지 활용 방법에 대해 설명한다. 우선 라인 2는 split() 함수의 인자에 아무 값도 넣어주지 않았기 때문에 str1에 저장된 문자열을 공백을 기준으로 문자 전체를 나눈다. 그러므로 라인 2에 대한 출력은 첫 번째 출력 예제와 같이 공백을 기준으로 2개의 문자열로 구분되어 반환된다. 라인 3은 구분 문자에 '.'이라는 특정 구분자를 지정하였고, 최대 분할 수를 2로 지정하였기 때문에 앞에서부터 두 번째 '.'이 나올때까지 문자열을 구분한다. 라인 4는 max-split 변수를 사용하지 않고 분할한 결과로 구분문자 '.'에 대하여 모든 분할을 진행한다.

len() 함수는 문자열의 길이를 구해주는 함수로 인자로 문자열을 넣어주면 공백을 포함한 문자열의 길이를 반환한다.

소스 7-10

```
str1 = ' I Love Python ooo'
print('str1 :', len(str1), '(len)')
```

출력 예

```
str1 : 15 (len)
```

문자열 인덱싱과 슬라이싱

문자열은 여러 개의 문자가 연결된 것을 말한다. 그러므로 문자열의 문자들에 하나씩 접근하거나 제어하는 것이 가능한데 파이썬은 문자열에 첨자(index)를 사용하여 각 문자들에 접근할 수 있다. 인덱싱(Indexing)은 무엇인가를 가리킨다는 의미로 파이썬은 문자열의 각 문자에 번호를 매겨 각 문자에 접근할 수 있다. 다음 그림은 변수 x에 "Python" 문자열을 대입한 후 문자열의 인덱싱 정보를 보여준다. 하나의 문자열 "Python"은 총 6개의 문자들의 집합으로 문자열의 제일 처음 부분 문자인 'P'를 0번째 문자로 지정하고 나머지 문자들에도 번호를 지정한다. 이렇게 "Python"의 P부터 n까지 0~5의 번호가 할당되고 우리는 이 번호를 이용하여 문자열의 각 문자들에 접근할 수 있다. 변수 x에 저장되어 있는 문자열의 각 문자에 접근하는 방법은 간단하다. 변수 뒤에 '[]'를 이용하여 괄호 안에 문자의 번호를 넣으면 된다. 다음 소스 7-11을 통해 자세히 알아보도록 한다.

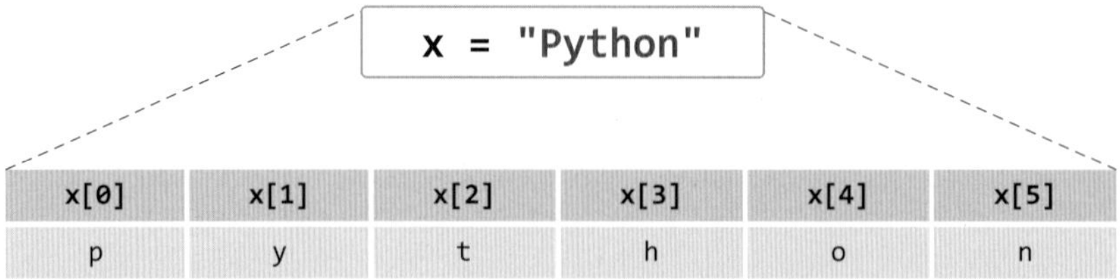

소스 7-11 예제는 인덱싱을 이용하여 문자열의 문자들에 접근하고 그 문자들을 출력하는 프로그램을 작성한 소스코드이다.

소스 7-11

```
01 str1 = 'Python'
02 print(str1)
03 print(str1[0])
04 print(str1[5])
05 print(str1[-1])
06 print(str1[-6])
```

출력 예

```
Python
P
n
n
P
```

우선 라인 1은 str 변수에 'Python' 문자열을 대입한다. 그 후 라인 2번은 'str1'을 단순히 출력하는 문장으로 문자열 'Python'이 화면에 출력된다. 라인 3은 str1에 저장된 문자열에서 인덱스 0의 문자, 즉 문자열의 첫 번째 문자인 'P'를 출력한다. 라인 4는 문자열에서 인덱스 5의 위치에 있는 문자 'n'을 출력한다. 추가적으로 파이썬에서는 인덱스의 값으로 음수를 사용할 수 있다. 인덱스를 음수로 지정하면 문자열의 맨 뒤에서부터 요소에 접근하게 된다. 따라서 라인 5에서는 뒤에서 첫 번째 요소인 'n'을, 라인 6은 뒤에서 6번째 문자인 'P'를 출력한다.

우리는 지금까지 문자열의 인덱스를 이용하여 문자열에서 요청한 위치에 있는 문자에 접근하는 방법을 알아 보았다. 문자열의 인덱스를 이용하면 특정 문자 1개에 접근할 수 있지만 문자 1개가 아니라 여러 위치의 문자를 동시에 접근해야 하는 경우도 생길 수 있다. 예를 들어 소스 7-11의 "Python" 문자열에서 "tho" 문자열을 추출해야 하는 경우가 발생할 수 있다. 당연히 파이썬에서는 위 문제를 해결하기 위해 문자열 슬라이싱 기법을 구현해 놓았다.

파이썬에서 문자열 슬라이싱은 문자열 중에서 일부를 잘라내는 것을 의미하며 변수 대괄호 안에 콜론(:)을 중간에 두고 좌우에 시작 인덱스 n과 끝 인덱스 m을 지정하여 문자열을 잘라낸다. 즉 x[n:m]은 n부터 시작해서 m-1 첨자까지 슬라이싱하는 것이다. 예외로 슬라이싱 방법에서 n과 m을 지정하지 않고 콜론(:)만 사용할 수도 있는데 이는 문자열 모두를 슬라이싱하라는 것과 같은 의미다. 물론 n 또는 m만 지정해서 사용할 수도 있는데 아래 예제를 통해 살펴보도록 한다.

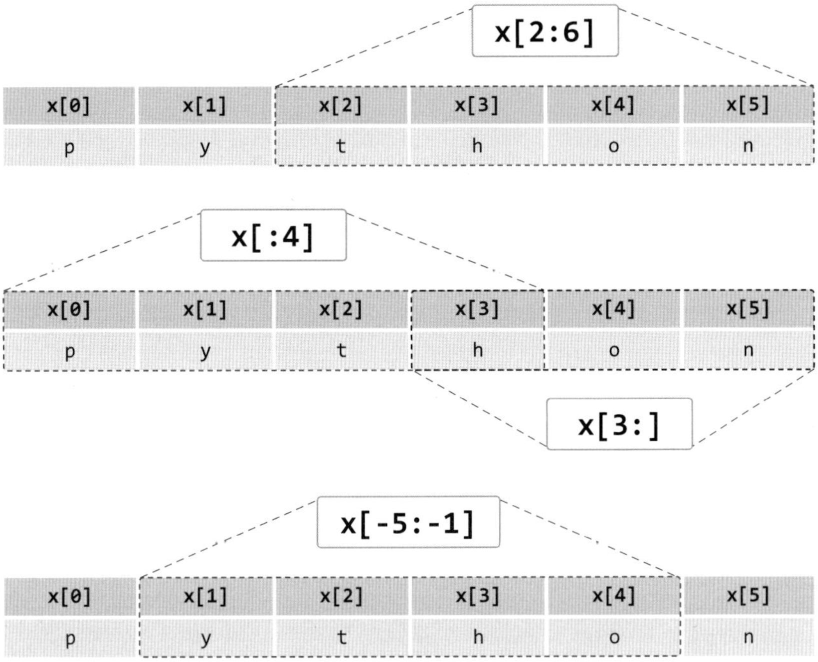

위 그림은 문자열 슬라이싱의 대표적인 예를 보여준다. 첫 번째 예제인 x[2:6]의 경우 "Python" 문자열의 3번째 문자부터 6번째 문자까지의 문자열을 잘라낸다. 두 번째 예제인 x[:4]는 콜론(:) 앞에 인덱스를 지정하지 않았기 때문에 첫 번째 문자열부터 4번째 문자열까지를 잘라낸다. 세 번째 예제인 x[3:]의 경우 콜론(:) 뒤에 인덱스를 지정하지 않았다. 이 경우 4번째 글자부터 문자열의 끝까지를 잘라낸다. 마지막으로 x[-5:-1]은 슬라이싱의 시작 인덱스가 –5이므로 문자열의 맨 끝에서 5번째 글자인 x[1] 인덱스 문자가 선택된다. 슬라이싱의 끝 인덱스는 –1이므로 문자열의 마지막에서 2번째 글자인 x[4]가 선택된다. 결과적으로 문자열의 두 번째 문자부터 5번째 문자까지의 문자열이 슬라이싱된다. 마지막 예제는 빼기(–) 기호를 통해 문자열의 인덱스를 선택할 수 있다는 것을 보여주는 예제이다. 그러므로 2~5 사이의 문자열을 슬라이싱할 때 x[2:5]를 사용하여 슬라이싱도 가능하다.

소스 7-12는 문자열 슬라이싱에 대한 예제를 다양한 형태로 보여준다.

소스 7-12

```
01  str1 = 'Hello World'
02  print(str1[0:5])
03  print(str1[:5])
04  print(str1[6:11])
05  print(str1[6:])
06  print(str1[-11:-6])
07  print(str1[2:-6])
```

출력 예

```
Hello
Hello
World
World
Hello
llo
```

라인 2~6은 각각 시작 인덱스와 끝 인덱스를 지정하여 결과를 출력한다. 아래 그림을 통해 저장된 문자열에 대한 각각의 인덱스 번호를 확인할 수 있다.

str[0] str[-11]	str[1] str[-10]	str[2] str[-9]	str[3] str[8]	str[4] str[-7]	str[5] str[-6]	str[6] str[-5]	str[7] str[-4]	str[8] str[-3]	str[9] str[-2]	str[10] str[-1]
H	e	l	l	o		W	o	r	l	d

str1에 저장된 문자열의 길이는 11이다. 따라서 −11부터 10까지 인덱스 범위를 설정하여 슬라이싱할 수 있다. 인덱스 0은 인덱스 −11과 같고, 인덱스 10은 인덱스 −1과 같다. 인덱스값 −11에서는 H를 저장하고 있으며, 값이 증가할 때마다 문자열에 문자가 저장된 순서대로 출력하게 된다. 인덱스값 0에서도 마찬가지로 인덱스값이 증가할 때마다 순서대로 문자를 출력하게 된다. 소스 7-12의 라인 2는 str[0:5]를 슬라이싱하므로 출력 결과는 str1의 문자열의 첫 번째부터 5번째까지의 문자열이 슬라이싱되어 출력된다. 라인 3의 경우 시작 인덱스가 없으므로 문자열의 처음부터 5번째까지의 문자열이 잘라내지고 라인 2와 같은 "Hello" 문자열이 출력된다. 라인 4는 7번째 문자부터 11번째 문자까지의 문자열을 잘라내므로 "World"가 출력된다.

7.2 문자열 포맷팅

양식 문자를 이용한 문자열 포맷팅

파이썬에는 '%' 연산자를 사용하는 양식 문자 또는 'format()' 함수를 이용하여 특수 문자를 포함한 문자열을 포맷팅 가능하다. 포맷팅이라는 것은 형식에 맞춘다는 의미를 가지며 문자열을 지정한 형식에 따라 표현해주는 역할을 한다. 첫 번째로 알아볼 포맷팅 방법은 양식 문자를 이용한 문자열 포맷팅이다. 기존에 C언어를 사용해 봤던 독자들은 이 방법이 굉장히 익숙할 것이다. 양식 문자는 형식 지정자(conversion specifier, 변환 지정자)라고도 하며 이는 포맷 문자열 내에 위치해 뒤에 따라오는 부가적인 인자값(argument)들과 1:1 대응하여 값을 출력할 수 있도록 하는 역할을 한다. 첫째, 소스코드가 보기 좋게 표현될 수 있다. 둘째, 실수의 경우 소수점 자릿수 지정이 가능하다. 셋째, 출력 형태를 깔끔하게 정렬하여 표현할 수 있다. 넷째, 정수를 10진수뿐만 아니라 8진수, 16진수 등의 형태로 표현할 수 있다. 양식 문자의 종류는 아래 그림과 같다.

양식 문자	의미	비고
%d	정수(10진수)	Decimal(0~9)
%f	실수(소수점)	Floating point number
%g	정수 혹은 실수	소수점의 여부에 따라 정수 실수 자동 표시
%s	문자열	String
%c	문자	Character
%o	8진수	Octal number(0~7)
%x	16진수	Hexa number(0~9, A~F)

다양한 형태의 양식 문자들이 존재하지만 일반적으로 사용하는 것은 몇 가지 되지 않는다. 우선 %d와 %f, %c, %s의 사용 방법만 잘 익혀도 양식 문자를 통해 파이썬 프로그래밍을 학습하는 데는 큰 무리가 없다. 그럼 실제 양식 문자를 통해 양식 사양이 어떻게 정의되는지 소스코드를 보면서 확인해 보도록 한다.

소스 7-13은 양식 문자를 사용하여 정수형 변수와 실수형 변수를 출력하는 프로그램이다.

소스 7-13

```
age = 19
print("나는 올해 %d살로 성인이 되었어요" % age)
pi = 3.141592
print("원의 면적 계산에 사용된 PI값 : %f" % pi)
```

```
출력 예   나는 올해 19살로 성인이 되었어요.
          원의 면적 계산에 사용된 PI값 : 3.141592
```

라인 1은 age 변수에 정수형 상수값 19를 대입한다. 라인 2는 정수형으로 저장된 age 변수값을 출력하기 위해 양식 문자 %d를 사용하여 변수 age를 인자값으로 호출하였다. 여기서 %d는 십진정수에 대응하기 위한 양식 문자이며, 변수 age에 대응하여 변수 age의 값을 %d 위치에 출력할 수 있도록 한다. 이때 문자열 양식과 변수 사이의 구분은 %로 하고 있는 것을 잊지 말자. 라인 3은 pi 변수에 실수형 상수값인 3.141592를 대입한다. 라인 4는 실수형 변수인 pi의 값을 출력하기 위해 양식 문자 %f를 사용하며 변수 pi의 값이 %f 위치에 출력할 수 있도록 한다. 출력 결과를 보면 모든 변수는 각 데이터 형에 부합하는 형식 지정자의 위치에서 출력되는 것을 볼 수 있다.

소스 7-14는 양식 문자의 다양한 활용방법에 대해 소개하고 있는 프로그램이다.

소스 7-14

```
01 first_name = "재훈"
02 last_name = "김"
03 age = 20
04 score = 4.3
05 print("저는 %s%s입니다." % (first_name, last_name))
06 print("나이는 %d입니다." % age)
07 print("이번 학기 평점은 %.1f를 받았어요." % score)
08 print("장학금을 받을 수 있을 것 같아 행복합니다.")
```

```
출력 예   저는 재훈김입니다.
          나이는 25입니다.
          이번 학기 평점은 4.3을 받았어요.
          장학금을 받을 수 있을 것 같아 행복합니다.
```

라인 5는 2개의 변수를 양식 문자를 통해 호출하여 출력하는 예를 보여준다. 우선 두 개의 양식 문자 %s를 작성하고 각 양식 문자의 위치에 호출될 변수를 지정한다. 이때 주의해야 할 점은 2개 이상의 변수를 지정할 때에는 꼭 괄호 안에 작성해야 한다. 각 변수의 구분은 콤마(,)로 한다. 라인 5의 경우 두 변수인 first_name과 last_name을 각각의 양식문자 %s 위치에 출력될 수 있도록 한다. 결국 두 변수의 값들은 순서대로 각 양식 문자에 출력된다. 라인 9는 양식 문자 사이에 %.1f와 같이 점(.)과 숫자가 추가된 것을 볼 수 있다. 이것은 소수부의 정밀도(소수점 자릿수) 지정을 위한 것으로 %.1f는 소수점 첫째 자리까지 출력하고 이후의 자릿수는 반올림한다. %.2f의 경우 소수 둘째 자리까지 출력하고 이후의 자릿수는 반올림하는 것을 의미한다. 양식 문자 %f는 정밀도 표현이 없다면 소수 6번째 자리까지 표현한다.

소수부의 정밀도를 지정할 수 있듯이 양식 문자를 이용하면 정수부의 자릿수를 지정하여 정렬할 수 있다. 정수부의 자릿수를 지정하기 위해서는 `%`와 양식 문자 사이에 숫자를 넣어주면 된다. 아래는 정수부의 자릿수를 이용하여 정수를 표현한 예이다.

형식 사양	정수	결과
%d	1004	`1004`
%6d	1004	`  1004`
%-6d	1004	`1004  `

위 표의 `%6d`의 경우 총 6칸의 공간을 만들고 공간 안에 정수부를 채운다. 이때 문자열의 정렬은 기본적으로 우측 정렬이다. 만약 지정된 공간 안에서 좌측 정렬을 하길 원한다면 위 표의 `%-6d`와 같이 빼기(-)기호를 추가하면 된다.

아래 소스 7-15는 양식 문자를 정수부와 소수부의 자릿수를 다양하게 표현한 프로그램이다.

소스 7-15

```
num1 = 20000
num2 = 10000
x = 100.23
y = 200.45
print("%d * %d = %d" % (num1, num2, num1*num2))
print("%d + %d = %d" % (num1, num2, num1+num2))
print("%5d * %5d = %10d" % (num1, num2, num1*num2))
print("%5d + %5d = %10d" % (num1, num2, num1+num2))
print("%f * %f = %f" % (x, y, x*y))
print("%f / %f = %f" % (x, y, x/y))
print("%.2f * %.2f = %.2f" % (x, y, x*y))
print("%.2f / %.2f = %.2f" % (x, y, x/y))
```

출력 예

```
20000 * 10000 = 200000000
20000 + 10000 = 30000
20000 * 10000 = 200000000
20000 + 10000 =      30000
100.230000 * 200.450000 = 20091.103500
100.230000 / 200.450000 = 0.500025
100.23 * 200.45 = 20091.10
100.23 / 200.45 = 0.50
```

format() 함수를 이용한 문자열 포맷팅

format() 함수를 사용하면 좀 더 확장된 기능으로 문자열 포맷 지정이 가능하다. 'format()' 함수를 사용하는 방법은 중괄호({}) 안에 인덱스값을 지정하고, 중괄호를 포함한 문자열 뒤에 .format() 함수를 사용한다. 문자열 안에 있는 중괄호의 개수와 format() 함수 괄호 안의 매개변수의 개수는 반드시 같아야 한다.

아래 소스 7-16은 format() 함수를 사용하여 문자열을 출력한 프로그램이다.

소스 7-16

```
01  print('a= {}, b= {}'.format(100,200))
02  print('I like number {1} and {0}'.format(5,7))
03  print('{} plus {} is {}'.format(5,3,8))
```

출력 예

```
a=100, b=200
I like number 7 and 5
5 plus 3 is 8
```

라인 1은 format() 함수를 사용한 문자열 포맷 지정의 기본적인 방법을 보여준다. 우선 2개의 상수값 100과 200을 문자열에 표현하기 위해, 표현을 하고자 하는 위치에 중괄호를 넣는다. 중괄호 안에 별도의 표현식이 없으면 변수를 지정한 순서대로 각 중괄호 위치에 값이 표현된다. 라인 2는 라인 1과는 다르게 중괄호 안에 인덱스 번호가 삽입되어 있다. 인덱스 번호는 format() 함수에 지정된 변수의 인덱스 번호로, 중괄호 안에 지정된 인덱스에 해당하는 변수가 표현된다. 그러므로 라인 2의 경우 {1} 위치에 숫자 7이 표현되고 {0} 위치에 숫자 5가 표현된다.

format() 함수는 중괄호({})에 형식 문자나 표기법을 이용하여 다양한 포맷 형태를 표현할 수 있다. 우선 첫 번째로 format() 함수는 형식 문자를 이용하여 자료형 지정이 가능하다. 다음 표는 형식 문자별 의미와 예시를 나타낸 표이다.

코드	의미	예시
d	정수	"{0:d}".format(1000)
f	실수	"{0:.2f}".format(3.141592)
e	지수	"{0:e}".format(1000)
b	2진수	"{0:b}".format(1000)
o	8진수	"{0:o}".format(1000)
x	16진수	"{0:x}".format(1000)

format() 함수는 중괄호 안에 인덱스, 형식 문자, 정밀도 등을 이용하여 문자열을 표현할 수 있다. 아래 표는 정수 자료형을 기준으로 format() 함수가 표현할 수 있는 다양한 표기법에 대해 정리한 것이다.

표기	설명
{ }	0번 인덱스의 변수를 출력
{0}	0번 인덱스의 변수를 출력
{0:d}	0번 인덱스의 변수를 정수 형식으로 출력
{0:10d}	0번 인덱스의 변수를 정수 형식으로 출력하되 10개의 공간을 생성하고 오른쪽 정렬
{0:<10d}	0번 인덱스의 변수를 정수 형식으로 출력하되 10개의 공간을 생성하고 왼쪽 정렬
{0:,d}	0번 인덱스의 변수를 정수 형식으로 출력하고 천 단위마다 쉼표 적용
{0:10,d}	0번 인덱스의 변수를 정수 형식으로 출력하고 천 단위마다 쉼표 적용, 10개의 공간을 생성하고 오른쪽 정렬

아래 표는 실수 자료형을 기준으로 format() 함수가 표현할 수 있는 다양한 표기법에 대해 정리한 것이다.

표기	설명
{0:f}	0번 인덱스의 변수를 출력
{0:,f}	0번 인덱스의 변수를 실수 형식으로 출력하고 천 단위마다 쉼표 적용
{0:.2f}	0번 인덱스의 변수를 실수 형식으로 출력하고 소수점 2자리만 출력, 이후 자릿수는 반올림
{0:10.2f}	0번 인덱스의 변수를 실수 형식으로 출력하되 10개의 공간을 생성하고 오른쪽 정렬, 또한 소수점 2자리만 출력
{0:<10.2f}	0번 인덱스의 변수를 실수 형식으로 출력하되 10개의 공간을 생성하고 왼쪽 정렬, 또한 소수점 2자리만 출력
{0:10,.2f}	0번 인덱스의 변수를 실수 형식으로 출력하되 10개의 공간을 생성하고 오른쪽 정렬, 또한 소수점 2자리만 출력, 천 단위마다 쉼표 적용

다음 소스 7-17는 format() 함수를 이용한 문자열 포맷팅의 다양한 예제를 표현한 프로그램이다.

소스 7-17

```
price = 2000000
print("제품의 가격은 {0:d}입니다.".format(price))

text = '제품의 가격은 {0:,d}입니다.'.format(price)
print(text)

```

```
07 principal = 12972300
08 print("{:<12s} {:>15,d}".format("principal: ", principal))
```

출력 예
```
제품의 가격은 2000000입니다.
제품의 가격은 2,000,000입니다.
principal:       12,972,300
```

라인 2번은 문자열 포맷팅을 사용하여 정수 그대로 출력하지만 라인 4번에서는 천 단위마다 쉼표로 구분하여 출력한다. 라인 8번에서 < 혹은 >는 포맷 지정자이다. <는 왼쪽 정렬을, >는 오른쪽 정렬을 의미한다. 포맷 지정자 뒤의 숫자는 자릿수를 의미하며 출력되는 값을 기준으로 숫자만큼의 공백을 출력한다.

다음 소스 7-18은 `format()` 함수를 이용하여 저축 지급액을 계산하는 프로그램 예제이다. 원금을 입력으로 받고 원금에 대한 이자, 세금을 고려하여 지급액을 계산하는 프로그램이다.

조건

1. 저축 원금은 정수로 입력하고, 이자율은 3.75%, 이자에 대한 세금은 15%
2. 계산한 이자와 이자에 대한 이자는 정수형으로 변환

소스 7-18

```
principal = int(input("원금을 입력하세요 >> "))
interest = int(principal *0.0375)
fee = int(interest *0.15)
payment = principal + interest - fee
print("{:10s} {:15,d}".format("principal", principal))
print("{:10s} {:15,d}".format("interest", interest))
print("{:10s} {:15,d}".format("fee", fee))
print("{:10s} {:15,d}".format("payment", payment))
```

입력 예
```
원금을 입력하세요 >> 13972300
```

출력 예
```
원금을 입력하세요 >> 13972300
principal       13,972,300
interest           523,961
fee                 78,594
payment         14,417,667
```

라인 1은 원금을 입력하여 principal 변수에 값을 저장한다. 라인 2는 원금의 3.75% 이자율을 계산한다. 라인 3은 이자에 대한 세금을 계산한다. 라인 4는 원금과 이자를 합산하고 이자에 대한 세금을 차감하여 은행으로부터 받게 되는 지급액을 구한다. 라인 5~8은 포맷 지정자를 사용하여 출력 결과처럼 원금과 이자, 이자에 대한 세금, 지급액을 정렬하여 출력한다.

연습 문제

01 3개의 단어를 입력받아 하나의 문장을 출력하시오.

입력 예 1
```
first word : Dobby
second word : is
third word : free
```

출력 예 1
```
first word : Dobby
second word : is
third word : free
Dobby is free
```

입력 예 2
```
first word : pls
second word : help
third word : us
```

출력 예 2
```
first word : pls
second word : help
third word : us
pls help us
```

02 카페에서 커피 메뉴를 주문하고자 한다. 첫 번째로 일행의 인원수를 입력한다(한 명당 한 잔 이상의 커피 메뉴를 선택해야 한다). 두 번째로 커피 메뉴 대해 주문 여부를 선택한다(해당 메뉴를 선택하는 사람이 없는 경우 0을 입력). 세 번째로 커피 메뉴에 대한 개수를 입력한다. 네 번째로 사이드 메뉴에 대한 주문 여부를 입력받는다. 다섯 번째로 사이드 메뉴 개수에 대해 입력한다. 최종적으로 커피와 사이드 메뉴에 대한 총 금액을 계산하시오(단, 금액 출력에 ','를 표현하시오).

입력 예 1
```
일행의 총 인원수 : 5
커피를 주문하시겠습니까? (True, False) : False
```

출력 예 1
```
일행의 총 인원수 : 5
커피를 주문하시겠습니까? (True, False) : False
여기는 카페입니다. 커피 주문을 해주세요.
```

입력 예 2
```
일행의 총 인원수 : 5
커피를 주문하시겠습니까? (True, False) : True

에스프레소(3,500) : 0
```

```
롱블랙(3,800) : 0
카페라떼(4,000) : 0
콜드브루(5,000) : 4
카푸치노(4,500) : 0
```

출력 예 2

```
일행의 총 인원수 : 5
커피를 주문하시겠습니까? (True, False) : True
주문하실 메뉴에 대한 잔수를 입력해주세요.
에스프레소(3,500) : 0
롱블랙(3,800) : 0
카페라떼(4,000) : 0
콜드브루(5,000) : 4
카푸치노(4,500) : 0
총 주문한 커피 개수 : 4

1인당 커피 한 잔씩 주문해주시기 바랍니다.
```

입력 예 3

```
일행의 총 인원수 : 5
커피를 주문하시겠습니까? (True, False) : True

에스프레소(3,500) : 0
롱블랙(3,800) : 2
카페라떼(4,000) : 1
콜드브루(5,000) : 1
카푸치노(4,500) : 1

사이드 메뉴를 주문하시겠습니까? (True, False) : False
```

출력 예 3

```
일행의 총 인원수 : 5
커피를 주문하시겠습니까? (True, False) : True
주문하실 메뉴에 대한 잔수를 입력해주세요.
에스프레소(3,500) : 0
롱블랙(3,800) : 2
카페라떼(4,000) : 1
콜드브루(5,000) : 1
카푸치노(4,500) : 1
총 주문한 커피 개수 : 5

사이드 메뉴를 주문하시겠습니까? (True, False) : False
최종 주문 금액 : 21,100
```

입력 예 4

```
일행의 총 인원수 : 5
커피를 주문하시겠습니까? (True, False) : True

에스프레소(3,500) : 0
롱블랙(3,800) : 2
카페라떼(4,000) : 1
콜드브루(5,000) : 1
카푸치노(4,500) : 1

사이드 메뉴를 주문하시겠습니까? (True, False) : True
파니니(6,500) : 1
샌드위치(5,000) : 1
허니브레드(4,600) : 0
```

출력 예 4

```
일행의 총 인원수 : 5
커피를 주문하시겠습니까? (True, False) : True
주문하실 메뉴에 대한 잔수를 입력해주세요.
에스프레소(3,500) : 0
롱블랙(3,800) : 2
카페라떼(4,000) : 1
콜드브루(5,000) : 1
카푸치노(4,500) : 1
총 주문한 커피 개수 : 5

사이드 메뉴를 주문하시겠습니까? (True, False) : True
파니니(6,500) : 1
샌드위치(5,000) : 1
허니브레드(4,600) : 0
총 주문한 사이드 메뉴 개수 :  2

커피 주문 금액 : 21,100
사이드 주문 금액 : 11,500
최종 주문 금액 : 32,600
```

CHAPTER

08 조건문

8.1 조건문의 사용

조건문 이해하기

지금까지 우리가 작성한 프로그램은 모두 한 방향으로 코드가 작성되고 프로그램이 실행되었다. 하지만 지금부터 알아볼 제어문은 동일한 프로그램을 실행하더라도 실행 방향이 달라 다른 결과를 출력할 수 있다. 제어문은 프로그램의 실행 흐름을 변경하여 선택적으로 프로그램을 실행할 수 있도록 하는 명령어이다. 제어문에는 크게 조건문과 반복문이 존재하며 이번 장에서는 조건문에 대해 알아보도록 한다.

조건문은 주어진 조건에 따라 각기 다른 방향으로 프로그램이 수행되도록 함으로써 프로그램의 결과를 매번 다르게 출력할 수 있도록 한다. 파이썬에서 조건문은 if 문을 사용한다. if 문은 사용 방식에 따라 if 문과 if ~ else ~ 문, if ~ else if ~ 문, 중첩(중복)된 if 문으로 나누어 볼 수 있다. 영어에서 "if ~"는 "만약 ~라면"이라는 뜻으로 해석할 수 있다. "만약 전체 학점이 4.0 이상이면 장학금을 받으세요."와 "만약 1시간 이상 주차를 하였다면, 3,000원을 지불하세요."와 같이 우리의 실생활에서 흔히 사용되는 문장이다. 우리가 실생활에서 조건을 판단하고 수행하는 것과 같이 프로그래밍에서도 조건에 따라 명령을 수행하도록 할 수 있다. 실생활에서 쓰이는 조건문이 파이썬 코드로 어떻게 작성되는지 아래의 예시를 통해 살펴보자.

```
만약 1시간 이상 주차하였다면
   3,000원을 지불하세요.
```

```
if park >= 3600:
   print("3,000원을 지불하세요.")
```

우선 예시로 쓰여진 자연어는 1시간 이상 주차를 하였을 때만 3,000원을 지불한다는 조건문으로 작성되어 있다. 이를 파이썬 코드로 변경하는 것은 매우 간단하다. "만약" 대신 `if`를 사용하고 "1시간(3600초) 이상 주차"에 대한 조건은 비교연산자인 "`park >= 3600`"로 변경할 수 있다. 그 후 위 조건이 만족할 때만 "3,000원을 지불하세요."를 출력함으로 자연어를 파이썬 언어로 간단하게 변경할 수 있다. 우리가 사용하는 자연어(한국어, 영어 등) 문장을 파이썬 언어 문법에 맞게 수정하면 프로그램 코드로 사용이 가능하다.

적절한 조건식을 만들기 위한 연습을 해보자. 아래의 표는 조건과 조건을 만족하는 조건식의 예를 보이고 있다. 조건식 예를 참조하여 빈 칸에 적절한 조건식을 만들어 보자.

조건	조건식
2세 이상 6세 이하	`(age >= 2 and age <= 6)`
90점 이상 100점 이하	`(score >= 90 and score <= 100)`
80점 이상 90점 미만	
잔액이 500원보다 크거나 같다면	`(balance >= 500)`
숫자가 홀수라면	`(num % 2)`
숫자가 5의 배수라면	`(num % 5 == 0)`
숫자가 짝수라면	
온도가 25도 이상이라면	
BMI가 18.5 이상 23 미만(단, BMI는 체중의 제곱 곱하기 신장)	`(kg*kg*m >= 18.5 and kg*kg*m < 23)`
BMI가 23 이상 25 미만(단, BMI는 체중의 제곱 곱하기 신장)	
연봉이 4,000만원 이하이고, 소유 자동자가 2000cc 미만인자 (단, 자녀가 2명 이상이거나 집을 소유하지 않은 경우 예외)	`((salary <= 40000000 and car < 2000) or` `(children >= 2 or house == 0))`
학점이 3.5 이상이고, 수강신청 학점이 10학점 이상이라면 (단, 소득분위가 3분위 이하면 예외)	
비밀번호가 2020과 같다면	`(pinNum == 2020)`
비밀번호가 2020과 같지 않다면	
상대 챔피언의 공격력이 내 챔피언의 방어력보다 작거나 같으면	`(enermyAttack <= myDefence)`
상대 챔피언의 체력이 내 챔피언 공격력 - 상대 챔피언의 방어력보다 작다면	
년도가 4의 배수이면서 100의 배수가 아니거나, 400의 배수인 경우	

8.2 if 조건문

파이썬 언어에서 가장 기본적인 조건문은 `if` 문이다. `if` 문은 조건식이 참이면(True) 다음에 오는 명령문을 실행하고 조건이 거짓(False)이면 다음에 오는 명령문을 실행하지 않고 다음 문장으로 진행된다. 파이썬 `if` 문의 기본 문법과 순서도는 다음과 같다.

```
if 조건식 :
    명령문
```

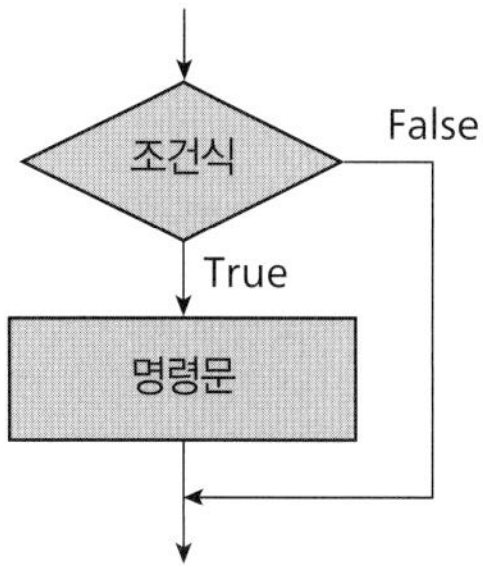

파이썬 조건문의 문법은 `if` 문을 작성하고 조건식을 작성한다. 이때 조건식은 참(True)과 거짓(False)으로 나뉘게 되는데, 조건식이 참인 경우, 아래의 명령문을 실행하게 되고 조건식이 거짓인 경우 명령문을 실행하지 않고 `if` 다음 문장으로 넘어간다. 중요한 점은 파이썬 조건문은 조건식을 완성한 후 꼭 콜론(:)을 붙여야 하며, 조건이 만족했을 때 실행하고자 하는 명령문들은 들여쓰기를 통해 다른 명령문과 구분해 줘야 한다. 다른 인어와 다르게 파이썬에는 제어문에 대한 명령들을 묶어주는 블록('{'와 '}') 기호가 존재하지 않는다. 오직 들여쓰기를 통해 제어문에 대한 명령문임을 표시해야 하며, 들여쓰기 간격은 사용자가 설정한 길이를 사용한다. 들여쓰기의 간격은 가독성을 위해 통일하는 것을 추천한다. 만약 첫 들여쓰기를 4칸으로 했다면 이후 모든 들여쓰기는 4칸으로 하는 것이 코드 가독성에 좋을 것이다.

다음으로, 조건문을 실제 예제를 통해 알아본다. 소스 8-1은 나이를 입력받고, 입력받은 나이가 20살 이상인 경우, "`adult.`"를 출력 후 "`end program.`"을 출력하는 프로그램이다. 만약 나이가 20살 미만이면 "`adult`"를 출력하지 않고, "`end program.`"만 출력한다. 그러므로 "`end program.`"은 나이와 관계없이 출력해야 한다고 생각하면 될 것이다.

소스 8-1

```
01 age = int(input("input age : "))
02 if age >= 20:
03    print("adult.")
04 print("end program.")
```

입력 예

```
input age : 20
```

출력 예

```
input age : 20
adult.
end program.
```

위의 예제 코드에서 라인 2는 `if` 조건문 문장을 작성한 것이다. 이 조건문 문장에서 조건식은 `age >= 20`이며, 이는 "만약 `age` 변수가 `20` 이상이면?"이라는 조건이 된다. 그러므로 이 조건식은 `age`

변수가 20 이상이면 참, 20 미만이면 거짓이 된다. 라인 3은 라인 2d의 `if` 조건이 만족했을 때 수행하는 명령문이다. 조건문 내 포함되는 명령문은 들여쓰기가 되어있는 것을 볼 수 있다. 라인 4의 명령문은 `if` 문 내에 포함되는 명령문이 아니라 `if` 제어문 다음에 수행되는 문장으로 `if` 조건문과 관계 없이 "`end program`"을 출력하게 된다.

소스 8-2는 현재 시각(24시간 기준)을 입력받아 12시 미만이면 "morning"을 12시 이상이면 "afternoon"을 출력하는 프로그램이다.

소스 8-2

```
01 curHour = int(input("what time is it now?"))
02 time = "afternoon"
03 if curHour < 12:
04     time = "morning"
05 print("now : %s" %time)
```

입력 예
```
what time is it now? 11
```

출력 예
```
what time is it now? 11
now : morning
```

입력 예
```
what time is it now? 13
```

출력 예
```
what time is it now? 13
now : afternoon
```

우선 라인 2에서 `time` 변수는 기본적으로 "`afternoon`"을 저장하고 있다. 이 프로그램의 원리는 라인 5에서 `time` 변수를 출력하되 만약 12시 이상이면 현재 `time` 변수에 저장되어 있는 "`afternoon`"을 그대로 출력한다. 하지만 라인 3 조건문에 따라 현재 시간(curHour)이 12시 미만이면 참(True)이 되므로, `time` 변수에 "`morning`"을 대입한다. 그러므로 라인 5의 출력 결과가 `morning`으로 변경될 것이다.

소스 8-3은 출생연도를 입력받아 나이를 계산한 후, 나이가 15세 이상 20세 미만이면 "`you are a teenager.`"라고 출력하는 프로그램이다.

소스 8-3

```
from datetime import date
today = date.today()
year = int(input("what year were you born?"))
```

```
04 age = today.year - year + 1
05 if age >= 15 and age < 20:
06     print("you are a teenager.")
07 print("This year you are %d years old." %age)
```

입력 예
```
what year were you born? 2003
```

출력 예
```
what year were you born? 2003
you are a teenager.
This year you are 19 years old.
```

입력 예
```
what year were you born? 1995
```

출력 예
```
what year were you born? 1995
This year you are 26 years old.
```

위의 예제 코드에서 라인 1은 파이썬 표준 라이브러리인 datetime 모듈을 이용하여 날짜와 시간을 조작하기 위해 date 객체를 불러온다. 라이브러리의 사용 방법에 대해서는 13장에서 다시 자세하게 알아볼 예정이다. 라인 2는 date 객체의 메서드(method) 중 현재 지역의 날짜를 반환하는 함수인 today() 함수를 이용하여 today 변수에 현재 지역의 날짜를 저장하는 코드이다. 라인 4는 year 변수에 입력받은 태어난 연두값을 이용하여 나이를 계산하는 과정이다. 올해 연도에서 태어난 연도를 뺀 값에 1을 더하면 우리나라 나이가 계산된다. 라인 5~6은 출생연도에 따라 청소년인지 아닌지 판별하는 조건문이다. 위 두 조건문 예제와는 다르게 논리연산자 and로 연결된 두 개의 비교 연산식이 존재한다. and 연산자는 두 개의 비교 연산식이 모두 참인 경우에 참(true)을 반환한다. 그러므로 라인 5의 조건식을 해석해 보면, 나이값인 age 변수가 15세 이상이고 20세 미만인 경우에만 조건식 참(true)을 반환한다.

소스 8-4는 두 수를 입력받아 첫 번째 수가 두 번째 수보다 크다면 첫 번째 수를 출력하는 프로그램이다. 이때, 두 번째 수가 더 크다면 두 수 모두 출력하지 않는다.

소스 8-4

```
first_num = int(input("Enter the first number : "))
second_num = int(input("Enter the second number : "))
if first_num > second_num:
    print(first_num)
```

입력 예
```
Enter the first number : 20
Enter the second number : 15
```

```
출력 예   Enter the first number : 20
          Enter the second number : 15
          20
```

위의 예제 코드에서 라인 1~2에 입력된 수를 이용하여 라인 3의 조건식을 비교하면 되는 간단한 문제이다.

8.3 if ~ else ~ 문

`if` 문은 조건식이 참인 경우에만 조건문 내부의 명령문을 수행하고 거짓일 때에는 내부를 수행하지 않고 그 다음 문장을 실행하였다. 이번에는 조건식이 참인 경우에 실행할 명령문과 거짓인 경우에 실행할 명령문을 지정하여 처리할 수 있는 `if ~ else ~` 문에 대해 알아본다. `if ~ else ~` 문은 조건식이 참일 때는 `if` 문과 같이 조건문 내의 명령문을 실행한다. 기존 `if` 문은 거짓일 때 조건문을 빠져나와 다음 문장을 실행한다면, `if ~ else ~` 문은 `if` 문의 조건 결과가 거짓일 때 `else` 문 내의 명령문을 실행한다. 예를 들어 아래 예제와 같이 술과 담배는 나이가 20세 이상인 사람만 구매할 수 있다고 한다면, 20세 이상은 술과 담배 구매가 가능하다고 출력하고, 20세 미만인 사람에게는 술과 담배 구매가 불가능하다고 출력할 수 있다. 우리가 일반적으로 이야기할 때, "만약 나이가 20세 이상이라면 술과 담배 구입 가능, 아니라면 술과 담배를 구입 못함"과 같이 표현하듯이 만약을 `if` 문으로, 아니라면을 `else` 문으로 표현할 수 있다.

```
만약 나이가 20세 이상이라면
    술과 담배를 구입할 수 있다.
아니라면
    술과 담배를 구입할 수 없다.
```

```
if age >= 20:
    print("술과 담배를 구입할 수 있다.")
else:
    print("술과 담배를 구입할 수 없다.")
```

`if ~ else ~` 문의 조건문의 기본 문법과 순서도는 아래와 같다.

```
if 조건식 :
    명령문
else:
    명령문
```

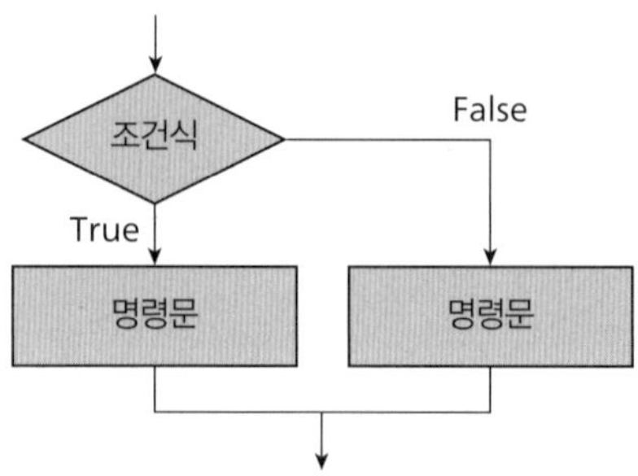

조건식에서 참(True)일 경우, 참에 해당하는 명령문을 실행하고 조건식의 결과가 거짓일 경우에는 아니라면에 해당하는 else의 명령문을 실행한다.

실제 예시 문제를 통해 더 자세히 알아보자. 소스 8-5는 나이가 20살 이상이면 “adult.”를 출력하고 아니라면, “minor.”를 출력하는 프로그램이다.

소스 8-5

```
01 age = int(input("input age. : "))
02 if age >=20:
03     print("adult.")
04 else:
05     print("minor.")
06 print("end program.")
```

입력 예

```
input age. : 20
```

출력 예

```
input age. : 20
adult.
end program.
```

입력 예

```
input age. : 19
```

출력 예

```
input age. : 19
minor.
end program.
```

라인 1번은 나이를 입력받아 age 변수에 저장한다. 라인 2~3은 만약 나이가 20세 이상이면 “adult.”를 출력한다. 라인 4~5는 나이가 20세 이상이 아니라면 “minor.”를 출력한다.

소스 8-6은 두 수를 입력받아 두 수 중 더 큰 것을 출력하는 프로그램이다. 단, 두 개의 수가 같을 때는 먼저 입력된 수를 출력하는 프로그램이다.

소스 8-6

```
first_num = int(input("input first number : "))
second_num = int(input("input second number : "))
if first_num >= second_num:
    print(first_num)
else:
    print(second_num)
```

입력 예
```
input first number : 20
input second number : 15
```

출력 예
```
input first number : 20
input second number : 15
20
```

입력 예
```
input first number : 5
input second number : 10
```

출력 예
```
input first number : 5
input second number : 10
10
```

소스 8-4의 응용문제로 두 수의 크기를 비교하는 문제이다. 라인 1~2는 두 수를 입력받는 코드이다. 라인 3~4는 입력받은 두 수를 비교하여 first_num 변수가 second_num보다 크거나 같으면 first_num값을 출력하는 코드이다. 라인 5~6은 if의 조건식 결과가 거짓이면 second_num의 값을 출력하는 코드이다.

소스 8-7은 짝수와 홀수를 판별하는 프로그램이다.

소스 8-7

```
print("===Program to determine even and odd numbers===")
n = int(input("input number : "))
if n%2 ==0:
    print("The number you entered is even.")
else :
    print("The number you entered is odd.")
```

입력 예
```
input number : 4
```

출력 예
```
===Program to determine even and odd numbers===
input number : 4
The number you entered is even.
```

입력 예
```
input number : 19
```

출력 예
```
===Program to determine even and odd numbers===
input number : 19
The number you entered is odd.
```

라인 2에서 정수를 입력받아 변수 n에 저장한다. 라인 4~5에서 입력한 수가 짝수인지 판별하기 위하여 `n % 2 == 0`이라는 비교 연산식을 사용하였다. 이때, 짝수는 2로 나누어떨어지는 정수이고, 홀수는 2로 나누어떨어지지 않는 수로 계산할 수 있다. 그러므로 `n % 2`는 n을 2로 나누었을 때의 나머지값이 계산되고 만약 나머지값이 0일 경우, 짝수가 된다. 그러므로 `n % 2 == 0`은 n을 2로 나눈 나머지가 0이라면 짝수로 판단할 수 있다. 라인 6~7은 짝수가 아니면 나머지는 홀수이기 때문에 홀수를 출력한다.

소스 8-8은 연도를 입력받아 윤년을 판단하는 프로그램이다. 윤년을 판단하는 조건은 아래와 같다.

> 윤년은 100으로 나누어떨어지지 않으면서 4로 나누어떨어진다. 또한 이것과 상관없이 400으로 나누어떨어지면 윤년이다.

소스 8-8

```
01 year = int(input("Please enter the year : "))
02 if (year%100!=0 and year%4==0) or (year%400==0) :
03    print("%d is a leap year." % year)
04 else :
05    print("%d isn't a leap year." % year)
```

입력 예

```
Please enter the year : 2021
```

출력 예

```
Please enter the year : 2021
2021 isn't a leap year.
```

입력 예

```
Please enter the year : 2000
```

출력 예

```
Please enter the year : 2000
2000 is a leap year.
```

라인 1에서 연도를 입력받아 변수 year에 저장한다. 윤년을 판단하는 조건을 라인 2에 `if` 문의 조건식으로 구현하였다. 우선 윤년은 100으로 나누어 떨어지지 않으면서 4로 나누어 떨어져야 하므로 and 논리연산을 이용하여 조건을 검사한다. 또한 이 조건이 만족하지 않더라도 400을 나누어 떨어지면 윤년이기 때문에 or 연산자를 이용하여 400으로 나누어 떨어지면 윤년이 되도록 조건식을 작성한다. 결국 `if` 문의 조건식이 참이면 윤년으로 판단하고 아니라면 윤년이 아니라고 출력하는 코드를 작성한다.

8.4 if ~ elif ~ else ~ 문

if ~ else ~ 문은 하나의 조건에 대하여 참과 거짓에 대하여 명령문을 나누어서 실행하고자 할 때 사용한다. 그러므로 두 가지로 나누어진 조건에 대해서는 큰 문제 없이 수행할 수 있었지만, 세 가지 이상으로 나누어진 조건을 가진 조건문은 if ~ else ~ 만으로는 구현하기 어렵다. 이번에는 세 가지 이상으로 조건을 구분하여 수행해야 하는 프로그램에서 사용할 수 있는 if ~ elif ~ else ~ 문에 대해 알아본다. 예를 들어, 놀이공원의 요금이 만 18세 이상이면 성인 요금이고 만 13세 이상이면 청소년 요금, 만 13세 미만의 경우 어린이 요금으로 계산된다. 위의 예시를 파이썬 코드로 바꾼다면 요금이 만 18세 이상인 경우를 if 문으로 작성하고 만 13세 이상인 경우를 elif 문, 남은 경우를 else 문으로 처리하면 된다.

```
만약 나이가 만 18세 이상이라면
    성인 요금을 계산해주세요.
아니고 만약 나이가 만 13세 이상이라면
    청소년 요금을 계산해주세요.
아니라면
    어린이 요금을 계산해주세요.
```

```
if age >= 18:
    print("성인 요금을 계산해주세요.")
elif age > = 13:
    print("청소년 요금을 계산해주세요.")
else:
    print("어린이 요금을 계산해주세요.")
```

if ~ elif ~ else ~ 문의 기본 문법과 순서도는 아래와 같다.

```
if 조건식 :
    명령문
elif 조건식 :
    명령문
else:
    명령문
```

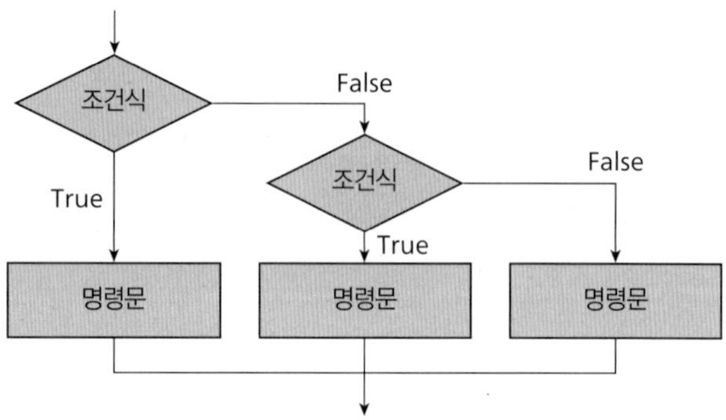

if ~ elif ~ else ~ 문은 기본적으로 if 조건식과 elif 조건식, else로 이루어져 있다. 만약 조건식이 더 필요하다면 elif 조건식을 추가하면 된다. 여기서 elif는 else if를 줄여서 표현한 것으로 "그게 아니라면 이것은?"이라는 조건으로 표현할 수 있다.

위의 순서도는 if에 해당하는 조건식이 참인 경우, 명령문을 실행하고 거짓인 경우, 다음 조건식(elif)를 실행한다. 다음 조건식에서 참인 경우, 참에 해당하는 명령문을 실행하고 거짓인 경우, 거짓에 해당하는 명령문을 실행한다.

실제 예시 문제를 통해 더 자세히 알아보자. 소스 8-9는 성적에 따라 A, B, C 학점을 부여하는 프로그램이다. 조건은 아래와 같다.

> 90점 이상이면 “You did very well on the exam. congratulation.” 출력
> 90점 미만 80점 이상이면 “You did well on the test. Thanks for your work.” 출력
> 80점 미만이면 “It’s okay. Go for it!” 출력

소스 8-9

```
01 score = int(input("Please enter your test score : "))
02 if score >=90:
03     print("You did very well on the exam. congratulation.")
04 elif score >=80:
05     print("You did well on the test. Thanks for your work.")
06 else :
07     print("It’s okay. Go for it!")
```

입력 예
```
Please enter your test score : 78
```

출력 예
```
Please enter your test score : 78
it’s okay. Go for it!
```

입력 예
```
Please enter your test score : 90
```

출력 예
```
Please enter your test score : 90
You did very well on the exam. congratulation.
```

라인 1은 시험점수를 정수로 입력받아 score 변수에 저장하는 코드이다. 라인 2~7까지 조건문에 대한 코드이다. 라인 2~3은 90점 이상일 때 해당하는 코드이다. 라인 4~5는 90점 이상이 아니고 80점 이상일 때 해당하는 코드이다. 라인 6~7은 라인 2~5번의 조건을 모두 만족하지 않을 때 명령어를 수행한다.

소스 8-10은 회원 등급과 상품 원가를 입력하여 회원 등급(S, A, B, C)에 따른 판매가를 출력하는 프로그램이다.

> S = 원가 * 0.7, A = 원가 * 0.8, B = 원가 * 0.85, C = 원가 * 0.95

소스 8-10

```
01 user_grade = input("Please enter your membership level. : ")
02 price =int(input("Please enter the normal price. : "))
03 if user_grade =="S":
04    sell_price = price * 0.7
05    print("Selling price is %dwon" % sell_price)
06 elif user_grade =="A":
07    sell_price = price * 0.8
08    print("Selling price is %dwon" % sell_price)
09 elif user_grade =="B":
10    sell_price = price * 0.85
11    print("Selling price is %dwon" % sell_price)
12 elif user_grade =="C":
13    sell_price = price * 0.95
14    print("Selling price is %dwon" % sell_price)
15 else:
16    print("Invalid membership information.")
```

입력 예

```
Please enter your membership level. : Z
Please enter the normal price. : 2000
```

출력 예

```
Please enter your membership level. : Z
Please enter the normal price. : 2000
Invalid membership information.
```

입력 예

```
lease enter your membership level. : S
Please enter the normal price. : 200000
```

출력 예

```
Please enter your membership level. : S
Please enter the normal price. : 200000
Selling price is 140000won
```

라인 1~2는 회원 등급과 판매 물건의 원가를 입력하여 각 변수에 저장한다. 라인 3~16은 회원 등급에 따른 판매가를 결정하는 조건문이다. 라인 3~5는 회원 등급이 S급일 때 수행하는 명령문으로 판매 가격은 원가에서 30%가 할인된 가격으로 계산된다. 라인 6~8은 회원 등급이 A일 때, 라인 9~11은 회원 등급이 B일 때, 라인 12~14는 회원 등급이 C일 때의 수행하는 조건문 문장을 보여준다. 만약 회원 등급이 S, A, B, C가 아닌 다른 문자가 입력됐을 때는 물건을 판매하지 않고 잘못된 등급이 입력됐다는 문자를 `else` 문에서 처리한다.

8.5 중첩 if 문

프로그램을 구현해야 하는 조건이 복잡한 경우에는 논리 연산자를 이용하여 복합적인 조건식을 구현하여 사용하거나 여러 개의 if 문을 사용하여 구현하는 경우도 존재한다. 이번에는 여러 개의 if 문을 중복하여 사용하는 중첩 if 문에 대해 알아본다. 중첩 if 문은 하나의 if 문 안에 또 다른 if 문을 사용하는 것을 말한다. 어떤 대중교통 요금표가 있다고 하자. 이 요금표는 교통카드와 보통권이 존재한다. 또한 각 승차권은 일반인과 어린이 요금이 다르다. 이 경우 하나의 if 문을 사용하여 교통카드와 보통권을 구분하는 조건식을 만들어 구분할 수 있다. 이때 구분된 승차권을 다시 두 가지 요금(일반, 어린이)으로 구분하고자 하는 경우 다시 if 문을 이용하여 처리해야 한다.

승차권 종류		여객 운임(원)	비고
교통카드	일반	1,250	만19세 이상 만 65세 미만
	어린이	400	만6세 이상 19세 미만
보통권	일반	1,400	만19세 이상 만 65세 미만
	어린이	500	만6세 이상 19세 미만

소스 8-11은 위의 표를 참고하여 지하철 결제 프로그램을 작성하였다.

소스 8-11

```
age = int(input("Please enter your age. : "))
print("Ticket type: transportation card, regular ticket")
payment = input("Please enter the type of ticket. : ")
if payment =="transportation card":
   if age < 65 && age >=19:
      print("The payment amount is 1,250 won.")
   elif age >=6:
      print("The payment amount is 400 won.")
   else:
      print("The payment amount is 0 won.")
elif payment =="regular ticket":
   if age < 65 && age >=19:
      print("The payment amount is 1,400 won.")
   elif age >=6:
      print("The payment amount is 500 won.")
   else:
      print("The payment amount is 0 won.")
else:
   print("Please enter a normal ticket type.")
```

입력 예

```
Please enter your age. : 30
Ticket type: transportation card, regular ticket
Please enter the type of ticket. : regular ticket
```

출력 예

```
Please enter your age. : 30
Ticket type: transportation card, regular ticket
Please enter the type of ticket. : regular ticket
The payment amount is 1,400 won.
```

입력 예

```
Please enter your age. : 8
Ticket type: transportation card, regular ticket
Please enter the type of ticket. : transportation card
```

출력 예

```
Please enter your age. : 8
Ticket type: transportation card, regular ticket
Please enter the type of ticket. : transportation card
The payment amount is 400 won.
```

라인 1~3은 승차권 종류와 나이를 입력받아 각 변수에 저장하는 코드이다. 라인 4~10은 교통카드로 승차권을 입력하였을 때 수행할 명령문이고, 라인 11~17은 보통권으로 승차권을 입력하였을 때의 수행하는 명령문을 보여준다. 또한 라인 18은 교통카드와 승차권이 아닌 다른 값이 입력됐을 때의 잘못된 값이 입력됐다는 출력을 하기 위한 `else` 조건이다. 라인 5~10은 승차권이 교통카드일 때, 나이에 따른 지불 금액을 결정하는 조건문으로 표에서 제시한 나이에 따라 출력 결과가 달라진다. 라인 12~17의 경우 승차권이 보통권일 때, 나이에 따른 지불 금액에 대한 조건문 코드를 보여준다.

연습 문제

01 한 개의 정수를 입력받은 후, 입력받은 수를 출력하고 그 수가 30보다 크면 다음 줄에 “You entered a number greater than 30.”라는 메시지를 출력하는 프로그램을 작성하시오.

입력 예	`40`
출력 예	`You entered a number greater than 30.`

02 알파벳을 입력받고 대소문자를 구분하는 프로그램을 작성하시오. 단, 알파벳이 아닌 다른 문자 입력 시 예외처리를 해야 한다.

입력 예 1	`Please enter the alphabet. : z`
출력 예 1	`Please enter the alphabet. : z` `The entered alphabet is lowercase.`
입력 예 2	`Please enter the alphabet. : A`
출력 예 2	`Please enter the alphabet. : A` `The entered alphabet is uppercase.`
입력 예 3	`Please enter the alphabet. : (`
출력 예 3	`Please enter the alphabet. : (` `Invalid input. Please enter the alphabet.`

03 세 개의 숫자를 입력하였을 때, 가장 큰 숫자를 출력하는 프로그램을 작성하시오, 단, 세 개의 수는 서로 중복되지 않는다.

입력 예 1	`Please enter the first number : 100`
	`Please enter the second number : 120`
	`Please enter the third number : 130`

출력 예 1	`Please enter the first number : 100`
	`Please enter the second number : 120`
	`Please enter the third number : 130`
	`130`

입력 예 2

```
Please enter the first number : 45
Please enter the second number : 20
Please enter the third number : 30
```

출력 예 2

```
Please enter the first number : 45
Please enter the second number : 20
Please enter the third number : 30
45
```

09 반복문

9.1 반복문이란?

파이썬에서 반복문은 제어문 중 하나로, 프로그램 소스코드 내에서 특정한 부분의 코드가 반복적으로 수행하고자 할 때 사용한다. 우리는 일상생활에서도 반복적으로 수행하는 업무나 일을 쉽게 볼 수 있다. 예를 들어 우리가 온라인 게임에서 게임 아이템을 얻기 위해 지속적으로 몬스터를 사냥하는 것을 생각해 보자. 우선 사냥하기 전 내 캐릭터의 체력과 마법 게이지가 100%인지 확인한다. 그 후 몬스터를 탐색하여 몬스터가 보이면 그 몬스터를 사냥하고 아이템을 획득한다. 그리고 다시 캐릭터의 체력을 확인하고 몬스터를 사냥하는 행동을 반복한다. 이때 몬스터가 더 이상 보이지 않으면 사냥을 종료하거나 다른 곳으로 이동한다. 이와 같이 반복적인 비교를 통하여 주어진 조건의 일을 반복하고 반복 조건을 벗어나는 경우 반복 작업을 중단하는 등을 프로그램으로 작성하는 경우 우리는 반복문을 사용한다. 학생이 수업 시간에 졸아서 "저는 다음부터 수업 시간에 졸지 않겠습니다."라는 말을 100번 수기로 작성할 때, 반복하여 똑같은 문장을 작성한다. 이처럼 주어진 횟수만큼 작업을 반복하는 일을 프로그램으로 작성할 때도 반복문을 사용할 수 있다.

1~1,000,000,000	1+2+3+4+5+6+7+8+9+10+11+12+ 13+14+15+16+ ... +999,999,999+ 1,000,000+1,000,001+ ... +999,999,999+1,000,000,000
1~1,000,000	1+2+3+4+5+6+7+8+9+10+ 11+12+13+14+15+16+ ... +999,999,999+1,000,000
1~10	1+2+3+4+5+6+7+8+9+10

앞의 그림에서, 파이썬 코드로 1부터 10까지 더하는 코드를 반복문 없이 작성하기는 쉽다. 순차적으로 1부터 10까지 더하는 코드를 작성하면 된다. 하지만 1부터 1,000,000 또는 1,000,000,000과 같이 점점 큰 수를 더하게 될 경우, 반복문 없이 코드를 작성하면 코드를 작성하는 데 많은 시간이 소모된다. 이런 경우 우리는 반복문을 이용해 1부터 특정수까지 반복적으로 더하도록 프로그램을 작성할 수 있다. 위의 예시들에서도 볼 수 있듯이, 우리가 파이썬을 이용하여 프로그램을 작성할 때, 반복문은 빠질 수 없는 매우 중요한 요소 중 하나이다. 실제로 우리가 생활하면서 반복 작업을 많이 하듯이, 소프트웨어에서 반복문을 사용하지 않는 프로그램은 거의 없다고 생각해도 무방할 것이다.

본 교재에서 소개하는 파이썬 반복문은 `while` 문과 `for` 문이다. 2가지 모두 반복적인 작업을 수행하는 프로그램을 작성할 수 있으나, 일반적으로 사용하는 용도는 조금씩 다르다. `while` 문은 처리해야 할 일에 대해 정확한 횟수에 대하여 알 수 없는 경우, 특정 조건을 만족하는지 만족하지 못하는지를 판단하여 반복하는 경우 주로 사용한다. 앞의 예시에서 자동차 부품 중 잘못된 부품을 확인하는 작업에 `while` 문을 사용하면 된다. `for` 문은 처리해야 할 일에 대해 반복해야 하는 횟수를 정확히 알고 있는 경우 주로 사용한다. 앞의 예시에서 같은 단어 100번을 적는 경우 100번이라는 횟수가 명시적으로 확인 가능하므로, `for` 문을 사용하면 된다. 특히 파이썬에서 `for` 문의 쓰임새는 다른 언어와 약간의 차이점이 있다. 파이썬에서의 `for` 문은 문자열에서 잠깐 다뤘던 리스트와 같은 자료 형태를 시퀀스(sequence)를 이용해서 원하는 명령을 반복할 때도 사용된다. 자세한 내용은 `for` 반복문에서 알아보도록 한다.

소스 9-1은 1월부터 12월까지 월을 출력하는 프로그램 예제이다.

소스 9-1

```
print("%d : January" % 1)
print("%d : February" % 2)
print("%d : March" % 3)
print("%d : April" % 4)
print("%d : May" % 5)
print("%d : June" % 6)
print("%d : July" % 7)
print("%d : August" % 8)
print("%d : September" % 9)
print("%d : October" % 10)
print("%d : November" % 11)
print("%d : December" % 12)
```

출력 예

```
1 : January
2 : February
3 : March
4 : April
5 : May
6 : June
7 : July
8 : August
9 : September
10 : October
11 : November
12 : December
```

1월부터 12월까지 출력하는 코드를 작성하였다. 위 프로그램은 1월부터 12월까지 출력하기 때문에 출력문으로만 간단하게 구현할 수 있다. 하지만 1월부터 12월까지 1일 단위로 모든 날을 출력하기 위해서는 어떻게 해야 할까? 당연히 print() 함수를 이용하여 365개의 일수를 작성해서 출력해야 한다. 하지만 우리가 그럴 일은 없을 것이다. 반복문을 이용하면 간단하게 프로그램을 작성할 수 있으니 말이다.

9.2 while 반복문

컴퓨터 프로그래밍 언어에서 while 반복문은 주어진 불(bool) 자료형 조건을 기반으로 코드가 반복적으로 수행할 수 있도록 도와준다. while은 주어진 조건이 참인 경우 반복 문장을 수행하고 다시 돌아와 조건을 비교하는 방식으로 동작한다. 결국 조건이 거짓(False)이 될 때까지 작업을 반복하는 것이다. 이는 우리가 이미 공부한 if 문에 반복적인 검사 과정이 추가된 형태라고 생각하면 쉽게 이해할 수 있다. 우선 while 문 작성 방법과 순서도를 살펴보도록 한다.

```
while 조건식 :
    반복 문장
다음 문장
```

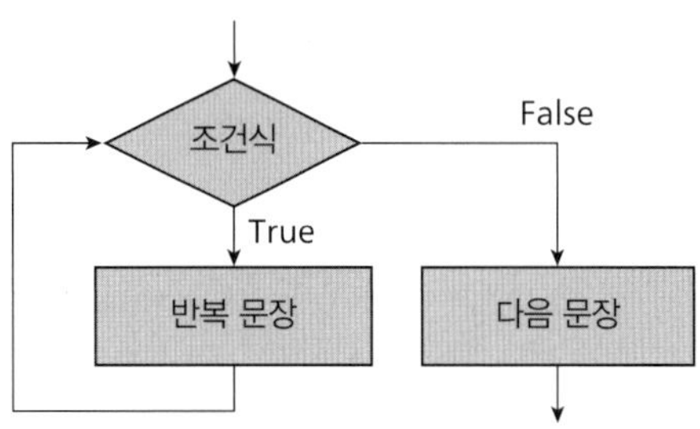

위의 그림들에서 좌측의 그림은 while 반복문의 기본문법을 나타낸다. while 반복문은 while

을 작성 후 반복을 위한 조건식을 작성한다. 그 후 if 문과 마찬가지로 조건식의 마지막에는 콜론(colon, :)을 작성함으로써 다음 문장이 while 반복문의 조건을 만족할 때 수행해야 한다는 것을 알린다. 마지막으로 while 문의 조건이 만족했을 때 수행해야 하는 문장을 while 조건식 아래에 작성한다. while은 if 문과 마찬가지로 조건이 만족했을 때 수행해야 하는 문장을 들여쓰기로 구분한다. while 문은 조건이 만족했을 때 수행해야 하는 문장을 모두 수행한 후 다시 한 번 조건식을 수행한다. 만약 조건식이 거짓의 결과를 반환할 경우 while 문을 빠져나간다. 우측의 그림은 while 문의 순서도로 그린 것이다. 조건식이 참일 경우 반복 문장을 실행하고 반복 문장이 끝나면 다시 조건식을 검사하는 것을 볼 수 있다. 조건식이 거짓일 경우 다음 문장으로 넘어간다. 이제 간단한 while 반복문 예제를 확인해보자.

소스 9-2는 1에서 10까지 1씩 수가 증가하는 프로그램을 while 반복문을 이용해 작성한 프로그램이다.

소스 9-2

```
01 n = 1
02 while n <= 10:
03     print("Count ", n)
04     n += 1
05 print("end.")
```

출력 예

```
Count  1
Count  2
Count  3
Count  4
Count  5
Count  6
Count  7
Count  8
Count  9
Count  10
end.
```

우선 라인 1에서 변수 n의 값을 1로 대입한다. 여기서 사용하는 변수 n은 다음에 오는 while 문의 반복횟수 조건에서 반복하는 실행 횟수를 세어, 10번만 실행할 수 있도록 제어하는 용도로 사용된다. 우리는 이러한 변수를 반복 제어 변수라고 부르기도 한다. 일반적으로 반복을 하기 위한 초기값으로 생각하면 된다. 라인 2는 while 문의 조건식으로 n <= 10이 작성되었다. 이는 변수 n의 값이

10보다 작으면 while 문 내의 문장(라인 3, 4)을 한 번 수행하라는 의미이다. 만약 n <= 10 조건이 계속 참의 결과가 나온다면 while 문 내의 문장(라인 3, 4)을 계속 수행한다. 라인 3은 현재 반복된 횟수를 출력하는 코드로 변수 n을 출력한다. 라인 4의 n+=1는 while 문의 조건식에 영향을 주는 핵심적인 문장이다. while 문이 반복할 때마다 n의 값을 1씩 증가시켜 while 문의 n <= 10 조건에 영향을 준다. 이 문장을 증가값이라고 부르기도 한다. 결국 소스 9-2를 정리해 보자면 while 문을 반복하기 위해 초기값 n을 1로 초기화하고 n의 값을 1씩 증가시키면서 while의 조건식에서 10보다 작은 조건이 나올 때까지 while 문을 반복한다. 이때 반복은 총 10번 반복하게 된다.

소스 9-3은 1에서 100까지 숫자를 증가시키되 증가하는 숫자의 간격은 10으로 설정한 프로그램의 소스코드를 보여준다.

소스 9-3

```
01  n = 1
02  while n <= 100:
03      print("Count ", n)
04      n += 10
05  print("end.")
```

출력 예

```
Count  1
Count  11
Count  21
Count  31
Count  41
Count  51
Count  61
Count  71
Count  81
Count  91
end.
```

소스 9-3은 소스 9-2와 굉장히 유사한 것을 볼 수 있다. 우선 초기값 n의 값은 같고 while 문의 조건문의 상수가 10에서 100으로 변경되었다. 그러므로 라인 2에서 while 문의 조건식 n <= 100은 n이 100 이하이면 계속 반복하라는 의미가 된다. 라인 4번의 증가값은 소스 9-2와 다르게 n의 값을 10씩 증가시킨다. 그러므로 출력되는 값은 10의 간격으로 출력되며 while 반복문은 9-2와 같이 10번 반복하게 된다.

소스 9-4는 100에서부터 150까지 수가 5씩 증가하는 프로그램이다.

소스 9-4

```python
01 n = 1
02 while n <= 150:
03    print("Count ", n)
04    n += 5
05 print("end.")
```

출력 예

```
Count  100
Count  105
Count  110
Count  115
Count  120
Count  125
Count  130
Count  135
Count  140
Count  145
Count  150
end.
```

소스 9-4 또한 9-2와 9-3과 유사한 문제로, 라인 1에서 변수 n의 초기값을 100으로 설정하고 n의 값이 150보다 작을 때까지 while 문을 반복하되 n의 값을 5씩 증가시키고 있다.

소스 9-5은 구구단 3단을 출력하는 프로그램의 소스코드를 보여준다.

소스 9-5

```python
print("multiplication table : Three Times Table")
n = 1
while n <=9:
   print("3 x %d = %d" % (n, 3*n))
   n += 1
```

출력 예

```
multiplication table : Three Times Table
3 x 1 = 3
3 x 2 = 6
3 x 3 = 9
3 x 4 = 12
3 x 5 = 15
3 x 6 = 18
3 x 7 = 21
3 x 8 = 24
3 x 9 = 27
```

구구단 3단의 출력을 위해서는 총 3개의 숫자가 사용된다. 첫 번째 숫자는 단수, 두 번째 숫자는 단수에 곱해질 1부터 9까지의 숫자, 마지막은 곱셈의 결과이다. 우리는 이 숫자 조합에서 총 반복할 횟수와 반복하면서 변경되어야 할 숫자를 알 수 있다. 우선 구구단 3단은 3에 1부터 9까지의 숫자를 곱한다. 그러므로 총 9번 반복되어야 하며 곱해질 숫자는 1~9까지의 숫자이다. 이를 `while` 반복문으로 표현해 보자. 우선 곱해질 숫자에 대한 변수를 `n`으로 선언하고 초기값을 1로 대입한다. 그 후 라인 3과 같이 `while` 반복문을 이용하여 `n`의 값이 9보다 작을 때 계속해서 반복하는 조건을 작성한다. 여기서 `n`의 값은 곱해질 숫자이므로 라인 5와 같이 `while` 문을 수행하면서 `n`의 값을 1씩 증가시킨다. 마지막으로 라인 4와 같이 구구단을 출력하면 된다. `print()` 포맷을 보면 "`3 x %d = %d`"로 작성되어 있는데, 이는 3단에 곱해질 숫자를 출력하고 그 다음으로 곱한 결과의 출력을 위한 포맷을 설정하였다. 그러므로 첫 번째 `%d`에는 `n`의 값, 두 번째 `%d`에는 `n`에 3을 곱한 값을 출력하면 출력 예제처럼 구구단이 출력되는 것을 확인할 수 있다.

9.3 for 반복문

앞서 9-1절에서 `for` 문은 반복 횟수를 아는 경우에 주로 사용한다고 설명하였다. 기본적으로 프로그래밍 언어에서 `for` 문은 주어진 횟수만큼 반복 문장을 반복하는 경우에 주로 사용하기 때문에 `while` 문에 비해 조금 복잡한 구조를 가지고 있다. 하지만 파이썬에서는 다른 언어와 다르게 `for` 문을 조금 다르게 사용한다. 파이썬에서는 문자열에서 잠깐 다뤘던 리스트와 같은 집합 형태의 자료형 시퀀스(sequence)를 이용해서 원하는 명령을 반복할 때 `for` 문을 사용한다. 이 방법은 순차적으로 저장되어 있는 자료들을 순차적으로 쉽게 접근해서 사용할 수 있는 장점이 있기 때문에 파이썬에서는 보통 리스트 또는 딕셔너리같은 집합 형태의 자료형을 이용할 때 주로 사용한다. 물론 조금의 기술을 사용해서 기존의 프로그래밍 언어와 같이 반복을 위해 사용할 수도 있다. 리스트를 아직 배우지 않았기 때문에 이해하기 쉽지 않을 수 있다. 우선 `for` 문의 구조에 대해서 살펴보도록 한다.

```
for 변수 in 범위 또는 자료형 집합(문자열, 리스트 등):
    반복 문장
다음 문장
```

위에서 설명한대로 파이썬의 `for` 반복문은 집합 형태의 자료형에 저장되어 있는 데이터를 순차적으로 접근하기에 최적화되어 있는 반복문이다. 파이썬의 리스트 자료형은 보통 [1, 2, 3, 4, 5]와 같이 여러 개의 자료들이 순서를 가지는 집합으로 저장되어 있다. `for` 반복문은 위 5개의 자료를 1개씩 접근하여 사용할 수 있는데, 다음 예제를 통해 살펴보도록 한다.

소스 9-6-1

```
01 for item in [1,2,3,4,5]:
02     print("%d" % item)
03 print("finish")
```

출력 예

```
1
2
3
4
5
finish.
```

for 반복문은 for를 작성하고 그 뒤에 변수를 선언한다. 라인 1의 for 반복문의 경우 변수 item을 선언하였는데 이 변수는 for 문이 in 뒤에 정의되어 있는 자료형 집합의 데이터를 하나씩 접근할 때마다 그 데이터를 임시로 저장한다. 위 예제의 동작 순서를 설명하면, for 반복문이 수행되면 리스트 [1, 2, 3, 4, 5]의 제일 처음 숫자 1을 item 변수에 저장한다. 그 후 라인 2번과 같이 for 반복문 내의 문장을 한 번 수행한 후 다시 라인 1로 되돌아가 리스트에서 다음 숫자 2를 item 변수에 저장한다. 이런 방법으로 파이썬의 for 반복문은 리스트 내의 모든 숫자들을 방문할 때까지 item 변수에 저장 및 내부 명령어 수행 과정을 반복하며 리스트의 모든 숫자를 방문하면 for 반복문을 종료한다. 위 예제의 경우 내부 명령어는 item의 값을 출력하는 print() 함수만 있기 때문에 출력 결과는 출력 예제와 같이 리스트의 모든 데이터를 출력한다. 리스트는 11장에서 다시 자세하게 배우도록 한다.

파이썬의 for 반복문은 집합 형태의 자료형 데이터를 접근하는데 최적화되어 있다. 하지만 앞서 설명했듯 몇 가지 기술만 익히면 단순한 반복을 위해서도 사용할 수 있는데 지금부터 설명하는 range() 함수가 그 기술 중 하나이다. range() 함수는 시작값과 종료값, 증감값을 지정하여 시작값부터 종료값-1까지 증감값만큼 증가하는 수열을 만드는 함수이다.

```
range(시작값, 종료값, 증감값)
```

예를 들어 range(1, 6, 1)를 수행하면 그 결과는 리스트 자료형 [1, 2, 3, 4, 5]로 만들어진다. 앞서 리스트 형태의 자료를 for 반복문을 이용하여 접근하는 방법에 대해 배웠다. 그러므로 5개의 리스트 자료형을 for 반복문을 이용해 접근하면 결과적으로 총 5번의 반복이 진행됨을 알 수 있다. 다음 예제를 살펴보며 이해를 해보자. 소스 9-6-2와 9-6-3은 1부터 5까지의 숫자들을 순차적으로 출력하는 프로그램이다.

소스 9-6-2

```
01 for t in range(1, 6, 1):
02    print("Count %d" % t)
03 print("end.")
```

출력 예

```
Count 1
Count 2
Count 3
Count 4
Count 5
end.
```

소스 9-6-3

```
01 for t in range(1, 6):
02    print("Count %d" % t)
03 print("end.")
```

출력 예

```
Count 1
Count 2
Count 3
Count 4
Count 5
end.
```

소스 9-6-2와 9-6-3은 같은 결과를 출력하는 코드로, 라인 1번의 range() 함수 내 인수의 수가 다른 것을 볼 수 있다. 소스 9-6-2에서 range(1, 6, 1)은 위에서 설명한 바와 같이 1부터 1씩 증가하는 수열을 최대값 5가 될 때까지 만든다. 그러므로 range(1, 6, 1)의 결과로 리스트 [1, 2, 3, 4, 5]가 만들어지게 된다. 마찬가지로 소스 9-6-3의 range(1,6)도 같은 리스트의 결과를 만들어준다. 이는 range() 함수에서 가장 마지막 인수인 증감값의 기본값이 1이기 때문이다.

소스 9-7은 range() 함수의 응용으로 5부터 0까지 숫자들을 순차적으로 출력하는 프로그램의 소스코드를 보여준다.

소스 9-7

```
for t in range(5, -1, -1):
   print("Count %d" % t)
print("finish.")
```

```
출력 예   Count 5
         Count 4
         Count 3
         Count 2
         Count 1
         Count 0
         finish.
```

라인 1의 `range(5, -1, -1)`의 경우 위의 소스 9-6과는 다르게 시작값이 크고 종료값이 작으며 증감값은 음수의 값을 가진다. 이 함수의 의미는 5부터 시작하여 –1보다 클 때까지 수열값을 감소 시키며 이때 수열은 –1만큼 감소한다. 그러므로 최종 수열은 `[5, 4, 3, 2, 1, 0]`으로 만들어진다.

소스 9-8은 신장이 160cm에서 180cm까지 5씩 증가할 때, 각각의 신장의 적정 체중을 계산하여 출력하는 프로그램이다. 신장에 대한 적정 체중 공식은 다음과 같다.

신장에 대한 적정 체중 공식 : (height-100) × 0.9

소스 9-8

```
01  for height in range(160, 181, 5):
02      result = (height -100) *0.9
03      print("height: %d cm, proposed: %.1f kg" % (height, result))
```

```
출력 예   height: 160 cm, proposed: 54.0 kg
         height: 165 cm, proposed: 58.5 kg
         height: 170 cm, proposed: 63.0 kg
         height: 175 cm, proposed: 67.5 kg
         height: 180 cm, proposed: 72.0 kg
```

이 문제는 160~180까지의 신장값을 5cm 단위로 증가시키면서 각 키별로 적정 체중을 계산하는 문제이다. 그러므로 우선 160~180까지 5씩 증가하는 키 데이터 수열을 만들고 `for` 반복문을 통해 각 키 값을 이용하여 적정 체중을 구한다. 160~180까지 5씩 증가하는 수열은 라인 1에서 수행한다. 라인 1은 160부터 180까지 5씩 증가하는 수열을 만들기 위해 `range(160, 181, 5)` 함수를 구성하였다. 이렇게 완성된 수열은 `for` 반복문을 통해 값이 height 변수에 순차적으로 저장된다. 수열에서 `height` 변수로 저장된 값은 공식을 통해 적정 체중으로 계산되며 이 결과값은 `result` 변수에 대입된다. 계산이 완료된 `result` 변수는 라인 3의 과정을 통해 키와 적정 체중을 출력하는 출력문에 사용되며, `for` 반복문은 `range()` 함수로 만들어진 모든 값들이 계산될 때까지 반복한다.

다음 예제는 반복문의 응용으로 중첩 반복문에 대해 알아보도록 한다. 반복문을 처음 배우는 입장에서는 조금 이해가 가지 않을 수 있으므로 천천히 알아보도록 하겠다. 우리는 아래와 같은 출력 예제를 반복문을 이용하여 출력하고자 한다. '*' 모양으로 삼각형을 만드는 예제로 줄 수가 증가할수록 별(*)의 숫자도 같이 증가하면 된다. 물론 print() 함수로 5줄의 삼각형을 만들면 되지만 더 높은 삼각형도 만들어야 한다는 것을 염두해 두자.

출력 예

```
*
**
***
****
*****
```

반복문 내부에 또 다른 반복문이 있는 것을 중첩 반복문 또는 다중 반복문이라고 한다. 다음 소스코드는 for 문 내부에 또 다른 for 문이 있는 이중 for 문 형태의 중첩 반복문의 예이다. 외부 for 문의 반복 제어 변수로 i를, 내부의 for 문 반복 제어 변수로 j를 사용한다. 외부 반복에서 i는 range(1, 6, 1)를 통해 1에서 5까지 1씩 증가하면서 반복하며, 내부 반복에서 j는 range(1, 4, 1) 함수를 통해 1부터 3까지 1씩 증가하면서 반복한다. i의 값이 1일 때 내부 반복문은 j가 1에서 3까지 반복되고, 다시 i의 값이 2일 때 내부 반복문은 j가 1에서 3까지 반복된다. 즉, 외부 반복문의 횟수는 5회, 내부 반복문의 횟수는 3회이므로 내부 반복문 안의 반복 문장들은 총 15회 수행하게 된다.

```
for i in range(1,6,1):
   for j in range(1,4,1):
      ...
```

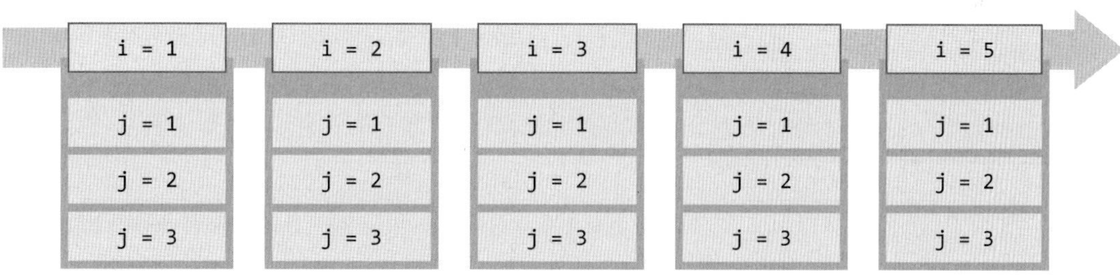

위 그림을 보면서 이중 for 문의 수행 과정을 살펴보도록 하자. 처음에는 반복 제어 변수 i와 j의 값이 어떻게 변경되는지 하나하나 적어가면서 따라가보도록 하자. 처음에는 낯설어 어렵게 느껴질 수 있지만, 조금만 천천히 생각해 보면 쉽게 동작 과정이 이해가 될 것이다. 다음의 소스 9-9는 이중 for 문으로 별표를 이용하여 사각형을 그리는 예제이다.

소스 9-9

```
for i in range(1,6,1):
   for j in range(1,6,1):
      print("*", end="")
   print("")
```

입력 예

출력 예
```
*****
*****
*****
*****
*****
```

내부의 for 문은 한 줄에 다섯 개의 별을 출력하는 반복문이다. 외부의 for 문은 5줄의 별표를 출력하는 반복문이다. 한 줄에 다섯 개의 별을 찍는 과정을 다시 5번 반복하면 위와 같이 5행 5열의 별표 사각형이 완성된다. 위 소스코드를 보고 한 단계 한 단계 반복 제어 변수 i와 j의 값 변경을 적어가면서 살펴보도록 하자.

아래 예제는 조금 더 복잡한 형태의 이중 for 문을 설명하고 있다. 외부 for 문의 반복 제어 변수 i는 range(1, 6, 1) 함수를 통해 만들어진 수열을 통해 5번 반복을 수행하고, 내부 for 문의 반복 제어 변수 j는 range(1, i+1, 1) 함수를 통해 만들어진 수열을 통해 상위 반복문에서 선언된 i 값만큼 반복을 수행한다. 따라서, i의 값이 1인 경우에는 내부 반복문은 1회 수행하고, 2인 경우에는 2회, 3인 경우에는 3회, 5인 경우에는 5회 수행하게 된다. 따라서 내부 for 문 안의 반복 문장들은 1 + 2 + 3 + 4 + 5회 즉 15회 수행하게 된다.

```
for i in range(1,6,1):
   for j in range(1,i+1,1):
      ...
```

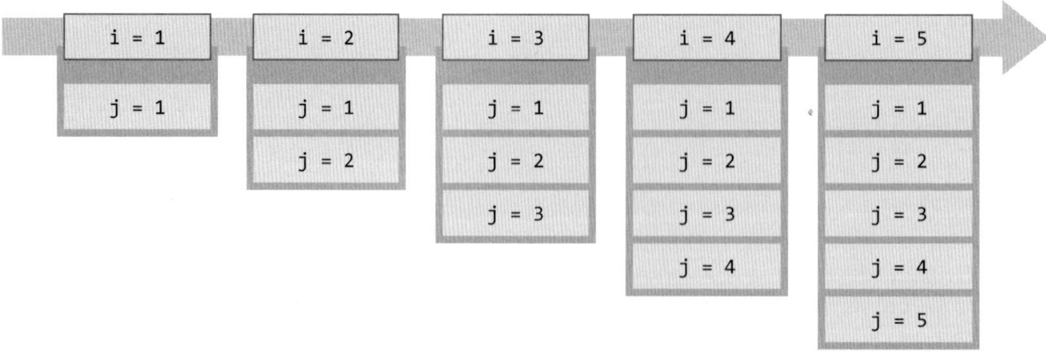

다음의 소스 9-10은 위 그림의 이중 for 문을 이용하여 별표를 그렸을 때 어떤 그림이 출력되는지 확인하기 위한 예제이다.

소스 9-10

```python
for i in range(1, 6, 1):
    for j in range(1, i+1, 1):
        print("*", end="")
    print("")
```

출력 예

```
*
**
***
****
*****
```

위의 프로그램은 중첩된 for 문에서 내부 반복문이 외부 반복문에 의존해 반복 횟수를 결정하는 좋은 예이다. 1행에는 1개의 별을, 2행에는 2개의 별을, 3행에는 3개의 별을, 4행에는 4개의 별을, 마지막으로 5행에는 5개의 별을 출력하여 직각삼각형 모양의 별을 완성하였다. 중첩 반복은 반복문이 2개 겹쳐 있으면 이중 반복문이라고 하며, 3개 겹쳐 있으면 삼중 반복문이라고 한다. 일반적인 프로그램에서는 3중 반복문 정도까지만 사용한다. 그 이상의 중첩 반복문은 프로그램을 읽기 어렵게 하기 때문에 빈번하게 사용하지는 않는다. 동영상 파일을 다루는 프로그램의 경우에는 4중에서 5중 반복문을 사용하기도 한다.

연습 문제

01 양의 정수를 입력받아 1부터 입력받은 숫자까지 출력하는 프로그램을 작성해보자.

1. while 문을 이용하여 작성
2. for 문을 이용하여 작성

입력 예

```
How many to count? 7
```

출력 예

```
How many to count? 7
count 1
count 2
count 3
count 4
count 5
count 6
count 7
end
```

02 양의 정수 n을 입력 받으면 1부터 n까지 더하여 출력하는 프로그램을 작성해보자.

입력 예

```
How many to count? 6
```

출력 예

```
How many to count? 6
1부터 6까지 더한 값은 21 입니다.
```

03 양의 정수 n과 m을 입력 받으면 n부터 m까지 더하여 출력하는 프로그램을 작성해보자.

입력 예

```
start number : 5
last number : 10
```

출력 예

```
start number : 5
last number : 10
The sum of 5 to 10 is 45.
```

04 삼각형의 높이를 입력하면 아래와 같이 별 모양으로 직각 삼각형을 출력하는 프로그램을 작성해보자.

```
*
**
***
****
```

입력 예

```
Please enter the height of the triangle. : 4
```

출력 예

```
Please enter the height of the triangle. : 4
*
**
***
****
```

CHAPTER

10 함수

10.1 함수란?

파이썬 프로그램을 위한 소스코드를 만들다 보면 비슷하거나 동일한 코드를 여러 곳에 사용해야 하는 경우가 많이 발생한다. 반복문을 통해서 반복적인 작업을 효율적으로 코딩할 수는 있지만, 반복문은 연속적인 반복작업을 위해 사용되는 것일 뿐 동일한 작업을 비연속적인 시점이나 소스코드의 다른 구역에서 수행하는 데에는 최적화되어 있지 않다. 예를 들어 사용자 입력에 오류가 발생할 때 "잘못된 키를 입력하셨습니다. 입력값을 다시 한 번 확인해 주세요."라는 에러 문구를 출력하기 위해서는 입력 소스코드가 작성될 때마다 에러 여부를 확인하고 에러 문구를 출력하는 코드를 작성해야 한다. 각 입력의 목적은 다를지 몰라도 에러 메시지를 출력하는 문구가 동일하다면 매 입력마다 에러 메시지를 위한 코드를 작성하는 경우 불필요한 코드가 증가할 수 밖에 없다. 또한 에러 문구를 고치기 위해서는 작성된 모든 에러 문구를 수정해야 하기 때문에 유지보수에 많은 시간을 보내야 한다. 만약 이런 에러 문구를 한 곳에서 관리하고 수정할 수 있다면 좀 더 수월한 코드 작성 및 유지보수가 가능할 것이다.

반복해서 사용할 가능성이 높거나 특별한 목적의 작업을 수행하기 위해 설계된 프로그램의 집합을 함수(function)라고 한다. 함수는 소프트웨어 프로그램에서 특정 동작을 수행하는 코드를 묶은 것이다. 대부분의 프로그래밍 언어에서 지원하는데 언어에 따라 메소드(method)라고 부르기도 한다. 함수를 이용하는 목적으로 다음과 같다. 첫째, 프로그램을 기능별로 나누어 작성하고 관리할 수 있기 때문에 프로그램 생산성 향상에 큰 도움을 준다. 둘째, 프로그램의 일부 기능을 수정하는 경우에 전체 프로그램 코드를 수정할 필요 없이 해당 함수만 수정하므로 효율적으로 프로그래밍을 할 수 있다. 셋째, 특정 작업을 여러 번 반복해야 할 때 그 작업을 수행하는 함수를 작성하여 사용함으로써 반복적인 프로그래밍을 피할 수 있다. 넷째, 소스코드가 짧아지며 가독성이 좋아진다.

파이썬 언어에서의 함수는 수학에서 사용하는 함수의 개념과 상당히 유사하다. 수학에서의 함수의 개념은 아래 그림과 같이 주어진 입력값을 주면 결과값을 출력하는 구조이다.

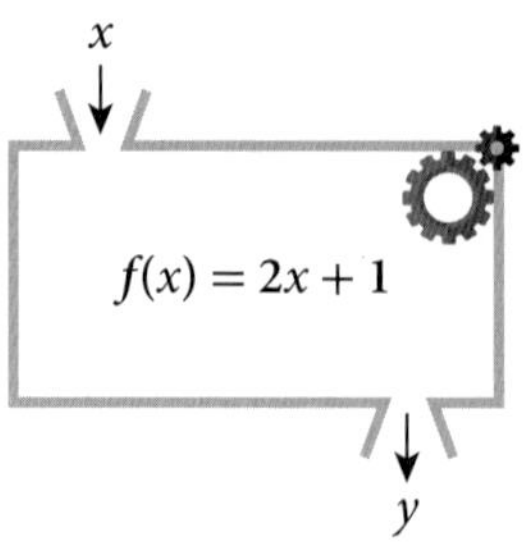

파이썬 언어와의 차이점은 파이썬 언어의 문법에 따라 입력값을 넣고, 결과값을 받는다는 것이다. 지금까지 우리가 사용한 `print()`와 `input()`은 대표적인 함수이다. 이 두 함수에 대해서는 앞에서 설명하였다. `print()` 함수는 표준 출력을 통해 출력을 하는 경우 반복적으로 사용한다. 출력하고자 하는 형식 문자열이나, 변수, 상수 등을 입력값으로 넣으면, `print()` 함수는 화면에 그 내용을 출력한다. 우리는 `print()` 함수가 내부에서 어떻게 동작하는지 신경 쓸 필요가 없다. 그저 출력하고자 하는 입력값만 주고 사용하면 되기 때문이다. 그리고 언제든 프로그램 내에서 필요한 경우 이 `print()` 함수를 호출하여 사용할 수 있다. 함수의 이름을 적어 실행하는 과정을 호출(call)한다라고 표현한다. 이제 이러한 함수에 대해 자세히 알아보도록 하자.

10.2 함수의 활용

함수 사용 방법

파이썬에서 함수를 정의하기 위해서는 영어 단어 define의 앞 글자를 딴 'def' 키워드를 사용한다. 함수를 사용하기 위해서는 함수의 정의, 함수의 호출이 필요하다. 함수의 정의는 선언된 함수를 구현하는 부분으로 함수의 동작 순서를 프로그램으로 구현한 것이다. 함수의 정의는 다시 함수 머리와 함수 몸통으로 나누어 볼 수 있다. 함수를 정의하기 위해서는 함수 이름과 함수에 값을 전달하는 파라미터, 함수에서 함수 밖으로 결과를 내보내는 반환 등이 필요하다. 함수의 호출은 함수를 사용하기 위해서 다른 함수에서 함수의 이름과 파라미터를 이용하여 실행하기 위한 것이다. 아래 그림은 함수의 정의와 사용 예를 보여준다. 함수는 `def` 키워드를 사용하여 정의할 수 있다. `def` 키워드 뒤에는 함수의 이름을 작성하는데 다음 예제에서는 함수 이름을 `f`로 설정하였다. 다음으로 함수는 매개변수를 가지고 있는데 함수에 값을 전달하기 위한 매개변수 `x`를 선언하였다. 함수의 몸통에는 함수가 호출되어 수행하는 명령문을 작성한다. 예제코드에서는 전달받은 변수 `x`의 값을 이용하여 `2*x+1` 연산을 수행한 후 수행한 결과를 변수 `y`에 대입하는 명령문을 작성하였다. 마지막으로 계산이 완료된 변수 y의 값을 호출한 곳으로 반환하기 위한 반환문을 rstrip() 키워드를 이용하여 작성한다.

아래 예제 코드는 다음과 같이 동작한다. 우선 위에서 설명한대로 함수 f(x)를 정의한다. 함수 정의가 끝나면 바로 print() 함수를 이용한 명령문이 작성되어 있는데 이 명령문에서 앞서 정의한 f() 함수를 호출한다. f() 함수를 호출할 때 매개변수 값인 10을 동시에 f() 함수로 전달하게 된다. f() 함수는 호출되는 순간 함수 몸통의 내용을 수행하게 되는데 이때 전달받은 매개변수 값을 사용할 수 있다. f() 함수를 호출할 때 전달한 매개변수 값은 변수 x에 저장되며 변수 x의 값은 10이 된다. 다음으로 x값을 이용하여 변수 y값을 계산하고 y값을 다시 반환하며 f() 함수의 실행이 종료된다. 마지막으로 print() 함수에서 호출한 f() 함수는 반환된 값을 전달하며 print() 함수를 통해 출력된다.

```
def 힘수이름(파라미터) :
    명령문 1
    명령문 2
    ...
    명령문 n
    return 결과값
```

```
def f(x) :
    y = 2*x + 1
    return y

print("f(10)) =", f(10)
```

함수를 정의할 때 몇 가지 규칙이 존재한다. 첫째, 함수의 이름과 파라미터를 선언한 후 반드시 콜론(:)을 붙여야 한다. 만약 콜론을 붙이지 않는다면 'SyntaxError' 오류가 발생한다.

```
def f(x) :
    y = 2*x + 1
    return y

print("f(10)) =", f(10)
```

```
    def f(x)
           ^
SyntaxError: invalid syntax
```

둘째, 함수의 이름을 정의한 후 몸통을 작성하기 위해서는 함수의 정의가 끝나는 부분까지 반드시 들여쓰기를 해야 한다. 만약 들여쓰기를 하지 않는다면 다음과 같은 'IdentationError' 오류가 발생한다.

```
def f(x) :
y = 2*x + 1
return y

print("f(10)) =", f(10)
```

```
    y = 2*x + 1
    ^
IdentationError: expected an indented block
```

셋째, 함수 호출 시 인수를 전달할 때 전달 인자와 함수의 매개변수가 정확하게 일치하는지 확인해야 한다. 매개변수의 수를 확인하고 함수 호출 시에 인수를 정확하게 전달하는 것이 중요하다. 만약 함수 전달 인자와 함수 매개변수의 개수가 맞지 않다면 실행 중 에러 메시지를 출력하고 프로그램은 실행 중 멈추게 된다.

넷째, 함수의 이름을 명명 규칙에 의거하여 작성하고, 정확하게 확인해야 한다. 함수의 이름은 카멜 표기법 또는 스네이크 표기법에 따라 표기한다. 함수는 영문자 외에 한글, 숫자 등도 사용할 수 있지만 이름의 첫 글자로 숫자 사용이 불가능하다. 함수의 첫 글자로 문자 또는 밑줄(_) 기호만 사용할 수 있다. 아래는 함수 이름의 예시이다.

```
def func1() :
def absolute() :
def get_circle_area() :
def squareArea() :
def getTriangleArea() :
```

첫 번째 예시 함수는 이름만으로 어떤 함수인지 추측하기가 어렵지만, 그 외의 함수는 함수의 이름을 보면 대략적으로 함수가 어떤 일을 하는지 추측할 수가 있다. 가능하다면 함수의 이름으로 함수의 역할을 추측할 수 있도록 작성하는 것이 바람직하다. 프로그램 내에 수많은 함수들이 있을 때, 함수의 이름으로 그 역할을 구분하기 어렵다면 프로그래밍 과정에서 함수를 사용하기 위해 매번 함수의 정의를 확인하고 사용해야 할 것이다. 잘 작성한 함수의 이름은 코딩 생산성을 높이는데 도움을 준다. 또한 동일한 이름의 함수를 중복해서 사용할 수 없기 때문에, 각 함수를 구분할 수 있는 이름을 작성하는 것이 중요하다.

소스 10-1은 함수 f(x)=2x+1가 주어졌을 때, x의 값에 따른 결과를 계산하는 프로그램을 작성한 소스코드이다.

소스 10-1

```
def f(x):
    y = 2*x + 1
    return y
print("2x + 1 (x=10) =", 2*10 +1)
print("2x + 1 (x=20) =", 2*20 +1)
print("2x + 1 (x=30) =", 2*30 +1)
print("f(10) =", f(10))
print("f(20) =", f(20))
print("f(30) =", f(30))
```

출력 예
```
2x + 1 (x=10) = 21
2x + 1 (x=20) = 41
2x + 1 (x=30) = 61
f(10) = 21
f(20) = 41
f(30) = 61
```

위 소스코드에서 작성한 f(x) 함수는 수학 함수 f(x)=2x+1를 그대로 구현한 것으로 x의 값을 입력 받으면 계산 결과를 반환한다. 라인 1은 함수의 머리에 해당하며, 라인 2~3은 함수가 호출될 때 실행되는 함수의 몸체에 해당한다. 함수의 몸체에서는 라인 2와 같이 2*x + 1의 계산을 수행하고 그 결과값을 변수 y에 저장한다. 그 후 라인 3과 같이 return 키워드를 이용하여 변수 y의 값을 반환한다. 라인 5~7과 9~11는 같은 결과를 보여준다. 하지만 라인 5~7에 비해 라인 9~11은 함수를 사용하고 있기 때문에 코드가 간결해지고, 반복적인 계산 과정을 함수를 통해 구현함으로써 높은 재사용성을 보여주고 있다. 만약 y=2*x+1의 계산식을 y=3*x+1로 변경하고자 한다면, 함수의 경우 함수 안의 내용만 변경하면 되지만 라인 5~7의 경우는 모든 계산식을 변경해야 하기 때문에 코드의 재사용을 위해서라도 함수를 만드는 것이 좋다.

소스 10-2는 사각형의 가로와 세로를 입력하여 사각형의 넓이를 계산하는 프로그램의 소스코드를 보여준다.

소스 10-2

```
def Area(width, height):
   return width*height
width = int(input("A square horizontal : "))
height = int(input("A square vertical : "))
print("The area of the square : %d" % (Area(width, height)))
```

입력 예
```
A square horizontal : 4
A square vertical : 5
```

출력 예
```
A square horizontal : 4
A square vertical : 5
The area of the square : 20
```

Area(width, height) 함수는 사각형의 가로와 세로값을 매개변수로 입력받아 사각형의 넓이를 반환하는 함수이다. 이 함수는 2개의 매개변수가 존재하는 함수이고, 함수의 이름을 Area라고 정의하였다. 라인 3~4에서 가로와 세로값을 사용자로부터 입력받는다. 라인 5에서는 넓이를 계산하기 위해 입력받은 가로, 세로의 값을 전달 인자값으로 입력하고 area 함수를 호출한다. 이후 함수의 반환값을 print() 함수를 사용하여 출력한다.

함수의 응용

우리는 함수를 호출할 때 매개변수를 통해 함수에 값을 전달할 수 있으며 반환자를 통해 함수의 결과값을 전달받을 수 있다. 그러나 함수는 입력(매개변수)과 출력(반환값)이 무조건 존재할 필요는 없다. 입력은 존재하지만, 출력이 없는 함수가 존재할 수도 있고, 입력은 없고 출력만 존재하는 함수도 있다. 또한 입력과 출력 모두가 비어있을 수도 있다. 이번 장에서는 함수의 여러 가지 활용 방법에 대해 알아보도록 한다.

소스 10-3은 출생 연도를 입력했을 때, 나이가 출력되는 함수를 작성한 프로그램이다.

소스 10-3

```
01  def printAge(year):
02      age = 2021 - year + 1
03      print("%d: " % year, end=" ")
04      print("%d years old" % age)
05  printAge(int(input("연도를 입력하세요. : ")))
```

입력 예

```
연도를 입력하세요. : 1997
```

출력 예

```
연도를 입력하세요. : 1997
1997: 25 years old
```

printAge(year) 함수는 연도를 입력 받아 나이를 출력하는 함수이다. 이 함수는 매개변수를 통해 함수의 입력을 받고 있지만 return 키워드를 통해 어떠한 값도 반환하지 않는 함수이다. 이처럼 반환값이 없는 함수는 보통 함수 내에서 연산과 출력을 단독으로 수행하는 함수로 이름을 printAge라고 정의하여 나이를 출력하는 함수라는 것을 알 수 있도록 한다. 라인 2~4는 함수의 몸통으로 입력받은 year 변수값을 이용하여 나이를 계산한 후 age 변수에 저장한다. 그 후 print() 함수를 통해 입력받은 연도와 나이를 출력한다. 라인 5는 프로그램의 본문으로 input() 함수로 출생 연도값을 입력받은 후 printAge() 함수를 호출한다. 이때 printAge() 함수의 매개변수로 입력받은 출생년도값을 전달한다.

소스 10-4는 이름과 횟수를 입력하면, 그 횟수만큼 Hello와 이름을 출력하는 함수를 작성한 프로그램이다.

소스 10-4

```
01 def printHello(name, n):
02    for x in range(n):
03       print("Hello", name)
04 name = input("이름을 입력하세요. : ")
05 loop = int(input("횟수를 입력하세요. : "))
06 printHello(name, loop)
```

입력 예
```
이름을 입력하세요. : 정판서
횟수를 입력하세요. : 3
```

출력 예
```
이름을 입력하세요. : 정판서
횟수를 입력하세요. : 3
Hello 정판서
Hello 정판서
Hello 정판서
```

라인 1~3은 함수를 정의하는 부분으로 printHello(name, n) 함수는 이름과 횟수를 매개변수 name과 n으로 전달받아 변수 n의 횟수만큼 "Hello 이름"을 출력하는 함수이다. 이 함수 역시 소스 10-3과 마찬가지로 매개변수는 있지만 반환값이 없는 함수이다. 라인 2~3은 함수의 몸통으로 반복문을 사용하여 라인 6에서 전달 인자로 입력받은 변수 n의 횟수만큼 인사를 출력하는 반복문이다. 라인 4부터는 프로그램의 본문으로 우선 name과 loop 변수에 각각 이름과 횟수를 입력받는다. 그 후 라인 6과 같이 printHello() 함수를 호출하여 매개변수로 name과 loop 변수를 전달한다.

소스 10-5는 원의 둘레와 넓이를 계산하여 출력하는 함수 2개를 정의하고 각 함수를 호출하여 원의 둘레와 넓이를 출력하는 프로그램이다.

소스 10-5

```
def Circumference(r):
   pi = 3.14
   c_len = 2 * r * pi
   print("반지름이 %3d인 원의 둘레는 %8.2f입니다." %(r, c_len))
def Area(r):
   pi = 3.14
   area = r * r * pi
   print("반지름이 %3d인 원의 넓이의 %8.2f입니다." %(r, area))
c1 = int(input("원의 반지름 : "))
Circumference(c1)
Area(c1)
```

입력 예	원의 반지름 : 5
출력 예	원의 반지름 : 5 반지름이 5인 원의 둘레는 31.40입니다. 반지름이 5인 원의 넓이의 78.50입니다.

우선 원의 둘레와 넓이를 계산하기 위한 함수를 정의하기 위해 Circumference(r) 함수와 Area(r) 함수를 작성하였다. Circumference(r) 함수는 원의 반지름을 입력받아 원의 둘레를 계산하고 출력한다. Area(r) 함수는 원의 반지름을 입력받아 원의 넓이를 계산하고 출력한다. 라인 2~4는 Circumference(r) 함수의 몸통 부분으로 전달 인자로 입력받은 반지름 변수 r값을 기반으로 원의 둘레를 구한 후 출력한다. 라인 5~8은 Area(r) 함수의 몸통 부분으로 전달 인자로 입력받은 반지름 변수 r값을 기반으로 원의 넓이를 구한 후 출력한다. 라인 9는 원의 반지름을 사용자로부터 입력받아 c1 변수에 저장한다. 그 후 라인 10~11에서 Circumference() 함수와 Area() 함수를 호출하여 각각 전달인자로 c1 변수의 값을 전달한다.

소스 10-6은 입력받은 수가 소수인지 아닌지 판별하는 프로그램이다. 소수일 경우 "소수입니다"를 출력하고 아닐 경우 "소수가 아닙니다"를 출력한다. 소수는 자신보다 작은 두 개의 자연수를 곱하여 만들 수 없는 1보다 큰 자연수이다. 소수판별을 위한 숫자가 n이라고 한다면, 우리는 소수 판별을 위해 1부터 n까지의 숫자들을 n으로 나누었을 때 나머지가 0이 나오지 않는다면 소수로 인정하는 프로그램을 작성해 볼 예정이다. 이때 우리는 1부터 n까지의 모든 숫자를 판별하는 것이 아니라 n의 절반까지만 확인하는 방법을 사용할 것이다. n/2 이상의 숫자들은 n으로 나누었을 때 나머지가 0이 되는 숫자가 나올 수 없기 때문에 불필요한 연산을 피하기 위해 n의 절반까지만 확인한다.

소스 10-6

```
def PrimeNumberJudge(number):
    if number == 1:
        return False
    for i in range(2, number/2):
        if not (number % i):
            return False
    return True
num = int(input("수를 입력해주세요. : "))
if PrimeNumberJudge(num):
    print("소수입니다.")
else:
    print("소수가 아닙니다.")
```

입력 예 1	수를 입력해주세요. : 4
출력 예 1	수를 입력해주세요. : 4 소수가 아닙니다.
입력 예 2	수를 입력해주세요. : 7
출력 예 2	수를 입력해주세요. : 7 소수입니다.

라인 1번에서는 PrimeNumberJudge(number) 함수를 정의한다. 이 함수는 매개변수로 입력받은 number 변수값을 이용하여 소수 여부를 판단한 후 반환값으로 참(True) 또는 거짓(False)을 반환하는 함수이다. 만약 number값이 소수이면 True를 반환하고 아니라면 False를 반환한다. 함수의 몸통 부분을 살펴보면, 우선 숫자 1은 소수가 아니므로 라인 2~3에서 매개변수 number값이 1일 때 False를 반환하는 조건문을 수행한다. 라인 4번에서 반복문을 사용하여 2부터 number/2까지 반복하여 2부터 입력받은 number의 절반값까지만 반복해서 확인할 수 있도록 한다. 소수 여부를 확인하기 위해 'number'값을 'i'로 나눈 결과를 확인하고, 나머지가 발생하면 소수가 아니기 때문에 False를 리턴한다. for 반복문은 1~number/2까지의 값들과 비교하여 소수가 아닌지의 여부를 판단하는 부분이므로 만약 False가 반환되지 않고 반복문이 종료되었다면 number 변수는 소수라고 판단할 수 있다. 그러므로 반복문이 완료되면 True를 반환하여 number 변수가 소수임을 반환한다. 마지막으로 라인 10~12는 PrimeNumberJudge(number) 함수를 호출하는데 이 함수는 매개변수로 전달한 number 변수가 소수라면 True 아니라면 False를 반환할 것이다. 그러므로 조건문을 활용하여 True값이 반환됐을 때는 소수, False값이 반환됐다면 소수가 아님을 출력한다.

소스 10-7은 팩토리얼을 구하는 함수를 정의하고 수가 입력되면 그 수의 팩토리얼 값을 출력하는 프로그램이다. 팩토리얼은 n! = 1*x*...*n와 같이 n값이 입력되었을 때 1부터 n까지의 숫자를 모두 곱한 수를 말한다.

소스 10-7

```
def factorial(num):
    result = 1
    for i in range(2, num +1):
        result *= i
    return result
number = int(input("수를 입력해주세요. : "))
print(factorial(number))
```

입력 예	수를 입력해주세요. : 3
출력 예	수를 입력해주세요. : 3 6

라인 1의 factorial(num) 함수는 입력받은 정수에 대한 팩토리얼을 구하는 함수이다. 라인 2~5는 함수의 몸통으로 1이 저장된 result 변수에 2부터 전달 인자로 입력받은 num 변수의 값까지의 수를 모두 곱한 결과를 저장한다. factorial() 함수는 모든 연산이 완료되면 result 변수값을 반환한다. 라인 6은 프로그램의 본문으로 number 변수에 사용자 입력값을 저장한다. 그 후 factorial() 함수를 호출하는데 함수의 인자로 입력받은 number의 값을 전달한다.

연습 문제

01 단수를 입력하면 구구단을 출력하는 프로그램을 작성해보자. 단, 구구단은 함수로 작성한다.

입력 예

```
단수를 입력하세요. : 5
```

출력 예

```
단수를 입력하세요. : 5
5 x 1 = 5
5 x 2 = 10
5 x 3 = 15
5 x 4 = 20
5 x 5 = 25
5 x 6 = 30
5 x 7 = 35
5 x 8 = 40
5 x 9 = 45
```

02 두 변수의 값을 교환하는 프로그램을 함수를 이용하여 작성해보자(x = 10, y = 20).

출력 예

```
x의 값은 20, y의 값은 10으로 변경
```

03 간단한 계산기 프로그램을 작성해보자.

- 2개의 수와 1개의 연산자를 입력받는다.
- 연산자 예시(곱셈 : *, 나눗셈 : /, 덧셈 : +, 뺄셈 : -)
- 입력받은 연산자에 해당하는 연산 수행
- 각 연산들은 함수로 구현

입력 예

```
첫번째 수 입력 : 2
두번째 수 입력 : 3
연산자 입력 : *
```

출력 예

```
첫번째 수 입력 : 2
두번째 수 입력 : 3
연산자 예시 (곱셈 : *, 나눗셈 : /, 덧셈 : +, 뺄셈 : -)
연산자 입력 : *
결과는 6 입니다.
```

CHAPTER

11 리스트

11.1 리스트란?

시퀀스 자료형

시퀀스 자료형(sequence types)은 값들이 연속적으로 이어진 자료형을 말한다. 즉, 이것들은 순서를 가진 요소(Element)들에게 순서(번호)를 붙여 연속적으로 나열하여 저장한다. 시퀀스 자료형에는 아래 그림과 같이 자주 사용하는 문자열(String), 리스트(List), 튜플(Tuple)이 있으며 그 외에 바이트(Bytes), 바이트 배열(Bytearray)이 있다. 추가적으로 시퀀스 자료 형태를 만들어주는 Range 객체도 존재한다.

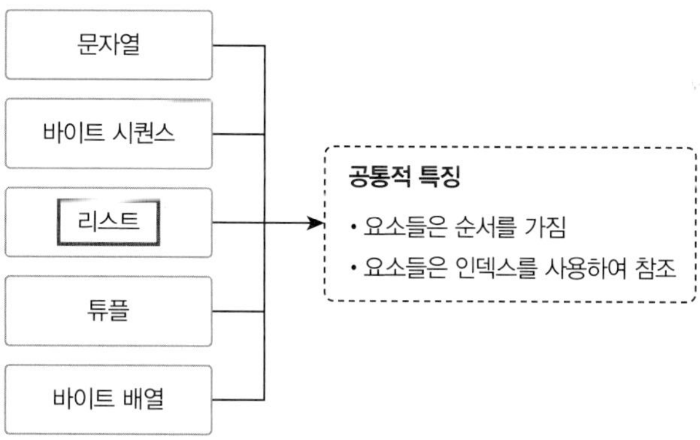

요소

```
             [0]       [1]       [2]       [3]      [4]
flist = ["apple", "banana", "tomato", "peach", "pear"]
print(flist[0], flist[2], flist[-2])     [-2]     [-1]


apple tomato peach
```

시퀀스 자료형의 모든 각 요소 또는 원소들은 순서를 가지고 있어, 인덱스 혹은 첨자라고 하는 숫자를 이용하여 참조하는 것이 가능하다. 위 예제에서 `flist` 변수는 리스트 형태의 시퀀스 자료형을 저장하는 변수이다. 리스트 자료형에는 "apple", "banana" 등 총 5개의 문자열 자료들이 쉼표(,)를 기준으로 나열되어 있다. 이렇게 쉼표를 기준으로 나열되어 있는 자료들을 자료형의 요소라고 한다. 각 요소는 자신의 위치에 해당하는 번호를 가지고 있는데, 첫 번째 요소가 0값을 가지며 이어지는 요소들은 순차적인 번호값을 가진다.

이전 장에서 배운 문자열 또한 시퀀스 자료형이기 때문에 각 요소들이 연속으로 나열되어 있다고 생각하면 된다. 문자열에서의 요소는 문자 한 개를 의미한다. 예를 들어 "Python"이라는 문자열이 있다면, 'P'와 같은 문자들이 이 문자열의 요소가 되며 각 문자들은 0번부터 5번까지 번호값이 부여된다. 그러므로 "Python" 문자열의 0번 요소는 'P'가 되며 3번 요소는 'h'가 된다. 시퀀스 자료형은 이 번호값을 이용하여 자료들을 다양하게 활용할 수 있는데, 이번 장에서는 리스트를 중심으로 인덱싱, 슬라이싱, 반복, 길이 정보 등의 연산에 대해 살펴보도록 하겠다.

리스트란?

지금까지 우리는 숫자, 문자열 등의 자료형들을 하나의 변수에 저장하고 사용하는 방법에 대해 배웠다. 하지만 이런 자료형들을 프로그래밍 하기엔 부족한 점들이 많다. 예를 들어 파이썬 프로그래밍 교과목을 수강하는 학생 30명의 성적과 평균 점수를 출력하는 프로그램을 작성한다고 생각해 보자. 합계를 계산하기 위한 변수와 평균을 구하기 위한 변수 외에도 각 학생의 성적을 저장하기 위한 30개의 변수를 선언하여 사용해야 할 것이다. 30명의 성적을 일일이 30개의 변수에 저장하고, 합계를 구하기 위한 변수와 더해 합계를 구해야 하며, 다시 30으로 나누어 평균을 구해 평균을 저장하기 위한 변수에 저장해야 한다. 하나하나의 변수에 대하여 합계를 구하고, 성적을 출력하는 과정을 30번 작성해야 한다. 만약 수강 학생의 수가 100명이라면 어떻게 될까? 프로그램을 작성하는 과정은 상당히 고된 일이 될 것이다. 우리는 앞의 장에서 반복문을 학습하였다. 반복되는 작업들을 반복문을 이용하여 쉽게 프로그램으로 구현할 수 있다. 그러나 30명의 성적을 저장하고 있는 변수를 반복적으로 처리할 수 없다. 각 성적이 `score01`과 `score02`, `score03` 등의 변수에 저장되어 마지막 30번째 학생의 성적이 `score30` 변수에 저장되어 있다고 하자. 이 각각의 변수는 독립적인 변수이기 때문에 반복문 내부에서 변수를 바꾸어가며 출력하고, 합계를 구할 수는 없다. 동일한 데이터 타입을 가지는 30개의 각기 다른 변수를 반복문에서 사용할 수 있도록 하나의 변수처럼 사용하면서도 30개의 각각의 값을 개별적으로 접근하여 사용할 수 있도록 하여 반복문에서 사용할 수 있도록 할 수 있다면, 보다 편리하게 프로그램을 작성할 수 있을 것이다. 이제부터 그 방법에 대해 살펴보도록 하자.

리스트는 시퀀스 자료형의 하나로 여러 개의 데이터를 연속적으로 저장하여 관리하는 데이터 구조를 말한다. 단순히 저장 공간만을 연속적으로 붙여 사용하는 것이 아니라, 각각의 공간의 위치에 따라 번호를 부여하여 접근할 수 있도록 하는 데이터 구조이다. 리스트는 여러 데이터 타입의 변수들을 하나로 모아서 관리할 수 있도록 한다고 생각하면 쉽게 이해할 수 있을 것이다. 앞의 30명의 학생 성적을 처리하는 프로그램에서 30개의 변수를 리스트로 정의하여 사용한다면, 각각의 변수는 하나의 원소로 대응하여 총 30개의 원소를 가지는 배열이 된다. 이때 각 원소는 인덱스(index, 첨자 또는 번호)를 이용하여 접근할 수 있다. 인덱스 번호는 0부터 시작한다. 30개의 원소를 가지는 배열의 경우, 0번 인덱스에서 29번 인덱스까지 번호가 각각의 원소에 할당된다. 리스트의 이름에 이 인덱스 번호를 추가하여 총 30개의 원소를 개별적인 변수와 동일하게 사용할 수 있도록 하며, 인덱스 번호로 다른 변수를 이용하여 사용할 수 있기 때문에 반복문의 반복 제어 변수 등을 이용하면 쉽게 처리할 수 있다.

대부분의 프로그래밍 언어에서 이러한 구조의 자료형을 지원하고 있지만 파이썬만의 특징은 다음과 같다. 여기서 말하는 특징은 리스트뿐만 아니라 파이썬 시퀀스 자료형의 특징이기도 하다. 첫 번째로, 파이썬 리스트 자료형의 집합 요소는 각기 다른 자료형의 요소들이 저장될 수 있다. 대부분의 프로그래밍 언어는 이런 리스트 형태의 자료형이 동일한 타입의 자료형값만 저장할 수 있다. 정수형은 정수형 집합, 문자열은 문자열 집합으로만 저장이 된다. 하지만 리스트는 하나의 집합에 다양한 형태의 집합이 저장될 수 있다. 예를 들어 `a = [1, 2, "abc", 3.14]`와 같은 집합 형태도 가능하다.

두 번째로, 파이썬 리스트(모든 시퀀스 자료형 포함)는 각 요소의 집합을 반복문으로 제어할 때 `for` 반복문으로 쉽게 요소에 접근할 수 있다.

세 번째, 파이썬 리스트는(모든 시퀀스 자료형 포함) 각 요소를 제어할 수 있는 많은 내부 기능들을 포함한다. 이를 통해 인덱싱, 슬라이싱, 요소 탐색 및 삭제 등의 작업을 간단하게 수행할 수 있다.

11.2 리스트 기초

리스트 선언

리스트 선언	`리스트이름 = [요소1, 요소2, ...]`
	`리스트이름 = []`
	`리스트이름 = list()`

리스트 선언 예	`odd = [1, 3, 5, 7, 9]`
	`grade = [100, 70, 100, 50]`
	`name = ['Jane', 'Tom', 'Keira']`
	`data = [1, 2, 'Life', 'is']`
	`a = []`

리스트의 선언 방법은 앞의 표와 같이 수행할 수 있다. 기본적으로 리스트는 대괄호([]) 안에 요소들을 저장하며, 각 요소들은 쉼표로 구분할 수 있다. 리스트 선언의 예를 살펴보면 변수 odd의 경우 정수의 숫자 중 홀수값 5개를 리스트 형태로 저장한다. name 변수의 경우 이름 문자열 요소의 집합을 저장하고 있다. 파이썬은 다른 언어와 다르게 서로 다른 자료형을 가진 요소들로 집합을 만들 수 있는데 data 변수와 같이 정수와 문자열로 이루어진 리스트 자료형도 생성이 가능하다.

또한 리스트는 변수 a처럼 아무것도 포함하지 않아 비어 있는 리스트([])를 만들 수도 있다. 비어 있는 리스트는 요소가 없으므로 프로그램을 진행하면서 리스트 집합에 요소를 추가하여 사용해야 한다. 비어 있는 리스트는 a=[]와 같이 만들 수도 있지만, a=list()로 생성할 수도 있다.

소스 11-1은 리스트를 만들어 출력하는 프로그램을 소스코드를 통해 보여준다.

소스 11-1

```
01  odd = [1, 3, 5, 7, 9]
02  print(odd)
03  print(type(odd))
04  grade = [100, 70, 100, 50]
05  print(grade)
06  name = ['Jane', 'Tom', 'Keira']
07  print(name)
08  data = [1, 2, 'Life', 'is']
09  print(data)
```

출력 예

```
[1, 3, 5, 7, 9]
<class 'list'>
[100, 70, 100, 50]
['Jane', 'Tom', 'Keira']
[1, 2, 'Life', 'is']
```

위 표에서 선언한 리스트 선언 예제들을 그대로 소스코드로 작성하였고 각 리스트를 print() 함수를 이용하여 출력하였다. 출력 결과를 보면 각 리스트의 값들이 대괄호([]) 안에 출력된 것을 볼 수 있다. 이렇게 출력 결과에 대괄호([])를 포함하는 경우 데이터의 타입이 리스트라는 것을 알 수 있다. 이를 확인하기 위해 라인 3과 같이 print() 함수에 odd 변수의 데이터 타입을 출력하였다. 출력 결과는 <class 'list'>로 출력되며 리스트 자료형인 것을 확인할 수 있다.

인덱싱과 슬라이싱

7장에서 배운 문자열처럼 리스트도 인덱싱과 슬라이싱이 가능하다. 리스트는 각 요소를 일정한 순서에 맞춰 저장한다. 각 요소들은 0부터 시작하는 고유의 번호를 가지고 있으며 우리는 이 번호를 통해 각 요소에 접근이 가능하다. 인덱싱은 고유번호를 이용하여 요소에 접근하는 방법으로 다른 언어에서 사용하는 배열의 요소 접근법과 동일하다. 파이썬이 다른 언어와 다른 점은 –(음수 인덱싱)값도 허용하는 점인데 –값은 자료의 역순으로 인덱싱된다. 즉, 다른 언어에서는 배열의 마지막 요소를 찾기 위해 배열 전체의 길이를 구해야 하지만 파이썬의 리스트에서는 –1값을 이용해 손쉽게 값을 찾을 수 있다. 아래 예제를 통해 리스트의 인덱싱에 대해 알아보도록 한다.

소스 11-2는 리스트 자료형의 인덱싱을 통해 요소에 접근하는 프로그램이다.

소스 11-2

```
01  listarr = [2, 4, 6, 8, 10]
02  print(listarr[0])
03  print(listarr[1])
04  print(listarr[-1])
05  print(listarr[-2])
```

출력 예

```
2
4
10
8
```

라인 1과 같이 `listarr` 변수를 리스트 자료형으로 선언하고 `[2, 4, 6, 8, 10]`값을 초기화한다. 리스트에 저장된 요소에 접근하여 읽거나 변경하고 싶다면 인덱스를 사용하면 된다. 리스트의 가장 앞에 있는 요소의 인덱스는 0이며 요소의 마지막 값은 리스트의 전체 크기값과 동일하다. 만약 5개의 자료가 저장되어 있는 리스트라면 0~4까지의 요소 인덱스를 가지고 있다. 앞서 이야기한 바와 같이 리스트는 –값을 이용하여 마지막 요소부터 인덱싱하는 방법도 가능하다. 라인 2와 3은 각 인덱스의 값을 이용하여 리스트의 요소에 접근한다. 라인 2는 `listarr` 리스트의 0번째 값을 가져온다. 라인 3은 `listarr` 리스트의 1번째 값을 가져온다. 그러므로 결과는 각각 2와 4가 출력된다. 라인 4~5는 –값을 이용해 리스트의 마지막 값부터 인덱싱을 하는 방법이다. 라인 4의 인덱싱의 경우 –1이므로 리스트의 가장 마지막 요소가 출력된다. 라인 5의 경우 –2값을 가진 인덱스를 지정하였으므로 리스트의 가장 마지막 자료에서 역순으로 2번째 값이 선택된다.

파이썬에서는 리스트를 슬라이싱(slicing)할 수 있다. 즉, 순서대로 저장되어 있는 리스트 형태의 자료를 자를 수 있는 문법을 제공한다. 리스트와 문자열은 모두 시퀀스 자료형의 한 종류이므로 리스트 슬라이싱은 문자열에서 사용하던 슬라이싱과 같은 동작을 수행한다. 시퀀스 자료형에서 슬라이싱을 수행하면 슬라이싱된 결과에 대해 새로운 객체를 생성한다. 즉, 기존 데이터를 자르는 것이 아닌 기존 데이터에서 슬라이싱된 부분을 새로운 데이터로 복사해서 사용한다고 생각하면 된다. 예를 들어 리스트가 A=[1, 2, 3, 4]와 같이 선언되었을 때 리스트 A에 대해 인덱스 0~1까지의 데이터를 슬라이싱한다고 하면, 그 결과는 A=[1, 2]가 되는 것이 아니라 새로운 리스트 객체 A_new=[1, 2]가 생성되고 기존 리스트 A의 자료는 변경되지 않는다. 리스트 슬라이싱 문법의 형태는 보통 'list변수[시작 인덱스 : 종료 인덱스 : step]'로 사용할 수 있다. 이때 종료 인덱스의 원소는 포함되지 않고 바로 앞 원소까지만 포함된다. 예를 들어 A[0:2]를 수행한다면 새로운 객체 [1, 2]가 반환된다.

소스 11-3은 리스트의 슬라이싱을 수행하는 프로그램을 작성한 소스코드이다. 각 예제를 통해 여러 가지 슬라이싱 방법에 대해 알아보도록 한다.

소스 11-3

```
01  listarr = [2,4,6,8,10]
02  print(listarr[1:3])
03  print(listarr[2:])
04  print(listarr[1:-1])
05  print(listarr[:4])
06  print(listarr[:])
07  print(listarr[0:4:2])
```

출력 예

```
[4, 6]
[6, 8, 10]
[4, 6, 8]
[2, 4, 6, 8]
[2, 4, 6, 8, 10]
[2, 6]
```

리스트의 슬라이싱 방법은 다양하게 활용 가능하다. 대표적인 방법으로는 리스트변수[시작인덱스:종료인덱스:step], 리스트변수[시작인덱스:종료인덱스], 리스트변수[시작인덱스:], 리스트변수[:종료인덱스], 리스트변수[:]가 있다.

라인 2는 리스트변수[시작인덱스:종료인덱스]의 예제로 listarr[1:3]을 수행하였다. 이는 리스트의 자료값 중 인덱스 1~2의 요소를 슬라이싱하는 구문으로 결과는 [4, 6]의 리스트 객체가 생성된다. 라인 3은 리스트변수[시작인덱스:]의 예제로 listarr[2:]을 수행하였다. 이 수행문은 리스트 자료형의 2번째 인덱스부터 마지막 인덱스까지 슬라이싱하는 구문으로 결과는 [6, 8, 10]의 리스트 객체가 생성된다. 라인 4는 라인 2와 같은 동작을 수행하지만 종료인덱스가 −1로 설정되어 있다. −1은 리스트의 마지막 인덱스를 뜻하기 때문에 결국 라인 4의 결과는 [4, 6, 8]의 리스트 객체가 생성된다. 라인 5는 리스트변수[:종료인덱스]의 예제로 시작인덱스부터 인덱스 4까지의 데이터가 슬라이싱된다. 그러므로 결과는 [2, 4, 6, 8]의 리스트 객체가 생성된다. 라인 6의 경우 시작과 종료인덱스가 없으므로 리스트의 모든 요소를 슬라이싱한다. 마지막으로 라인 7은 인덱스 0~4의 요소를 슬라이싱하되 인덱스의 증가값은 2가 된다. 그러므로 0과 2의 인덱스가 슬라이싱 되므로 결과는 [2, 6]이 반환되게 된다. 리스트의 슬라이싱은 다양한 방법으로 진행될 수 있기 때문에 충분할 실습을 통해 그 변화 과정을 확인해 보도록 한다.

리스트 추가, 수정, 삭제

리스트의 자료형은 초기 생성 이후 각 요소를 추가, 수정, 삭제가 가능하다. 리스트 자료형은 변수 선언과정에서 자료를 초기화할 수도 있지만, 프로그램을 만들다 보면 비어 있는 리스트 자료형에 데이터를 추가해야 하는 경우도 발생할 수 있으며, 기존 데이터의 수정 및 삭제가 필요한 경우도 있다. 아래 예제를 통해 리스트의 추가, 수정, 삭제 방법에 대해 알아보도록 한다.

소스 11-4 예제는 리스트의 각 원소에 접근하여 값을 수정하는 프로그램이다.

소스 11-4

```
01 listarr = [2, 4, 6, 8, 10]
02 print(listarr)
03 listarr[0] = 52
04 print(listarr)
05 listarr[-1] = 100
06 print(listarr)
```

출력 예

```
[2, 4, 6, 8, 10]
[52, 4, 6, 8, 10]
[52, 4, 6, 8, 100]
```

리스트의 수정은 간단하게 수행할 수 있는데 리스트의 인덱싱을 이용하여 원하는 요소에 접근한 후 데이터를 수정하면 된다. 우선 라인 1과 같이 listarr 변수를 선언하고 [2, 4, 6, 8, 10] 데이터를 초기화한다. 그 후 라인 2를 통해 초기화된 listarr 데이터를 출력한다. 라인 3은 리스트의 0번째 요소에 접근하여 정수값 52를 대입한다. 이 과정에서 listarr의 0번째 요소는 52로 변경되게 되므로 라인 4와 같이 listarr을 출력하면 0번째 요소가 52로 변경된 것을 확인할 수 있다. 라인 5도 마찬가지로 리스트의 −1번째, 즉 마지막 원소의 값을 100으로 변경하여 마지막 원소가 100으로 변경된 채로 출력된다.

소스 11-5는 리스트의 함수를 이용하여 요소를 추가하는 프로그램을 작성한 소스코드이다.

소스 11-5

```
01 listarr = [2, 4, 6, 8, 10]
02 listarr.append(12)
03 listarr.append(14)
04 print(listarr)
05 listarr.insert(1,3)
06 print(listarr)
```

출력 예
```
[2, 4, 6, 8, 10, 12, 14]
[2, 3, 4, 6, 8, 10, 12, 14]
```

라인 1은 listarr 변수를 선언하고 [2, 4, 6, 8, 10] 데이터를 초기화한다. 그 후 요소를 초기화하는 2개의 함수를 사용하는데 제일 처음 사용하는 함수는 append() 함수이다. append() 함수는 리스트의 제일 마지막에 데이터를 추가하는 함수로 라인 2, 3과 같이 append() 함수에 12와 14를 함수의 인자로 입력하면, 출력 결과와 같이 리스트의 끝에 2개의 데이터가 순차적으로 추가된 것을 확인할 수 있다. insert() 함수는 2개의 매개변수를 사용한다. insert() 함수의 원형은 insert(인덱스, 값)과 같이 첫 번째 매개변수는 인덱스 번호, 두 번째 매개변수는 입력할 값이다. 그러므로 예제 5와 같이 insert(1,3)을 수행하면 listarr 자료형의 1번째 인덱스에 정수 3이 추가되며 기존에 저장되어 있던 인덱스 1~6은 뒤로 한 칸씩 밀리게 된다. 그러므로 결과는 [2, 3, 4, 6, 8, 10, 12, 14]와 같이 출력되게 된다.

소스 11-6은 리스트의 요소를 삭제하기 위한 방법을 설명하기 위한 프로그램이다.

소스 11-6

```
01 listarr = [2, 4, 6, 8, 10]
02 del listarr[3]
03 print(listarr)
04 listarr.remove(6)
05 print(listarr)
```

출력 예
```
[2, 4, 6, 10]
[2, 4, 10]
```

리스트의 요소를 삭제하는 방법은 대표적으로 2가지가 있다. 첫 번째는 요소의 인덱스 기준으로 삭제하는 방법이다. del은 요소의 인덱스를 이용하여 해당 인덱스의 요소를 삭제하는 방법으로 라인 2와 같이 del 뒤에 리스트의 요소 위치를 지정해주면 해당 인덱스의 요소가 삭제된다. 라인

2와 같이 요소의 인덱스를 기준으로 데이터를 삭제하면 뒤 요소의 인덱스가 앞으로 한 칸씩 당겨진다. 두 번째는 요소값을 이용한 삭제 방법이 있다. `remove()` 함수는 리스트 데이터 내에 매개변수로 입력된 값을 찾아 그 값이 존재하면 요소를 삭제하는 함수이다. 라인 4번은 `remove()` 함수의 매개변수로 6을 입력하였고, 리스트 내에 6의 값을 가진 요소가 존재하면 그 자료를 삭제한다. 출력 결과를 보면 6의 값을 가진 요소가 삭제된 것을 확인할 수 있다.

리스트 기초 연산과 함수

파이썬 리스트에는 연결 연산자와 반복 연산자가 존재한다. 연결 연산자는 '+' 연산자를 사용하며 두 개 이상의 리스트를 합친 새로운 리스트를 생성한다. 반복 연산자는 '*' 연산자를 사용하며 리스트를 원하는 수만큼 반복해서 생성할 수 있다.

소스 11-7은 '+' 연산자와 '*' 연산자를 이용하여 리스트 연산을 하는 프로그램이다.

소스 11-7

```
list_1 = [2, 4, 6, 8, 10]
list_2 = [1, 3, 5, 7, 9]
print(list_1 + list_2)
print(list_1 *2)
```

출력 예

```
[2, 4, 6, 8, 10, 1, 3, 5, 7, 9]
[2, 4, 6, 8, 10, 2, 4, 6, 8, 10]
```

리스트는 '==', '!=', '>', '<'와 같은 비교 연산자를 사용하여 2개의 리스트를 비교할 수 있다. 단, 2개의 리스트는 동일한 자료형의 요소를 가지고 있어야 한다. 리스트의 첫 번째 요소부터 조건이 만족할 경우 순서대로 비교하며, 특정 순서에서 조건이 만족하지 않는 경우 더 이상 비교를 수행하지 않고, `True` 혹은 `False`를 반환한다. 다음 그림과 예제를 통해 비교 연산자를 사용하여 리스트 간 비교에 대해 알아보도록 한다.

소스 11-8은 비교 연산자 '=='와 '!='를 사용하여 두 리스트가 같은지 비교하는 예제이다.

소스 11-8

```
list_1 = [1,2,3]
list_2 = [1,2,3]
list_3 = [1,2,4]
print(list_1==list_2)
```

```
05 print(list_1!=list_2)
06 print(list_1==list_3)
07 print(list_1!=list_3)
```

출력 예

```
True
False
False
True
```

라인 1~3은 list_1, list_2, list_3 변수에 리스트를 초기화한다. 위 그림을 참고하여 두개의 리스트씩 비교해보자. 라인 4는 비교하는 두 리스트 내 각 요소들의 값이 모두 같기 때문에 True를 출력하고, 라인 5는 라인 4의 비교문과 반대의 조건이므로 False를 출력한다. 라인 6은 list_1과 list_3의 요소를 비교하여 두 요소의 값이 같은지를 비교한다.

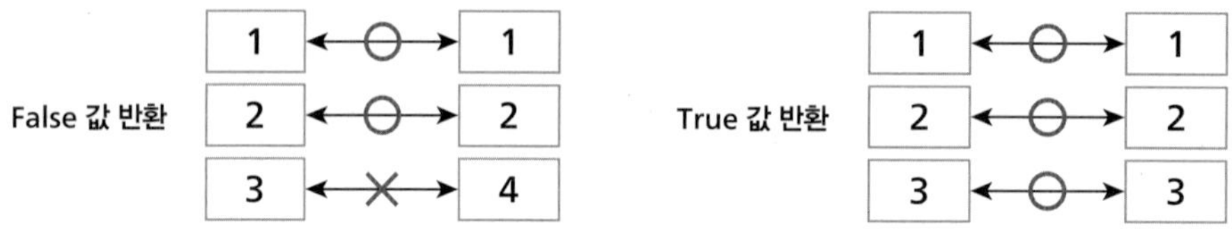

위 그림과 같이 list_1의 요소값은 [1, 2, 3]이고 list_3의 요소값은 [1, 2, 4]이다. 리스트의 '==' 비교는 각 요소의 0번 인덱스부터 비교를 시작하며 각 요소의 값이 같은지 비교한다. 라인 6의 경우 0과 1 인덱스의 요소값은 같지만 인덱스 2의 요소값이 3과 4이므로 서로 다르다. 그러므로 결과값은 False가 반환된다.

소스 11-9은 비교 연산자 '>'와 '<'를 사용하여 두 리스트 내 원소들 중 어느 리스트의 원소의 값이 큰지 비교하는 예제이다.

소스 11-9

```
list_1 = [1,2,3]
list_2 = [1,2,4]
list_3 = [1,2,3]
print(list_1<list_2)
print(list_1>list_2)
print(list_1>list_3)
```

출력 예

```
True
False
False
```

라인 1, 2, 3은 list_1, list_2, list_3 변수에 각각 리스트값을 초기화한다. 라인 4는 > 연산자를 이용하여 list_1의 각 요소와 list_2의 요소를 비교한다. 각 요소의 인덱스 순서로 비교해 나가면서 list_1의 모든 요소값이 더 크면 True를 반환하고, list_1의 요소값 중 list_2의 요소값보다 작은 값이 있을 경우에는 False를 반환한다. list_1과 list_2의 0, 1번 인덱스의 값은 동일하나 2번 인덱스의 값이 list_2가 더 크기 때문에 True를 출력한다. 라인 5는 list_1의 요소값이 list_2의 요소값보다 값이 작은지 확인한다. 라인 4와 각 요소들을 비교해 나가는 원리는 동일하며 list_1과 list_2의 0, 1번 인덱스의 값이 동일하고 2번 인덱스값은 list_2가 더 크기 때문에 False를 반환한다. 마지막으로 라인 5는 list_1이 list_3보다 큰 요소값이 있는지 비교한다. list_1과 list_3의 각각의 인덱스 요소값은 동일한 값을 가지고 있다. 그러므로 list_1이 list_3보다 큰 값을 가지는 요소가 없기 때문에 False를 반환한다.

파이썬 리스트는 자료들을 제어할 수 있는 다양한 함수들을 제공하고 있다. 아래 표는 파이썬에서 제공하는 대표적인 파이썬 리스트 내장함수를 보여준다.

함수	의미	형태
len()	전체 리스트의 크기를 반환	len(list)
append()	리스트의 마지막 요소 다음에 새로운 항목 추가	list.append(요소)
insert()	특정 위치에 새로운 요소 추가	list.insert(위치,요소)
pop()	리스트 인덱스 위치의 요소를 삭제한 후 값을 반환 매개변수를 입력하지 않으면 리스트의 마지막 인덱스 요소를 삭제한 후 값을 반환	list.pop() list.pop(인덱스)
remove()	인자값으로 주어진 요소값에 대해 리스트 내에서 검색된 요소 삭제	list.remove(요소)
max()	리스트 내 최대값 반환	max(list)
min()	리스트 내 최소값 반환	max(list)
sort()	리스트 내 요소들을 오름차순으로 정렬	list.sort()
reverse()	리스트의 요소를 역순으로 정렬	list.reverse()
copy()	리스트 요소 전체를 복사	list.copy()

소스 11-10은 리스트의 길이, 요소 추가, 요소 찾기, 요소 삭제와 관련된 연산 메소드를 이용하여 연산된 결과를 나타낸 프로그램이다.

소스 11-10

```
list_1 = [2, 10, 6, 8, 4]
print("length :", len(list_1))
list_1.append(35)
```

```
04 print(list_1)
05 list_1.insert(1,50)
06 print(list_1)
07 popvalue = list_1.pop(1)
08 print(popvalue)
09 print(list_1)
10 popvalue = list_1.pop()
11 print(popvalue)
12 print(list_1)
13 list_1.remove(35)
14 print(list_1)
15 list_1.sort()
16 print(list_1)
```

출력 예

```
length : 5
[2, 10, 6, 8, 4, 35]
[2, 50, 10, 6, 8, 4, 35]
50
[2, 10, 6, 8, 4, 35]
35
[2, 10, 6, 8, 4]
[2, 10, 8, 4]
[2, 4, 8, 10]
```

라인 1은 list_1 변수를 선언한 후 리스트 자료형 [2, 10, 6, 8, 4]를 초기화한다. 그 후 라인 2에서는 len() 함수를 이용하여 처음 초기화된 리스트의 총 길이를 구하여 출력한다. 라인 3과 라인 5는 소스 11-5에서 이미 수행했던 요소의 추가를 위한 append() 함수와 insert() 함수를 사용한 것으로, append(35)는 요소값 35를 리스트의 제일 마지막에 추가하고 insert(1,50)은 리스트의 인덱스 1에 요소값 50을 추가한다. 이를 출력해보면 결과값은 [2, 50, 10, 6, 8, 4, 35]가 나오는 것을 확인할 수 있다. 라인 7과 10은 요소값을 삭제하는 함수로 pop()을 사용하였다. 라인 7의 pop(1) 함수의 경우 1번 인덱스의 요소값을 삭제한 후 그 요소값을 반환하는 함수로 popvalue 변수에 반환값을 저장한다. 그러므로 변수 popvalue에는 50이 저장되며 50이 출력되고 리스트의 요소를 출력해보면 50이 삭제되어 [2, 10, 6, 8, 4, 35]가 출력된 것을 확인할 수 있다. 라인 10은 매개 변수를 입력하지 않은 pop() 함수를 호출한 것으로 리스트의 제일 마지막 요소가 삭제된 것을 확인할 수 있다. 라인 13의 remove(35) 함수는 리스트에서 정수값 35를 가지는 요소를 찾아 삭제한다. 마지막으로 라인 15의 sort() 함수는 리스트의 원소를 오름차순으로 정렬한다.

소스 11-11 예제는 두 리스트의 값에 대하여 덧셈한 결과를 새로운 리스트인 result 변수에 저장하여 출력하는 프로그램이다.

소스 11-11

```
01 result = []
02 list_a = [1, 2, 3, 4, 5]
03 list_b = [6, 7, 8, 9, 10]
04 for i in range(len(list_a)):
05     result.append(list_a[i] + list_b[i])
06 print(result)
```

출력 예 `[7, 9, 11, 13, 15]`

우선 라인 1과 같이 두 리스트의 덧셈값을 저장할 result 변수를 리스트 자료형으로 초기화한다. 그 후 라인 2, 3과 같이 list_a, list_b 변수에 각각 리스트 자료형을 초기화한다. 라인 4, 5는 두 리스트의 요소들을 하나씩 접근하여 덧셈을 하기 위한 과정이다. 우선 두 리스트의 각 요소들의 합을 구하기 위해서는 각 리스트의 인덱스 위치에 있는 요소값을 가져와야 한다. 예를 들어 list_a의 0번 인덱스는 list_b의 0번 인덱스와 덧셈을 수행해야 한다. 그러므로 리스트의 크기만큼 반복하면서 각 요소의 인덱스에 접근하기 위해 for 반복문을 사용한다. 라인 4번의 for 반복문은 len() 함수를 이용하여 list_a의 크기를 구한 후 그 값을 range() 함수의 매개변수로 입력하여 리스트의 전체 길이만큼 반복하도록 한다. range() 함수는 0부터 리스트의 길이만큼 반복하면서 인덱스값을 변수 i에 저장하므로 라인 5와 같이 list_a와 list_b의 동일한 인덱스에 접근할 수 있다. 결국 두 리스트의 각 인덱스별 덧셈의 결과를 append() 함수를 통해 result 리스트에 저장하게 되며 요소 5개의 덧셈 결과를 확인할 수 있다.

11.3 리스트 응용

리스트 복사

파이썬에서 모든 데이터 타입은 객체 단위로 관리한다. 객체의 종류에는 변형 객체와 불변형 객체가 있다. 변수에 다른 변수를 대입하면 두 변수는 같은 객체를 가리키는데 이때, 한 변수에 데이터를 대입해도 다른 변수에 영향을 미치지 않는 것을 불변형 객체라고 한다. 불변형 객체는 생성된 후 값 수정이 불가능하다. 변형 객체는 불변형 객체의 반대의 개념이라 생각하면 되고 리스트는 대표적인 변형 객체 중 하나이다. 따라서 '=' 연산자를 사용하여 단순 복사를 한다면 메모리 주소를 공유하게 된다. 메모리를 공유하게 되면, 복사한 리스트의 요소가 변경될 시 원본 리스트도 변경된다는 점을 주의해야 한다.

파이썬에서 데이터의 복사는 얕은 복사(shallow copy)와 깊은 복사(deep copy)가 존재한다. 얕은 복사는 앞서 설명한 list의 특징으로 '=' 연산자로 리스트를 복사한 경우 리스트의 메모리 주소를 서로 공유한다. 그러므로 리스트와 복사한 리스트 중 요소가 변경될 경우 서로에게 영향을 미치게 된다. 소스 11-12는 두 리스트 변수의 얕은 복사를 통해 같은 리스트 메모리 주소를 공유한 예를 보여준 프로그램으로, 얕은 복사의 원리를 한 번 살펴보도록 하겠다.

소스 11-12

```
01 list_A = [2, 10, 6, 8, 4]
02 list_B = list_A
03 print(list_A)
04 print(list_B)
05 list_B.sort()
06 print(list_A)
07 print(list_B)
```

출력 예

```
[2, 10, 6, 8, 4]
[2, 10, 6, 8, 4]
[2, 4, 6, 8, 10]
[2, 4, 6, 8, 10]
```

라인 1과 같이 `list_A` 변수를 선언하고 리스트 자료형 `[2, 10, 6, 8, 4]`를 초기화한다. 그 후 라인 2와 같이 `list_B`의 변수에 `list_A`를 대입하면 얕은 복사가 수행된다. 즉, `list_A`의 값이 복사되는 것이 아니라 `list_A` 변수의 주소값이 `list_B`로 대입되게 된다. `list_B` 변수는 `list_A`의 리스트 자료형 `[2, 10, 6, 8, 4]`를 서로 공유한다고 생각하면 된다. 그러므로 라인 5와 같이 `list_B`를 `sort()` 함수를 이용해 오름차순 정렬을 해보면, `list_B` 변수와 `list_A` 변수 모두 오름차순으로 정렬된 것을 확인할 수 있다. 이 의미는 `list_A`와 `list_B`가 각각 다른 리스트값을 가지고 있는 것이 아니라 서로 하나의 리스트 자료를 공유하고 있는 것이다.

깊은 복사는 원본 리스트와 동일한 값을 가지는 객체를 메모리에 추가로 생성한다. 얕은 복사와의 차이점은 같은 리스트 공간을 공유하는 것이 아닌 새로운 공간을 추가하여 사용한다는 것이다. 즉, 원본 리스트와 복사한 리스트는 별도의 주소공간을 가지는 데이터를 소유하고 있기 때문에 원본 리스트의 요소가 변경되더라도 복사한 리스트의 요소가 영향을 받지 않는다. 소스 11-13은 깊은 복사를 이용하여 리스트를 복사한 프로그램을 작성한 것으로 깊은 복사의 의미를 살펴보도록 한다.

소스 11-13

```
01 list_A = [2, 10, 6, 8, 4]
02 list_B = list(list_A)
03 print(list_A)
04 print(list_B)
05 list_B.sort()
06 print(list_A)
07 print(list_B)
```

출력 예

```
[2, 10, 6, 8, 4]
[2, 10, 6, 8, 4]
[2, 10, 6, 8, 4]
[2, 4, 6, 8, 10]
```

소스 11-13은 예제 11-12과 매우 유사한 코드로 작성되어 있다. 단지 다른 점은 라인 2의 리스트 복사 부분인데, `list()` 함수를 이용하여 인자값으로 `list_A` 변수를 입력하였다. `list()` 함수는 인자값으로 리스트 자료형이 입력되면, 깊은 복사를 수행하여 입력된 리스트의 복사본을 리턴해준다. 그러므로 `list_A`와 `list_B`는 요소의 값은 같지만, 서로 다른 주소공간을 가지는 리스트 변수로 선언되어 있다. 그러므로 라인 5와 같이 `list_B`를 `sort()` 함수를 이용해 오름차순 정렬을 해보면, `list_B` 변수의 값만 오름차순으로 정렬되며 `list_A` 변수의 요소값은 그대로인 것을 확인할 수 있다.

리스트 탐색과 반복문

리스트에서 특정 항목에 대한 존재 여부와 어디에 위치하는지 탐색할 수 있다. 탐색 방법으로 반복문을 사용하여 순차적으로 탐색하거나, 함수 및 키워드를 이용할 수 있다. 이번 장에서는 리스트의 탐색을 위해 반복문과 함수를 사용하는 방법에 대해 배워보도록 한다. 리스트는 기본적으로 반복문을 이용하여 탐색을 수행할 수 있다. 특히 반복문 중에서도 `for` 반복문이 키워드 `in`과 함께 많이 사용된다.

소스 11-14는 `for` 반복문에서 리스트를 탐색하는 기본적인 프로그램을 보여준다.

소스 11-14

```
list_v = [1, 5, 7, 3, 4, 2, 9]
for val in list_v:
    print("%d "%val,end='')
```

출력 예

```
1 5 7 3 4 2 9
```

라인 1과 같이 list_v 변수를 선언한 후 리스트값 [1, 5, 7, 3, 4, 2, 9]를 초기화한다. 그 후 for 반복문을 이용하여 list_v의 값들을 탐색할 수 있는데 이미 for 반복문에서도 많이 사용했던 range() 함수와 비교하면 쉽게 이해할 수 있을 것이다. range() 함수는 매개변수로 입력되는 값만큼의 리스트 객체를 생성하고 그 리스트 객체를 for 반복문에 사용한다. 만약 range(3)을 호출하였으면 리스트 객체 [0, 1, 2]가 생성된다. 우리는 이미 range() 함수를 이용하여 for 반복문을 사용해 봤기 때문에 라인 2의 문장도 쉽게 이해할 수 있을 것이라 생각된다. 라인 2의 for in 반복문은 list_v의 리스트값을 순서대로 하나씩 접근하여 val 변수에 그 값을 대입해준다. 이 과정은 list_v의 모든 요소에 접근할 때까지 반복된다. 라인 3은 val 변수에 대입되는 리스트값들을 출력하는 부분으로 결국 출력 예와 같이 리스트의 모든 값이 출력되는 것을 확인할 수 있다.

소스 11-15은 11-14를 응용한 예제로 리스트의 모든 요소값을 더하는 프로그램의 소스코드를 보여준다.

소스 11-15

```
01 list_v = [1, 5, 7, 3, 4, 2, 9]
02 sum = 0
03 for val in list_v:
04     sum += val
05 print(list_v)
06 print("sum = %d"%sum)
```

출력 예

```
[1, 5, 7, 3, 4, 2, 9]
sum = 31
```

소스 11-14와 유사하기 때문에 자세한 설명은 생략하고 핵심적인 부분만 살펴보면, 라인 4에서 변수 val의 값을 sum 변수에 모두 더하는 과정을 수행한다. 이 과정에서 list_v의 모든 요소가 sum 변수로 더해지게 되며 결국 출력 예제와 같이 모든 요소의 합 31이 출력된다.

소스 11-16 예제는 조금 더 응용하여 리스트 내의 요소 중 사용자가 입력한 정수를 탐색하여 결과를 알려주는 프로그램을 작성해 보도록 한다.

소스 11-16

```
numbers = [1, 5, 7, 12, 14, 25, 30, 42, 91, 101]
target = int(input("Enter the number : "))
flag = 0
for val in numbers:
```

```
05        if target == val:
06            print("Search completed: %d" % val)
07            flag = 1
08    if flag == 0:
09        print("There were no results found for %d"% target)
```

입력 예 1
```
Enter the number : 101
```

출력 예 1
```
Enter the number : 101
earch completed: 101
```

입력 예 2
```
Enter the number : 2
```

출력 예 2
```
Enter the number : 2
There were no results found for 2
```

이 프로그램은 사용자로부터 정수를 입력받고 리스트 내에 찾고자 하는 정수가 있으면 "Search completed: [정수]"를 출력하고 없다면 "There were no results found for [정수]"를 출력한다. 우선 라인 2번에서 찾기를 원하는 정수를 사용자로부터 입력받아 target 변수에 저장한다. 라인 4~7번에서 반복문을 통해 리스트 내 모든 요소를 target 변수와 순차적으로 비교한다. 만약 target 변수와 값이 같은 요소가 존재한다면 검색 완료 메시지를 출력한다.

만약 모든 요소를 탐색했음에도 target 변수와 같은 요소값에 검색되지 않았다면 검색을 완료한 후 검색 실패 메시지를 출력해야 한다. 이 경우 검색이 실패한 경우에만 실패 메시지를 출력해야 하기 때문에 라인 8과 같이 flag 변수를 활용하여 조건문을 생성한다. flag 변수는 깃발이라는 뜻으로, 컴퓨터에서 무언가를 기억하거나 또는 다른 제어문에게 약속된 신호를 남기기 위한 용도로 프로그램에서 사용되는 미리 정의된 변수이다. 이 예제에서는 사용자가 입력한 값에 대한 요소값이 검색되었다면 라인 7과 같이 flag값을 1로, 그렇지 않다면 flag값을 0으로 설정한다. flag 변수의 초기값을 0으로 설정하였기 때문에 flag 변수는 기본적으로 탐색 실패의 신호를 가지고 있고 탐색이 성공하였을 때만 flag값을 1로 변경한다. 그러므로 라인 8과 같이 flag값이 0일 때만 탐색 실패 메시지를 출력하면 우리가 원하는 프로그램을 만들 수 있다.

리스트 자료의 탐색 방법에는 많은 종류의 알고리즘들이 존재한다. 기본적으로 선형 탐색, 이진 탐색 등이 있고 이 분야를 별도로 공부한다면 여러분의 컴퓨터 활용 능력에 많은 도움이 될 것이다. 물론 우리는 이미 소스 11-16를 통해 신형 탐색을 진행하였다. 선형 탐색은 자료의 처음부터 순차적으로 탐색해 가면서 요소를 찾는 방법으로 가장 기본적인 탐색 방법 중 하나이다. 소스 11-16를 다시 한 번 확인해 보고 알고리즘의 의미를 파악해 보자.

파이썬에서는 별도의 함수를 통해 선형 탐색 방법을 제공해 준다. index() 함수는 선형 탐색 방법을 통해 리스트 내의 요소값을 찾아내는 함수로 원형은 아래와 같다.

index() 원형	index(검색할 요소, 시작인덱스, 종료인덱스)
사용 예	list.index(3) list.index(3, 1) list.index(3, 0, 5)

index() 함수의 매개변수로는 검색할 요소, 시작인덱스, 종료인덱스가 있으며 시작인덱스와 종료인덱스는 필수 요소는 아니다. 만약 list.index(3)을 수행하면, 리스트 내에서 요소값이 3 요소를 찾아 그 요소의 인덱스를 반환해준다. list.index(3,1)은 인덱스 1부터 요소값 3을 탐색하는 방법이고, list.index(3,0,5)는 인덱스 0부터 5까지의 범위에서 요소값 3을 탐색하는 방법이다. 만약 리스트 안에 찾고자 하는 요소가 존재하지 않을 시 'ValueError'가 발생하므로 별도의 예외처리를 통해 프로그램의 동작이 멈추지 않도록 해야 한다.

index() 함수 외에도 리스트 내에 검색하고자 하는 요소가 존재하는지 알고 싶을 때 in 키워드를 사용할 수 있다. in 키워드는 검색하고자 하는 요소가 존재할 시 True값을 반환하고 존재하지 않을 시 False값을 반환한다.

다음 11-17 예제는 in 연산자와 index() 함수를 이용하여 특정 요소의 존재 여부 혹은 위치를 확인하는 프로그램이다.

소스 11-17

```
01 numbers = [1, 2, 3, 4, 5, 6, 7, 8, 9, 10]
02 print(5 in numbers)
03 print(20 in numbers)
04 print(numbers.index(5))
```

출력 예

```
True
False
4
```

라인 2, 3은 in 키워드를 사용하여 찾고자 하는 요소가 존재할 시 True, 존재하지 않을 시 False를 출력한다. 라인 2의 경우 numbers 리스트에서 정수 5를 탐색하며 정수 5가 numbers 리스트에 존재하므로 True값을 출력한다. 라인 3은 정수 20이 존재하지 않으므로 False를 출력하는 것을 확인할 수 있다. 라인 4는 index() 함수를 사용하여 정수 5를 탐색한다. 정수 5는 numbers 리스트의 4번째 인덱스에 존재하므로 4가 반환되어 출력된다.

소스 11-18은 index() 함수에서 값을 찾지 못하였을 때 발생하는 ValueError 예외를 처리하는 프로그램을 작성한 코드이다.

소스 11-18

```
01  numbers = [1, 2, 3, 4, 5, 6, 7, 8, 9, 10]
02  print(numbers.index(5))
03  try:
04     print(numbers.index(101))
05  except ValueError:
06     print('not found value %d'%101)
```

출력 예

```
4
not found value 101
```

index() 함수는 매개변수로 입력된 요소값을 찾지 못하였을 때 예외(ValueError)를 발생시킨다. 이 예외처리를 하지 않으면 프로그램은 동작을 멈추게 되며 사용사는 예정에 없던 프로그램 중단 현상을 경험하게 된다. 그러므로 소스코드를 작성할 때에는 이런 예외 현상에 대한 처리를 적절히 수행해야 원활한 프로그램 수행이 가능해진다. 본 책에서는 예외처리에 대한 학습은 진행하지 않는다. 하지만 이번 예제에서 예외처리를 간단하게 진행해 보고 이해를 해보도록 한다. 예외처리는 라인 3과 5와 같이 try except 키워드로 수행한다. try 문 아래에 예외처리를 위한 명령문을 수행하고, 만약 이 명령문에서 예외가 발생한다면 except 문에서 이 예외를 처리한다. 현재 try 문은 라인 4와 같이 index() 함수를 수행하고 있다. index() 함수는 원하는 요소값이 없을 시 ValueError를 발생시키므로 except 문에서 ValueError에 대한 처리를 수행한다. 라인 5의 except ValueError는 try 문에서 ValueError가 발생 시 이 부분에서 처리하겠다는 지문으로 ValueError가 발생하면 라인 6의 print() 함수가 동작된다.

결국, index() 함수에 대한 예외처리를 통해 성공 메시지와 실패 메시지를 출력함으로써 프로그램의 중단 현상을 해결하고 사용자에게 적절한 출력 결과를 보여줄 수 있다.

11.4 2차원 리스트

2차원 리스트란?

지금까지 배운 리스트는 요소들이 한줄로 순서대로 저장되는 1차원 리스트에 대해 배웠다. 이번 장에서는 평면 구조의 2차원 리스트에 대해 알아보도록 한다. 파이썬의 2차원 리스트는 행(row)과 열(column) 형태로 이루어져 있으며 행, 열 모두 인덱스값은 0부터 시작한다. 아래 그림은 3행 4열의 2차원 평면 리스트를 보여주는 예제이다.

	열 0	열 1	열 2	열 3
행 0	[0, 0]	[0, 1]	[0, 2]	[0, 3]
행 1	[1, 0]	[1, 1]	[1, 2]	[1, 3]
행 2	[2, 0]	[2, 1]	[2, 2]	[2, 3]

앞서 이야기했듯 각 행과 열의 인덱스는 0부터 시작한다. 그러므로 위 행렬의 각 요소의 인덱스값은 `[0, 0]`부터 `[2, 3]`까지 나열된 것을 볼 수 있다. 기존 1차원 리스트의 경우 요소의 인덱스는 1개의 요소값을 사용했지만 2차원은 `[0, 0]`과 같이 2개의 요소를 사용한 것을 볼 수 있다. 그럼 2차원 리스트의 선언 방법과 사용법을 예제를 통해 알아보도록 한다.

2차원 리스트 초기화 예

```
list_1 = [[1, 2], [3, 4], [5, 6]]
list_2 = [['가', '나'], ['다', '라']]
list_3 = [[1.1, 2.2],
          [3.3, 4.4],
          [5.5, 6.6]]
```

2차원 리스트는 1차원 리스트 안에 또 다른 리스트를 추가하여 생성할 수 있다. 위 그림의 첫 번째 예제를 보면 `list_1` 리스트는 리스트 자료형 안에 또 다른 리스트를 추가한 것을 볼 수 있다. 이 때 리스트의 개수가 행의 수가 되며 리스트 안의 요소의 개수가 열의 수가 된다. 그러므로 `list_1 = [[1, 2], [3, 4], [5,6]]`은 3행 2열의 2차원 리스트가 만들어진다. `list_1`의 행렬 구조를 그려보면 아래와 같다.

```
list_1 = [[1, 2], [3, 4], [5, 6]]
```

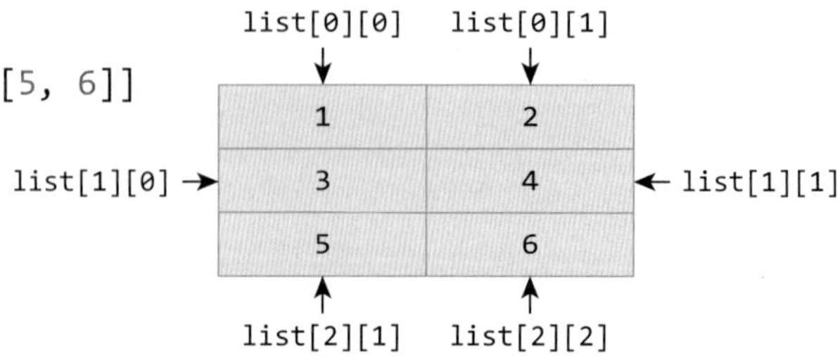

2차원 리스트 예제

아래 소스 11-19는 2차원 리스트를 초기화하고 각 요소값에 접근하는 프로그램이다.

소스 11-19

```
01 s = [[1, 2, 3], [4, 5, 6], [7, 8, 9]]
02 print("%d"% s[0][0])
03 print("%d"% s[1][2])
04 print("%d"% s[2][1])
```

출력 예

```
1
6
8
```

우선 라인 1과 같이 변수 s를 선언하고 2차원 리스트를 초기화한다. 2차원 리스트는 3행 3열 리스트를 생성한 후 각 요소값으로 1부터 9까지 저장한다. 2차원 리스트에 접근하는 방법은 1차원 리스트의 접근 방법과 유사하다. 요소의 접근은 변수[행인덱스][열인덱스]를 사용한다. 만약 1행 1열의 요소에 접근하고 싶다면 라인 2와 같이 s[0][0]를 사용하면 된다. 라인 2~4는 2차원 리스트의 각 요소값을 출력한다.

소스 11-20은 for 반복문을 이용해 2차원 리스트에 접근하여 각 요소값을 출력하는 프로그램이다.

소스 11-20

```
01 list_A = [[1, 2, 3], [4, 5, 6], [7, 8, 9]]
02 for row in list_A:
03    for v in row:
04       print("%d "% v, end='')
05    print()
```

출력 예

```
1 2 3
4 5 6
7 8 9
```

2차원 리스트는 1차원 리스트와 마찬가지로 for 반복문을 이용하여 요소에 접근할 수 있는데 한 가지 다른 점은 중첩 반복문을 사용해야 한다는 것이다. 우선 라인 1과 같이 list_A 변수에 3행 3열의 2차원 리스트를 초기화한다. 2차원 리스트를 for 반복문으로 접근하기 위해, 우선 2차원 리스트의 '행'부터 접근하면 된다. 라인 2와 같이 for 반복문을 이용하여 list_A의 요소값에 접근하면 list_A의 0~2 인덱스 요소값인 [1, 2, 3], [4, 5, 6], [7, 8, 9] 리스트 객체가 각각 row 변수에 저장된다. row 변수에 저장된 리스트 객체는 2차원 리스트의 '열'에 해당하는 요소값을 가지고 있으므로, 라인 3과 같이 다시 한 번 for 반복문을 통해 각 리스트 객체에 접근한다. 예를 들어, list_A의 0번째 인덱스인 리스트 객체 [1, 2, 3]에 대한 요소값이 v 변수에 저장되고 print() 함수를 통해 각 요소값을 출력하게 된다. 결국, 출력 예와 같이 list_A의 모든 리스트 객체를 순회하면서 요소값들을 출력하게 된다.

이번 예제에서는 2차원 리스트를 이용한 응용 예제를 학습해 보도록 한다. 소스 11-21은 2차원 리스트를 초기화하고 사용자가 입력한 '행'의 모든 요소값들의 합을 구하는 프로그램이다.

소스 11-21

```
01  s = [[1, 2, 3, 4, 5], [6, 7, 8, 9, 10], [11, 12, 13, 14, 15]]
02  sum = 0
03  row = int(input("Enter the row index : "))
04  for c in s[row]:
05      sum = sum + c
06  print(sum)
```

입력 예 1
```
Enter the row index : 1
```

출력 예 1
```
Enter the row index : 1
40
```

입력 예 2
```
Enter the row index : 0
```

출력 예 2
```
Enter the row index : 0
15
```

라인 1은 s 변수에 3행 5열의 2차원 리스트를 초기화한다. 그 후 사용자로부터 '행'의 인덱스 번호를 입력받아 그 행의 리스트 객체에 포함된 모든 요소값들의 합을 구해야 한다. 그러므로 우선 라인 3과 같이 row 변수에 사용자로부터 입력받은 인덱스값을 저장한다. 그 후 입력받은 row값을 이용하여 라인 4의 s[row]와 같이 2차원 리스트의 row번째 리스트 객체에 접근한 후, for 반복문을 이용하여 모든 요소값의 합을 구하면 된다. 예를 들어 입력 예제 1과 같이 '행' 인덱스값으로 1이 입력되었다면, 라인 4의 s[row]는 s[1]이 되므로 2차원 배열의 1번 인덱스 리스트 객체인 [6, 7, 8, 9, 10]이 반환되게 된다. 그 후 for 반복문을 통해 이 리스트의 모든 요소의 합을 구하면 총합은 40이 출력되는 것을 확인할 수 있다.

연습 문제

01 입력된 횟수만큼 앞에 있는 숫자를 뒤로 보내는 프로그램을 작성하시오.

- list = [0, 1, 2, 3, 4, 5, 6, 7, 8, 9]
- pop(), append()를 사용하여 구현

입력 예
```
Input the number of rotation : 4
```

출력 예
```
Input the number of rotation : 4
[4, 5, 6, 7, 8, 9, 0 ,1 ,2 ,3]
```

02 주어진 리스트를 오름차순으로 정렬하는 코드를 작성하시오.

- 주어지는 리스트 = [7, 15, 1, 101, 45, 29, 200, 24]

출력 예
```
[1, 7, 15, 24, 29, 45, 101, 200]
```

03 학생들의 성적을 입력하여 평균, 최고점, 최저점을 구하는 프로그램을 작성하시오.

- 리스트로 학생들의 성적을 입력받는다.
- 성적은 1줄로 입력받고, 띄어쓰기로 구분한다.
- score = list(map(int, input('Input the scores :').split()))을 사용하면 score 변수에 한 줄 입력 값을 리스트 자료형으로 저장할 수 있다.

입력 예
```
Input the scores : 89 90 70 65 60
```

출력 예
```
Input the scores : 89 90 70 65 60
평균 : 74, 최고점 : 90, 최저점 : 60
```

04 수를 입력하였을 때, 입력한 숫자들이 짝수인지 홀수인지 출력하는 프로그램을 작성하시오.

- 수는 1줄로 입력 받고, 띄어쓰기로 구분한다.
- `number = list(map(int, input().split()))`을 사용하면 number 변수에 한 줄 입력 값을 리스트 자료형으로 저장할 수 있다.

입력 예
```
Input the scores : 1 2 3 4 5
```

출력 예
```
Input the scores : 1 2 3 4 5
odd even odd even odd
```

CHAPTER

12 딕셔너리

12.1 딕셔너리란?

이전 장에서 살펴봤던 시퀀스 자료형은 값 여러 개를 일렬로 저장할 뿐 그 값끼리의 연관 관계가 없었다. 아래 표와 같이 리스트 `loc = [10, 30, 22, 11, 22]`에서 인덱스 0은 x좌표, 1은 y좌표, 2는 z좌표, 3은 넓이, 4는 높이라고 했을 때 리스트값만 보고는 각 값이 어떤 의미를 가지고 있는지 쉽게 알아볼 수 없다. 물론 자료형 옆에 주석으로 표시를 한다면 쉽게 알아볼 수 있지만 그렇지 않은 경우가 많을 것이다.

리스트 예제	`loc = [10, 30, 22, 11, 22]`
딕셔너리 예제	`loc = ['x': 10, 'y': 30, 'z': 22, 'width': 11, 'height': 22]`

딕셔너리의 예제를 보면 리스트와는 다르게 각 값에 연관된 키(key) 값을 이용하여 쌍으로 저장한 것을 볼 수 있다. 파이썬에서는 연관된 값을 묶어 저장하기 위해 딕셔너리(Dictionary) 자료형을 제공한다. 딕셔너리는 키(key)와 값(value)의 쌍을 가지는 자료구조이다. 이러한 방법을 연관 배열(Associative array) 또는 해시(Hash)라고 한다. 해시는 요소가 추가된 순서와 관계 없이 키(key) 값의 해시값(hashcode)을 구한 후 해당 해시값이 속한 버킷에 값을 저장하는 비순차적 자료구조이기도 하다. 해시의 구조적인 특성으로 인해 딕셔너리는 키 값에 매칭되는 값을 빠른 속도로 찾아낼 수 있고, 자료들의 순서가 없는 비순차적 자료구조이므로 값의 삭제와 추가 과정을 빠르게 진행할 수 있다. 이 책은 파이썬을 쉽고 간단하게 이해하는 것을 목적으로 하기 때문에 해시에 대한 자세한 설명은 더 이상 하지 않기로 하겠다.

다시 한 번 정리하자면 딕셔너리는 저장하고자 하는 값은 키 값과 쌍으로 저장함으로써 원하는 값을 쉽고 빠르게 찾을 수 있게 한다. 즉, 사전(dictionary)에서 단어를 찾듯이 값을 가져올 수 있다고 하여 딕셔너리라고 부른다. 다음은 딕셔너리의 선언 방법과 예제를 보여준다.

딕셔너리 선언	딕셔너리이름 = **[키1: 값1, 키2: 값2, ...]** 딕셔너리이름 = dict() 딕셔너리이름 = {}
딕셔너리 선언 예	person = ['name':'ryan', 'phone':'01011112222', 'birth':'0303'] score = ['korean': 100, 'english': 70, 'math': 100] data = dict() a = {}

딕셔너리의 선언은 딕셔너리이름 = [키1: 값1, 키2: 값2, ...]와 같이 딕셔너리 이름변수를 선언하고 대괄호([]) 안에 키와 값을 쌍으로 나열한다. 이때 키와 값의 구분을 위해 콜론(:)을 사용한다. person 변수의 예제를 살펴보면, 이 변수는 총 3개의 데이터를 저장하고 있다. 우선 키 값이 'name'이고 값이 'ryan'인 데이터, 키 값이 'phone'이고 값이 '01011112222'인 데이터, 마지막으로 키 값이 'birth'이고 값이 '0303'인 세 개의 데이터이다. 딕셔너리에 저장된 값에 접근하는 방법은 인덱스를 사용하는 리스트와 다르다. 각각의 데이터는 키 값과 쌍으로 저장되어 있기 때문에 키 값을 이용하여 데이터에 접근할 수 있다. 딕셔너리의 초기화 방법은 첫 번째 예제를 포함하여 총 3가지가 있다. dict() 함수와 중괄호({ })를 사용하는 방법인데, 두 방법 모두 변수를 딕셔너리 타입으로 초기화한 후 데이터 공간은 비어있는 상태로 놔둔다. 그럼 2장부터 딕셔너리의 예제를 바탕으로 사용방법에 대해 알아보도록 하자.

12.2 딕셔너리 기초

딕셔너리 생성

소스 12-1은 딕셔너리 자료형을 선언하고 출력하는 프로그램이다. 이 예제를 통해 딕셔너리의 초기화 방법과 출력 시 어떤 결과가 나오는지 알아보자.

소스 12-1

```
01  dic = {'Name' : 'John', 'Phone' : '010-1111-2222', 'Birth': 1101}
02  print(dic)
```

출력 예
```
{'Name': 'John', 'Phone': '010-1111-2222', 'Birth': 1101}
```

라인 1은 딕셔너리 선언 및 초기화 방법 중 하나이다. dic 변수를 선언하고 중괄호({ })를 이용하여 데이터를 초기화한다. 위 예제는 인적정보를 딕셔너리 형태로 저장하기 위해 키 값으로 이름('name'), 전화번호('Phone'), 생일('Birth')을 지정하고 각 키 값에 대한 데이터값을 초기화하였다. 이때 각 키 값과 데이터와의 관계는 콜론(:)으로 정의한다. 라인 2는 딕셔너리 형태로 저장된 dic 변수를 출력하는 문장이다. 출력 결과는 예제와 같이 출력되는데 딕셔너리 자료형임을 알리기 위해 중괄호({ })로 자료를 표현했으며 각 키 값에 대한 데이터값이 출력된다.

소스 12-2는 딕셔너리 자료형을 초기화하고 새로운 키와 값을 추가하는 프로그램을 보여준다.

소스 12-2

```
01  dic = dict()
02  dic['Name'] = 'John'
03  dic['Phone'] = '010-1111-2222'
04  dic['Birth'] = 1101
05  print(dic)
```

출력 예 `{'Name': 'John', 'Phone': '010-1111-2222', 'Birth': 1101}`

라인 1은 dict() 함수를 사용하여 dic 변수를 딕셔너리 자료형으로 초기화한다. 초기화 방법은 dict() 함수와 중괄호({ })를 사용할 수 있다. 두 방법 모두 딕셔너리 형태의 자료형에 비어있는 데이터를 만든다.

딕셔너리에 데이터를 추가하는 방법은 간단하다. 라인 2와 같이 딕셔너리에 넣을 키 값에 데이터를 대입하면 된다. 우선 키 값을 만들기 위해 딕셔너리 변수에 대괄호([ ])를 사용한다. 라인 2는 딕셔너리 변수 dic의 키 값으로 'Name'을 추가하기 위해 dic['Name']을 작성하였다. 딕셔너리는 키 값과 데이터값이 쌍으로 저장되기 때문에 키 값에 대응하는 데이터값을 대입해줘야 한다. 그러므로 라인 2를 완성하면 dic['Name'] = 'John'이 되며, 딕셔너리 변수 dic에 키 값이 'Name'인 자료를 추가하고 그 값으로 'John'을 저장한다는 뜻이다.

라인 3과 4는 각각 'Phone'과 'Birth' 키에 '010-1111-2222', 1101값을 저장한다. 마지막으로 딕셔너리 변수 dic에 저장되어 있는 데이터를 확인하기 위해 라인 5와 같이 print() 함수를 통해 dic 변수 내용을 출력한다.

딕셔너리 데이터 탐색 및 접근

11장에서 배운 리스트는 데이터에 접근하기 위해 인덱스를 사용하였다. 인덱스는 첫 번째 데이터를 기준으로 0부터 나열되어 있으며 각 인덱스 위치에 있는 데이터에 접근이 가능하다. 리스트는 저장되어 있는 순서대로 인덱스가 배정되기 때문에 데이터의 순차적인 접근에는 용의하지만, 리스트 내의 특정 데이터를 검색하기 위해서는 각 인덱스 위치에 저장되어 있는 모든 데이터를 탐색하여 원하는 데이터를 찾아야 한다. 이때, 탐색을 위한 시간이 소요되기 때문에 많은 양의 데이터를 검색하는 데에는 그에 따른 추가적인 시간이 발생한다. 리스트와는 다르게 딕셔너리 자료형은 자료를 저장할 때 키 값을 쌍으로 저장하며 키 값에 따라 값이 저장될 위치가 정해진다. 딕셔너리에서의 탐색은 키 값에 대응하는 데이터를 찾는 것이기 때문에 키 값만 알 수 있다면 데이터를 바로 찾을 수 있다. 용도에 따라 다르겠지만 딕셔너리의 탐색은 어느 자료형과 비교해도 가장 빠른 속도를 보여준다.

파이썬에서 딕셔너리의 데이터를 검색하는 방법은 두 가지가 있다. 딕셔너리 변수[키]를 이용하는 방법과 get() 함수를 사용하는 방법이다. 소스 12-3은 딕셔너리 자료형에서 키 값을 이용하여 데이터를 탐색하고 접근하는 프로그램을 작성하였다.

소스 12-3

```
01  dic = {'name' : 'John', 'Phone' : '010-1111-2222', 'Birth' : 1101}
02  print(dic['name'])
03  print(dic.get('Phone'))
```

출력 예

```
John
010-1111-2222
```

라인 1은 딕셔너리 변수 dic를 선언하고 초기화한다. 라인 2와 3은 딕셔너리에서 데이터를 탐색하는 2가지 방법을 소개한다. 라인 2는 딕셔너리 변수[키]를 이용하여 값을 탐색하고 출력하는 코드이다. dic['name']은 딕셔너리 변수 dic에서 키 값이 'name'인 데이터에 접근하는 방법으로 키 값 'name'에 대응하는 'John'이 출력된다. 라인 3은 get() 함수를 이용하여 값을 검색하고 출력하는 코드이다. get() 함수는 딕셔너리 자료형에서 제공하는 내부 함수로 함수의 매개변수로 키 값을 전달하면 키 값에 대한 자료를 반환한다. 라인 3은 키 값 'Phone'의 데이터인 '010-1111-2222'가 출력된다.

딕셔너리 수정

딕셔너리에서 데이터를 수정하는 방법은 추가하는 방법과 동일하다. 소스 12-4는 딕셔너리에서 데이터를 수정하는 프로그램을 작성하였다.

소스 12-4

```
dic = {'Phone' : '010-1111-2222', 'Birth' : 1101}
dic[2] ='b'
```

```
03  dic['Birth'] ='aaa'
04  print(dic)
```

출력 예 `{'Phone': '010-1111-2222', 'Birth': 'aaa', 2: 'b'}`

딕셔너리에서 자료의 추가 또는 수정은 같은 방법을 사용한다. 단, 현재 저장되어 있는 데이터의 상태에 따라 그 행동 방식이 달라진다. 라인 2는 dic 딕셔너리에서 키 값이 정수형 2인 위치에 데이터 'b'를 대입한다. 이때 딕셔너리 변수 dic에 키 값이 없다면, 새로운 데이터 공간을 만든 후 키 값 2와 데이터 'b'를 저장한다. 하지만 dic에 키 값이 있다면, 해당 키 값에 저장되어 있는 데이터를 새로운 데이터인 'b'로 수정한다. 라인 3은 데이터를 수정하는 예제로 키 값이 'Birth'인 자료를 탐색한다. 라인 1을 보면 키 값이 'Birth'인 데이터가 존재하기 때문에 공간을 새로 만들지 않고 데이터값 1101을 'aaa'로 수정한다.

딕셔너리 삭제

딕셔너리에서 키와 값을 삭제하는 방법은 예약어인 del과 함수인 pop(), clear() 함수가 있다. 먼저 del은 키(key)로 검색된 키와 값을 삭제할 때 사용되고 딕셔너리 자료형 전체를 완전히 삭제할 때도 사용된다. pop() 함수는 특정 키에 대한 값을 반환하고 삭제한다. clear() 함수는 딕셔너리 내 모든 항목을 삭제하여 초기 형태의 빈 딕셔너리를 만든다.

소스 12-5는 딕셔너리에서 키와 데이터를 삭제하는 프로그램의 예제를 보여준다.

소스 12-5

```
01  dic = {'Phone' : '01011112222',  'Birth' : 1101}
02  dic[2] = 'b'
03  dic['Name'] = 'John'
04  dic['Phone'] = '01012341234'
05  print(dic)
06  del dic['Phone']
07  print(dic)
```

출력 예
```
{'Phone': '01012341234', 'Birth': 1101, 2: 'b', 'Name': 'John'}
{'Birth': 1101, 2: 'b', 'Name': 'John'}
```

위의 예제는 예약어인 del을 이용하여 키 값으로 탐색된 데이터를 삭제하는 예시이다. 라인 1에서 딕셔너리를 선언 및 초기화한다. 라인 2~4는 없는 데이터를 추가하거나 있는 데이터에서 값을 수정하는 코드이다. 라인 6은 del을 이용하여 키 값이 'Phone'인 데이터를 삭제한다. 그 후 라인 7의 출력문을 통해 결과값을 확인해 보면 키 값 'Phone'의 데이터가 삭제된 것을 확인할 수 있다.

다음 소스 12-6은 clear() 함수를 이용한 딕셔너리의 모든 데이터를 삭제하는 프로그램 예시를 보여준다.

소스 12-6

```
01 dic = {'Phone' : '01011112222',  'Birth' : 1101}
02 dic[2] = 'b'
03 dic['Name'] = 'John'
04 dic['Phone'] = '01012341234'
05 print(dic)
06 dic.clear()
07 print(dic)
```

출력 예

```
{'Phone': '01012341234', 'Birth': 1101, 2: 'b', 'Name': 'John'}
{ }
```

라인 6에서 dic 변수에 저장된 딕셔너리 자료가 clear() 함수에 의해 삭제된다. clear() 함수는 딕셔너리 자료형을 삭제하는 것이 아닌 딕셔너리 내 모든 데이터들을 삭제한다. clear() 함수를 이용하여 데이터를 삭제한 후 출력 결과를 확인해 보면 딕셔너리 변수 dic의 데이터가 모두 삭제된 것을 볼 수 있다.

마지막으로 키워드 del을 이용하여 딕셔너리 자료형을 메모리에서 삭제할 수 있다. 이 방법은 딕셔너리의 요소를 삭제하는 것이 아닌 딕셔너리 자료형을 메모리에서 완전히 삭제하는 것을 목표로 한다. 소스 12-7은 del을 이용하여 딕셔너리가 저장된 dic 변수를 메모리에서 완전히 삭제하는 프로그램을 보여준다.

소스 12-7

```
dic = {'Phone' : '01011112222',  'Birth' : 1101}
dic[2] = 'b'
dic['Name'] = 'John'
dic['Phone'] = '01012341234'
print(dic)
del dic
print(dic)
```

출력 예
```
{'Phone': '01012341234', 'Birth': 1101, 2: 'b', 'Name': 'John'}
Traceback (most recent call last):
   File "C:/Data_structure_study/test.py", line 7, in <module>
      print(dic)
NameError: name 'dic' is not defined
```

라인 5의 출력문을 보면 라인 1~4에서 수행한 후 dic 변수의 데이터가 정상적으로 출력된 것을 확인할 수 있다. 라인 6을 자세히 보면 소스 12-5와는 다르게 딕셔너리 변수 dic만 적은 것을 확인할 수 있다. 이는 딕셔너리의 특정 키 값의 자료를 삭제하는 것이 아니라 선언되어 있는 딕셔너리 변수 dic를 메모리에서 완전히 삭제하는 명령이다. 그러므로 라인 7의 출력문을 확인해 보면 라인 5와는 다르게 에러를 발생하고 있다. 에러 내용은 변수 dic가 정의되어 있지 않다는 문구로, 라인 6에서 del을 이용하여 딕셔너리가 저장된 dic 변수를 삭제하였기 때문에 dic 변수는 정의되지 않은 변수로 나타난다.

딕셔너리 사용 시 주의사항

딕셔너리는 다른 시퀀스 자료형과는 다르게 키와 값을 쌍으로 사용하는 자료구조이다. 그러므로 다른 자료형과는 다르게 몇 가지 주의할 사항이 존재한다.

첫 번째로, 딕셔너리 자료형의 키 값은 상수만 사용할 수 있다. 다른 시퀀스 자료형과 마찬가지로 딕셔너리 자료형은 다양한 형태의 자료형을 자유롭게 저장할 수 있다. 하지만 딕셔너리의 키는 상수(변하지 않는 수)만 사용 가능하다. 딕셔너리 자료형은 데이터의 저장공간을 지정하거나 지정된 공간에서 데이터를 탐색할 때 키 값을 이용한다. 그러므로 딕셔너리 자료형에서 키 값은 절대로 변하지 않는 고유값으로 설정해야 한다. 만약 저장할 때의 키 값과 탐색할 때의 키 값이 다르면 딕셔너리는 절대로 자료의 위치를 찾을 수 없다. 그러므로 딕셔너리의 키 값으로 변수 또는 리스트 자료형 등을 사용할 경우 에러가 발생한다. 소스 12-8은 키 값으로 리스트 자료형을 사용하는 프로그램을 보여준다.

소스 12-8

```
dic = {[1,2] : 'hello'}
```

출력 예
```
Traceback (most recent call last):
   File "C:/Data_structure_study/test.py", line 1, in <module>
      dic = {[1,2] : 'hello'}
TypeError: unhashable type: 'list'
```

라인 1은 딕셔너리 변수 dic에 키 값으로 [1,2]를 지정하고 그 값으로 'hello'를 저장한다. 여기서 딕셔너리 키 값으로 지정한 리스트값은 프로그램 실행 도중 언제든지 변경이 가능하기 때문에 고유값을 가져야 하는 키 값에 오류가 발생한다. 출력 예제를 보면 에러 메시지로 'unhashable type: 'list''가 출력되며 리스트 자료형으로는 해시코드를 생성할 수 없다는 의미이다.

두 번째 주의사항은 딕셔너리에서 중복된 키 값을 사용하면 제일 나중에 선언한 키 값이 저장된다. 딕셔너리는 키 값을 이용하여 데이터를 저장 및 검색하므로 키는 고유한 값이어야 한다. 하지만 데이터를 초기화하는 과정에서 동일한 키 값을 저장할 가능성이 있는데, 이렇게 중복된 키 값을 사용할 경우에는 마지막에 선언한 키 값에 대한 데이터가 저장된다. 소스 12-9는 중복된 키를 사용하여 딕셔너리를 초기화한 프로그램을 보여준다.

소스 12-9

```
01 dic = {1 : 'a', 1: 'b'}
02 print(dic)
```

출력 예 `{1: 'b'}`

라인 1에서 딕셔너리를 생성할 때, 키가 1인 두 개의 데이터를 생성한다. 딕셔너리 자료형은 동일한 키 값을 사용할 수 없으므로 파이썬은 마지막에 선언된 키 값과 데이터를 첫 번째 키 값의 데이터와 교환하게 된다. 그러므로 라인 2에서 dic 변수를 출력하였을 때, 결과는 뒤의 1: 'b' 데이터만 출력된다. 근본적으로 딕셔너리의 키 값은 고유값이다. 그러므로 실수로 중복되는 키 값을 선언하는 일이 없도록 주의해야 한다.

반복문과 함께 쓸 수 있는 딕셔너리 함수

딕셔너리는 자료형인 만큼 데이터를 저장하거나 접근할 때 유용한 함수들이 존재한다. 이번 장에서는 딕셔너리에서 사용되는 함수 중 반복문인 for 문과 활용 가능한 keys() 함수와 values() 함수, items() 함수에 대해 알아보도록 한다.

함수	의미	반환 객체
keys()	딕셔너리 자료형에서 키(Key) 값만을 모아 반환	dic_keys
values()	딕셔너리 자료형에서 데이터(Value)값만을 모아 반환	dic_values
items()	키와 데이터의 쌍을 튜플 형태로 반환	dic_items

소스 12-10은 딕셔너리의 keys() 함수를 이용하여 키 값만 출력하는 프로그램을 보여준다.

소스 12-10

```
01 dic = { 'name' : 'John', 'Phone' : '010-1111-2222', 'Birth' : 1101}
02 for x in dic.keys():
03     print(x)
```

출력 예

```
name
Phone
Birth
```

keys() 함수는 딕셔너리 자료형에서 키(Key) 값만을 모아서 반환하는 함수이다. 파이썬 3.0 이전 버전에서는 키 값을 모아서 리스트(list) 자료형으로 반환하였지만 파이썬 3.0 이후부터는 dic_keys 객체로 반환한다. dic_keys 객체는 리스트 자료형처럼 기본적인 반복(iterate) 구문을 실행할 수 있기 때문에 반복문인 for 문과 함께 사용하면 딕셔너리의 모든 키 값을 얻어올 수 있다.

라인 1은 dic 변수를 선언하고 딕셔너리 자료형의 데이터를 선언한 소스코드이다. 라인 2는 딕셔너리의 keys() 함수를 이용해서 dic에서 모든 키 값을 가져온다. 이때 for 반복문을 이용해서 dic_keys 객체로 접근해 모든 키 값을 하나씩 x 변수로 가져온다. for 반복문은 dic_keys의 모든 키 값을 한 번씩 접근하면서 x 변수에 저장하며, 모든 키 값에 대한 접근이 완료되면 반복을 종료한다. 라인 3은 매 반복마다 x 변수에 대입되는 키 값을 출력하는 소스코드로 출력 결과를 보면 모든 키 값이 출력된 것을 확인할 수 있다.

소스 12-11은 values() 함수를 이용하여 딕셔너리 자료형에서 데이터(value)값만 출력하는 프로그램을 작성한 소스코드이다.

소스 12-11

```
01 dic = { 'name' : 'John', 'Phone' : '010-1111-2222', 'Birth' : 1101}
02 for x in dic.values():
03     print(x)
```

출력 예

```
John
010-1111-2222
1101
```

values() 함수는 keys() 함수와 반환되는 값만 다를 뿐 동작 방식은 같다. values() 함수는 딕셔너리 자료형에서 데이터값만 모아 dic_values 객체로 반환하는 함수로 사용방법은 소스 12-10과 같기 때문에 자세한 설명은 생략하도록 하겠다. 라인 2에서 dic.values() 함수는 딕셔너리의 데이터값을 dic_values 객체로 반환하고 dic_values 객체에 저장된 모든 값들을 한 번씩 접근하면서 변수 x에 대입한다. 라인 3은 x 변수에 저장된 데이터값을 print() 함수로 출력한다.

소스 12-12는 items() 함수를 이용하여 딕셔너리 자료형에서 키와 데이터쌍을 가져와 출력하는 프로그램을 보여준다.

소스 12-12

```
01  dic = { 'name' : 'John', 'Phone' : '010-1111-2222', 'Birth' : 1101}
02  for x, y in dic.items():
03      print(x, y)
```

출력 예

```
name John
Phone 010-1111-2222
Birth 1101
```

items() 함수는 keys(), values()와는 다르게 키와 데이터값을 튜플 형태로 반환한다. 튜플은 리스트와 비슷한 자료형으로 그 쓰임새는 같지만 이미 생성된 값의 삭제, 수정이 불가능한 특징이 있다. items() 함수는 딕셔너리 자료형의 키와 데이터를 dic_items 객체로 반환하고, dic_items 객체는 딕셔너리의 키와 값을 튜플(key, value) 형태로 반환하기 때문에 for 반복문은 라인 2와 같이 2개의 변수 x와 y로 각 값들을 저장한다. 라인 2를 통해서 튜플(key, value)의 값은 각각 x 변수에 key 값이, y 변수에는 value 값이 저장된다. 그러므로 라인 3과 같이 x 변수와 y 변수를 출력하면 각각 키 값과 데이터값이 출력된다.

12.3 딕셔너리 응용 예제

딕셔너리의 이해를 돕기 위해 몇 가지 예제를 풀어보도록 한다. 소스 12-13 예제는 딕셔너리 자료형으로 데이터를 저장하고 저장한 데이터를 출력하는 코드이다. 딕셔너리 자료형은 우리가 일반적으로 사용하는 영한 사전으로 구성하였다.

소스 12-13

```
dic = {'dictionary' : '사전', 'python' : '파이썬', 'zoo':'동물원','school':
'학교', 'university':'대학교'}
for key, data in dic.items():
        print('key: %10s, value:%5s' %(key, data))
```

입력 예	없음

출력 예

```
key:        zoo, value:  동물원
key:     school, value:   학교
key: dictionary, value:   사전
key: university, value:  대학교
key:     python, value:  파이썬
```

라인 1은 dic 변수에 딕셔너리 자료형으로 사전 데이터를 초기화한다. 라인 3~4는 반복문으로 items() 함수로 반환되는 dic 변수의 키와 값을 key와 data 변수에 순차적으로 대입하고 반복하는 코드이다. 라인 4는 매 반복마다 키와 값을 print() 함수를 이용하여 출력한다.

소스 12-14 예제는 소스 12-13과 같은 영한 사전 딕셔너리 데이터형을 초기화한 후 사용자 입력으로 영어 단어를 입력하면, 그 단어에 대한 한국어를 출력해주는 프로그램이다.

소스 12-14

```
01  dic = {'dictionary':'사전', 'python':'파이썬', 'zoo':'동물원',
02         'school':'학교', 'university':'대학교'}
03  iv = input('input english word: ')
04  if iv in dic:
05      print('%s\'s mean %s.'%(iv,dic[iv]))
06  else:
07      print('%s is not in dic.'%iv)
```

입력 예	input english word: dictionary

출력 예

```
input english word:dictionary
dictionary
dictionary's mean 사전.
```

입력 예	input english word: test

출력 예

```
input english word:test
test
test is not in dic.
```

라인 1은 dic 변수에 딕셔너리 자료형으로 사전 데이터를 초기화한다. 라인 3은 영어 단어 입력을 위해 iv 변수에 사용자로부터 입력된 값을 저장하는 코드이다. 라인 4부터는 입력된 값에 대한 데이터를 찾는 조건문이다. dic 자료형은 영어 단어가 키 값으로 저장되며 영어 단어에 대한 한국어가 데이터값으로 저장되기 때문에 사용자는 영한사전에서 영어 단어에 대한 한국어 검색이 가능하다. 그러므로 사용자는 영어 단어를 입력하게 되고 우리는 입력된 영어 단어를 이용하여 한국어를 출력해야 한다. 이미 우리는 dic 자료형에 키 값으로 영어를, 데이터값으로 한국어를 저장하였기 때문에 사용자 입력으로 받은 영어 단어가 dic 변수의 키 값으로 존재하는지 검색하면 된다.

라인 4는 위에서 설명한 것과 같이 사용자가 입력한 영어 단어가 dic 변수의 키 값으로 존재하는지에 대해 검색하는 과정으로 if iv in dic: 이라는 문장을 이용하였다. 여기서 사용한 in이라는 연산자는 dic 자료형의 키 값으로 iv값이 존재하는지의 유무를 검색하는 연산자로 만약에 dic 변수의 키 값으로 사용자가 입력한 키 값이 존재하면 True를 반환한다. 예를 들어 사용자가 입력한 iv값이 'dictionary'라면 in 연산자는 dic의 키 값을 모두 탐색하여 'dictionary' 키가 존재하는지 찾는다. 만약 값이 존재한다면 True를 반환한다.

라인 5는 키 값이 존재할 때의 출력문으로 dic[iv]와 같이 입력한 키 값에 대한 한국어를 출력하게 된다. 라인 6은 else 문으로 만약 dic 변수 내 입력된 키 값이 없으면, 라인 7과 같이 입력한 영어 단어에 대한 한국어가 존재하지 않음을 출력하는 코드이다.

소스 12-15 예제는 'q'가 입력될 때까지 영어 단어를 입력하는 프로그램이다. 이때 반복적으로 입력되는 단어의 수를 세어 같은 단어가 몇 번 입력되었는지 출력한다.

소스 12-15

```
dic = dict()
while True:
   name = input()
   if name == 'q':
      break
   else:
      if name in dic:
         dic[name] += 1
      else:
         dic[name] = 1
for name, count in dic.items():
   print('name: %s, count: %d'% (name, count))
```

입력 예

```
bear
cat
dog
dog
```

```
bear
bear
q
```

출력 예

```
name: bear, count: 3
name: cat, count: 1
name: dog, count: 2
```

우선 입력 예제를 보면 영어 단어가 반복적으로 입력되는 것을 확인할 수 있다. 위 프로그램은 사용자가 'q'를 입력할 때까지 반복적으로 영어 단어를 입력받는다. 만약 사용자가 'q'를 입력하면 프로그램은 입력을 종료하고 지금까지 입력한 영어 단어의 횟수를 출력한다. 출력 예를 보면 bear, cat, dog 세 개의 영어 단어가 입력되었으며 bear는 3번, cat은 1번, dog는 1번 입력되었기 때문에 출력 예제와 같은 결과를 볼 수 있다. 위 프로그램을 작성한 코드는 아래와 같다.

우선 사용자의 입력을 반복적으로 받으면서 입력한 값이 'q'인지 아니면 다른 영어 단어인지 판단해야 한다. 라인 2는 while 반복문을 무한 반복하는 코드로 조건문을 True로 설정한다. 그 후 라인 3은 사용자로부터 단어 입력을 받아 name 변수에 저장한다. 라인 4는 입력한 name 변수를 검사하여 만약 입력한 값이 'q'라면 프로그램을 종료하고 'q'가 아니라면 입력한 단어에 대한 횟수를 저장하는 과정을 수행한다.

입력한 단어의 횟수를 저장하기 위해서 우리는 딕셔너리 자료형을 사용할 예정이다. 우선 딕셔너리 자료형의 키 값으로 입력한 단어를 저장할 예정이며 키 값에 대한 데이터값으로 단어의 입력 횟수를 저장할 예정이다. 만약 사용자가 'bear', 'dog'를 순서대로 입력했다면 딕셔너리 자료형에는 {'bear':1, 'dog':1}이 저장될 것이다. 위 과정을 수행하기 위해 우선 라인 1과 같이 dic 변수를 딕셔너리 자료형으로 초기화한다. 그 후 'q'값이 아닌 단어값이 입력되었을 때 라인 7~10 과정을 수행한다. 이 과정은 단어의 횟수를 저장하는 부분으로 우선 라인 7과 같이 사용자가 입력한 단어가 이미 dic 변수의 키 값으로 저장되어 있는지 확인한다. 만약 이미 dic 변수의 키 값으로 단어가 저장되어 있다면, 같은 단어를 한 번 더 입력한 것이므로 라인 8과 같이 단어의 개수를 1 증가시켜 준다. 만약 라인 9와 같이 입력한 단어값이 키 값으로 존재하지 않는다면 새로운 키 값을 추가시켜 주고 그 키 값의 데이터값으로 1을 저장한다. 라인 11~12는 위의 'q'가 입력되었을 때 마지막으로 실행되는 문장으로, dic 변수 내 모든 키와 값을 출력하는 반복 출력문이다. 결국, 사용자가 입력한 단어는 키 값으로 저장되어 있고, 입력 횟수는 데이터로 저상되어 있기 때문에, 입력한 단어에 대한 입력 횟수를 순차적으로 출력하게 된다.

소스 12-16

```
01 num = int(input())
02 score = dict()
03 sum = 0
04 avg = 0
05 for i in range(num):
06     ivalue = input().split()
07     score[ivalue[0]] = ivalue[1]
08 for n, val in score.items():
09     print('name: %s, score: %d'%(n, val))
10     sum+=int(val)
11 avg = sum/len(score)
12 print('average: %.2f'% (avg))
```

입력 예

```
4
kimseokjin 97
younjisung 95
jeonmingeon 94
parkjunhong 100
```

출력 예

```
name: kimseokjin, score: 97
name: younjisung, score: 95
name: jeonmingeon, score: 94
name: parkjunhong, score: 100
average: 96.5
```

소스 12-16은 학생의 이름과 점수를 딕셔너리에 입력하고, 입력한 학생들의 점수와 평균 점수를 출력하는 프로그램이다. 출력은 소수점 둘째 자리까지 반올림하여 출력한다.

우선 라인 1과 같이 입력할 학생의 수를 사용자로부터 입력받는다. 그 후 라인 5와 같이 입력할 학생 수만큼 반복하면서 사용자로부터 이름과 점수를 입력받는다. 이번 예제의 사용자 입력 부분은 다른 예제와 조금 다른 점이 있는데, 2개의 입력을 한 줄에 입력 받고 공백을 기준으로 각각의 입력값을 저장한다. 우선 입력값 이름과 점수를 띄어쓰기를 기준으로 한 줄에 입력받는다. 한 줄로 입력받은 값은 문자열로 저장되는데, 이때 문자열을 `split()` 함수를 이용하여 분리해 준다. 예를 들어 'kimseokjin 97'이 입력값으로 입력되면 공백을 기준으로 'kimseokjin'은 이름, 95는 점수로 분리해야 한다. 라인 6은 입력받은 문자열을 분리하는 소스코드로 `input()` 함수는 문자열을 입력받으므로 문자열 내장함수인 `split()`을 이용하면 공백을 기준으로 문자열을 분리해준다. 분리된 문자열은 리스트 자료형으로 ivalue 변수에 저장된다. 그러므로 'kimseokjin'과 97은 각각

ivalue[0]과 ivalue[1]에 저장될 것이다.

ivalue 리스트에 저장된 각 값을 딕셔너리에 저장하기 위해 우선 라인 2와 같이 score 변수를 딕셔너리 자료형으로 초기화한다. 그 후 라인 7과 같이 score의 키 값으로 이름값이 저장되어 있는 ivalue[0]를, score의 데이터값으로 점수가 저장되어 있는 ivalue[1]을 사용한다.

딕셔너리에 데이터가 모두 저장되면 다음으로 저장된 데이터를 순차적으로 출력해야 한다. 라인 8부터 9까지는 score 딕셔너리 자료형에 저장되어 있는 키와 데이터값을 items() 함수를 이용하여 출력하는 부분이다. 라인 10의 sum 변수의 경우 score 변수에 저장된 모든 점수를 더하기 위한 변수로 사용된다. 라인 11은 평균을 구하기 위한 명령어이며 최종적으로 라인 12와 print() 함수를 이용하여 같이 평균값을 출력한다.

연습 문제

01 입력된 이름 중 동명이인의 이름과 수를 출력하시오.

입력 예
```
3
Tom
Tom
Jerry
```

출력 예
```
name : Tom, number : 2
```

02 애너그램을 판별하는 프로그램을 작성하시오.

- 애너그램: 어떠한 단어의 문자를 재배열하여 다른 뜻을 가지는 다른 단어로 바꾸는 것

입력 예
```
'abcd'
'acdb'
```

출력 예
```
It is anagram.
```

입력 예
```
'abcd'
'afdd'
```

출력 예
```
It isn't anagram.
```

03 전화번호를 관리하는 프로그램을 작성하시오.

입력 예 1

```
example input phone number : 000-0000-0000
1.save, 2.search, 3.end

select number : 1
input name : kimjaehoon
input phone number : 010-1234-1234
```

입력 예 2

```
select number : 2
search : kimjaehoon
```

출력 예 1

```
select number : 2
search : kimjaehoon
010-2666-0542
```

입력 예 3

```
select number : 2
search : 010-2666-0542
```

출력 예 2

```
select number : 2
search : 010-2666-0542
kimjaehoon
```

입력 예 4

```
select number : 3
삭제 이름 : 김재훈
```

출력 예 3

```
번호 선택 : 3
삭제 이름 : 김재훈
김재훈 삭제되었습니다.
```

입력 예 5

```
번호 선택 : 4
```

출력 예 4

```
번호 선택 : 4
전화번호부를 종료합니다.
```

CHAPTER

13 표준 라이브러리

13.1 표준 라이브러리 설명

컴퓨터 프로그래밍에서 표준 라이브러리(standard library)란 프로그래밍 언어의 여러 구현체에서 통용될 수 있도록 만들어진 라이브러리이다. 표준 라이브러리는 일상적으로 프로그래밍 과정에서 개발자들의 개발 편의성 및 효율성을 위해 제공되는 미리 만들어진 함수의 모음이라 볼 수 있다. 파이썬 라이브러리에서는 다양한 기능의 모듈(함수)을 지원하는데 우리는 이 중에서 운영체제와 상호작용하기 위한 `os` 모듈과 디렉터리 경로 내 파일 및 디렉터리 접근 및 제어 모듈, 무작위 요소 선택 및 랜덤한 값을 얻기 위해 사용되는 모듈인 `random` 모듈, C언어 표준에서 정의된 수학 함수를 사용할 수 있도록 지원하는 `math` 모듈, 인터넷 통신을 위한 인터넷 접근 모듈, 날짜와 시간 정보에 접근하여 시간 출력 또는 제어를 위한 모듈에 대해 알아본다.

13.2 os 모듈

`os` 모듈은 운영체제와의 상호작용을 위한 다양한 함수를 제공한다. 예를 들어 현재 작업 위치를 반환하거나 디렉터리 경로 내 파일명을 읽어오거나 현재 프로세스(프로그램)의 아이디 값을 받아오는 등의 기능을 제공한다. os 모듈의 다양한 기능 중에서 환경변수 확인 기능과 현재 작업 디렉터리 위치 확인 기능, 작업 디렉터리 위치 변경하기 기능에 대해 알아본다.

환경변수 확인(environ)

운영체제에 설정된 환경변수를 읽어오는 코드이다. 환경변수는 프로세스가 컴퓨터에서 동작하는 방식에 영향을 미치는, 동적인 값들의 모임이다. 쉽게 말해 `os`의 동작을 위해서나 프로그램들을 실행시킬 때 `os` 또는 프로그램이 참조하는 변수라고 할 수 있다. 다음은 환경변수를 확인하는 코드 예시이다.

소스 13-1

```
01 import os
02 print(os.environ)
```

출력

```
environ({'ALLUSERSPROFILE': 'C:\\ProgramData', 'APPDATA':
'C:\\Users\\22ema\\AppData\\Roaming', 'COMMONPROGRAMFILES':
'C:\\Program Files\\Common Files'})
```

라인 1은 os 모듈을 불러오기 위한 코드이다. 지금부터 각 라이브러리를 불러오기 위해서는 import라는 키워드를 사용하게 된다. import는 파이썬에서 제공하는 표준 라이브러리 외에도 외부에서 생성한 사용자 라이브러리들을 가져오기 위해 사용한다. import는 '수입하다', '가져오다'라는 뜻을 가지고 있으며 파이썬에서는 다른 프로그램으로부터 데이터를 갖고 온다는 것을 뜻한다. 라인에서는 os 모듈의 environ 변수값을 가져와 출력하는 부분이다. os 모듈의 environ 변수는 os의 환경변수를 저장하고 있으므로 이 값을 출력하면 os에 설정된 환경변수들이 출력된다.

현재 작업 디렉터리(폴더) 위치 확인(getcwd())

getcwd() 함수는 현재 작업 디렉터리를 문자열 형태로 반환하는 함수이다. 디렉터리는 윈도우에서는 폴더라고 불리우며 getcwd() 함수는 현재 폴더의 경로를 출력해 준다. 아래는 현재 작업 디렉터리의 경로를 출력하는 코드 예시이다.

소스 13-2

```
01 import os
02 path = os.getcwd()
03 print(path)
```

출력

```
C:\Data_structure_study
```

우선 라인 1을 통해 os 모듈을 불러온다. 그 후 라인 2와 같이 path 변수에 os.getcwd() 함수의 문자열 반환값을 저장한다. 라인 3은 현재 작업 디렉터리 경로가 저장된 path 변수를 출력하는 출력문이다.

작업 디렉터리 위치 변경하기(os.chdir())

현재 작업 디렉터리의 위치를 변경하고 싶다면 os.chdir() 함수를 사용하면 된다. os.chdir()의 매개변수로 원하는 경로를 상대경로 또는 절대경로 기준으로 입력하게 되면 작업 디렉터리의 경로가 변경된다. 아래는 작업 디렉터리 경로를 변경하는 코드 예시이다.

소스 13-3

```
01 import os
02 path = os.getcwd()
03 print(path)
04 os.chdir('./test')
05 path = os.getcwd()
06 print(path)
```

출력
```
C:\Data_structure_study
C:\Data_structure_study\test
```

라인 2는 path 변수에 os.getcwd() 함수를 이용하여 현재 디렉터리의 경로를 저장한다. 라인 4는 현재 작업 디렉터리 위치를 변경하는 chdir() 함수를 이용해서 디렉터리의 경로를 현재 디렉터리 경로 안에 있는 'test' 디렉터리로 변경한다. 그 후 변경된 경로를 확인하기 위해 라인 5와 같이 getcwd() 함수를 다시 호출하여 현재 작업디렉터리를 path 변수에 저장한 후 print() 함수로 출력한다. 출력 결과를 보면 'test' 디렉터리로 디렉터리가 변경됨을 알 수 있다.

그 밖의 유용한 os 모듈 관련 함수

아래의 표는 자주 사용되는 os 모듈 관련 함수를 정리한 것이다. 아래 표에 있는 os 모듈 관련 함수들을 각각 실습해보면서 확인해 보기 바란다.

함수	설명
os.mkdir(directory path)	디렉터리 생성
os.rmdir(directory path)	디렉터리 삭제(단, 디렉터리가 비어있을 때만 가능)
os.unlink(file path)	파일 삭제
os.rename(src, dst)	파일 이름 변경(src라는 이름의 파일을 dst로 변경)

13.3 디렉터리 경로 내 파일 접근 모듈

os 모듈을 통해 환경변수를 알아보거나 작업 디렉터리 변경 등을 시도해 보았다. 이번 장에서는 직접 파일에 접근하여 파일을 다루는 모듈에 대해 알아보도록 한다. 파일을 직접 제어하는 모듈에는 파일의 복사, 이동, 삭제가 가능한 shutil 모듈과, 디렉터리 내 파일 리스트와 관련된 내용을 제어하는 glob 모듈 등이 있다.

shutil 모듈

shutil 모듈은 파일과 파일 모음에 대한 여러 가지 고수준 연산을 제공한다. 특히 파일 복사, 이동, 삭제를 지원하는 함수가 제공된다.

파일 복사(copy)

copy() 함수는 두 개의 매개 변수를 가진다. 첫 번째 변수는 복사하려고 하는 파일의 경로를 지정하고, 두 번째 매개 변수는 복사하려고 하는 위치 경로와 파일 이름을 문자열로 입력한다. 예를 들어, "./test/Readme.txt"의 파일을 "./test2/Readme2.txt"로 복사를 하고 싶다면, shtil.copy("./test/Readme.txt", "./test2/Readme2.txt")와 같이 소스코드를 작성하면 된다. 아래 소스 13-4는 copy() 함수의 예시이다. 예시들과는 다르게 출력은 없으며 파일의 복사를 그림을 통해 보여준다.

소스 13-4

```
01 import shutil
02 shutil.copy("./README.md", "./README2.md")
```

<실행 결과>

우선 라인 1과 같이 import를 통해 shutil 모듈을 가져온다. 라인 2는 copy() 함수를 사용하여 현재 디렉터리 내 README.md 파일을 복사한 후, 동일 디렉터리에 README.md 파일을 복사하되 그 파일 이름을 README2.md로 변경한다.

파일 또는 디렉터리 옮기기(move)

move() 함수는 파일이나 디렉터리를 다른 위치로 옮기고 대상을 반환한다. move() 함수는 두 개의 매개 변수를 가진다. 첫 번째 매개변수는 이동하려고 하는 파일이나 디렉터리의 경로, 두 번째 매개변수는 옮기려고 하는 경로의 디렉터리 또는 파일명을 입력한다. 예를 들어 소스코드 shutil.move("./test/Readme.txt", "./test2/Readme.txt")는 test 디렉터리에 있던 Readme.txt 파일이 test2 디렉터리로 이동하게 된다. 이외에도 move() 함수를 다르게 사용할 수 있는데, 동일 디렉터리에 파일의 이름만 바꿔서 이동시키면 파일명을 바꿀 수 있다. 그리고 옮기려고 하는 디렉터리에 이미 같은 이름의 파일이 있으면 그 파일을 덮어씌우기 때문에 주의해서 함수를 사용하여야 한다.

다음은 move() 함수의 예시이다.

소스 13-5

```
01 import shutil
02 shutil.move("./test/README.md", "./test2/README.md")
```

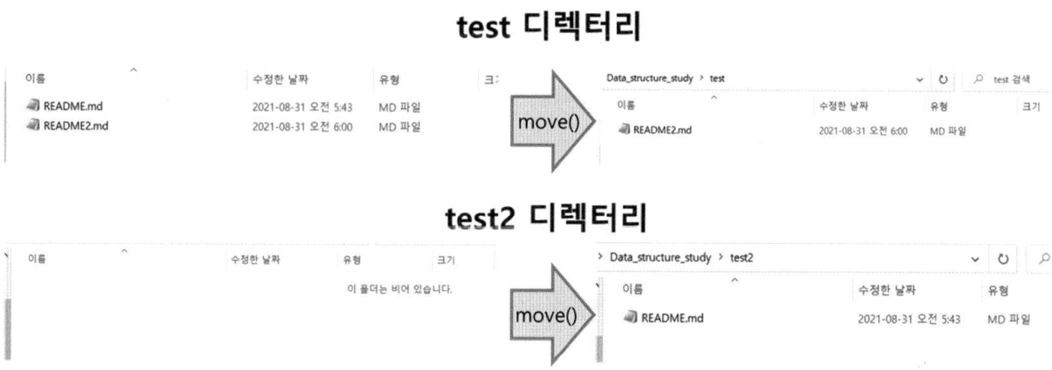

라인 2를 보면 move() 함수를 사용하여 test 디렉터리 내 README.md 파일을 test2 디렉터리로 이동시킨다.

glob 모듈

glob 모듈은 규칙에 따라 지정된 패턴과 일치하는 모든 경로명 및 파일을 찾아 반환하는 모듈이다. glob() 함수는 매개변수로 입력되는 경로이름의 파일 및 디렉터리들을 리스트 형태로 반환한다. 다음은 glob() 함수의 예시이다.

소스 13-6

```
01 import glob
02 file_list = glob.glob('./test/*.*')
03 print(file_list)
```

출력
```
['./test/good_python_coding.csv', './test/README2.md', './test/test.txt']
```

우선 라인 1번과 같이 glob 모듈을 import한다. 다음으로 라인 2와 같이 glob() 함수를 사용하여 test 디렉터리 내 모든 파일을 읽어와 변수 file_list에 저장하는 코드이다. 라인 3은 file_list 변수를 출력하는 코드이다. 출력된 결과로 현재 디렉터리의 하위 디렉터리인 test 디렉터리의 내부 모든 파일명이 `list` 형태로 출력된 것을 확인할 수 있다.

`glob()` 함수를 사용할 때, 인수를 정규식을 통해 표현할 수 있다. 예를 들어 파일명의 길이가 1이고, 그 파일명이 0과 9 사이의 숫자를 가진 모든 파일을 불러오고 싶을 때, `glob.glob('[0-9].*')` 코드를 작성하면 된다. 다음은 정규식을 활용한 `glob()` 함수 응용 예시이다.

소스 13-7

```
01  import glob
02  file_list = glob.glob('./test/*[0-9].*')
03  print(file_list)
```

출력
```
['./test/README2.md']
```

우선 소스 13-7의 `test` 디렉터리 내의 파일 리스트가 13-7과 같다고 가정한다. 라인 2는 `glob()` 함수를 사용하여 `test` 디렉터리의 모든 파일 중 파일명의 끝에 0과 9 사이의 수를 가지는 파일만 읽어와 변수 `file_list`에 저장한다. 출력 결과로 소스 13-6과 다르게 `README2.md` 파일만 출력되는 것을 확인할 수 있다.

13.4 random 모듈

`random` 모듈은 무작위 요소를 선택하거나 랜덤한 값을 얻기 위해 사용되는 모듈이다. 예를 들어 1~50까지의 수 중에서 무작위의 수를 선택하여 사용하고자 할 때 `random` 모듈을 이용하면 쉽게 난수를 생성할 수 있다. `random` 모듈에서 자주 쓰이는 함수 몇 가지를 소개한다.

함수	설명
seed()	난수 생성기를 초기화
randint()	임의의 정수값을 반환
choice()	시퀀스 데이터에서 임의의 요소를 반환
shuffle()	시퀀스 데이터를 임의의 순서로 섞고 새로 섞인 값을 반환
random()	임의의 부동 소수점 0.0 <= x < 1.0 값을 반환

시드(seed)값 초기화(seed())

파이썬과 자바, C 등 여러 언어에서 난수를 생성할 때는 어떠한 기준을 통해 난수를 생성한다. 이때 사용하는 기준을 시드(seed)라고 한다. 결국 프로그램을 실행할 때마다 동일한 시드값을 사용하는 경우 매 실행 시 동일한 난수값이 출력된다. 그러므로 대부분의 프로그래밍 언어에서는 매 실행 시마다 다른 난수값을 얻기 위해 기본 시드를 현재 소요 시간 또는 날짜 등으로 사용한다. 파이썬에서는 seed() 함수의 인자 기본값을 None으로 설정하고 있기 때문에, 매개변수가 없이 seed() 함수만 호출하게 되면 현재의 시간이 시드로 설정된다. 현재 파이썬에서는 random 모듈을 import할 때, 현재 시각으로 시드가 설정되기 때문에 seed() 함수를 별도로 호출할 필요는 없다. 하지만 프로그램 실행 중 seed값의 변경을 원한다면 ranom 모듈의 seed() 함수를 호출하면 된다.

정해진 범위 내 임의의 정수값 반환(randint())

randint() 함수는 두 개의 매개변수를 받아 두 수 사이 임의의 정수 N을 반환하는 함수이다. 다음은 randint() 함수의 예시이다.

소스 13-8

```
01 import random
02 for i in range(5):
03     print(random.randint(0, 100), end=' ')
```

출력

```
29 32 34 19 36
```

라인 1은 random 모듈을 import한다. 라인 2~3은 random 모듈의 randint() 함수를 5번 호출하여 결과를 출력하는 부분으로, 라인 3은 random 모듈의 randint() 함수의 매개변수를 0과 100으로 설정하였다. 결국, randint() 함수는 0~100 사이 임의의 정수 N을 반환하여 출력한다. 프로그램이 실행될 때마다 seed() 함수가 호출되기 때문에 출력 결과는 매 실행마다 다르게 출력된다.

시퀀스 데이터에서 임의의 요소 반환(choice())

choice() 함수는 영어 뜻 그대로 여러 개의 원소가 있을 때, 그중 하나를 선택하는 함수이다. choice() 함수는 매개변수로 시퀀스 자료형이 입력되며 시퀀스 자료 내 원소를 랜덤하게 반환한다. 다음 예시는 choice() 함수의 예시이다.

소스 13-9

```
import random
fruit_list = ['apple', 'banana', 'lemon', 'mango']
print(random.choice(fruit_list))
```

출력

```
apple
```

라인 2는 시퀀스 자료인 리스트 변수 fruit_list를 선언하는 코드이다. 라인 3은 choice() 함수의 매개변수로 리스트 자료형인 fruit_list 변수를 전달한다. 결국 choice() 함수는 fruit_list의 원소들 중 랜덤한 한 개의 값을 선택하여 반환해 준다.

시퀀스 데이터를 임의의 순서로 섞기(shuffle())

shuffle() 함수는 시퀀스 데이터를 매개변수로 받아 시퀀스 데이터 내 원소를 임의의 순서로 바꾸는 함수이다. 다음 예시는 shuffle() 함수의 예시이다.

소스 13-10

```
01 import random
02 fruit_list = ['apple', 'banana', 'lemon', 'mango']
03 random.shuffle(fruit_list)
04 print(fruit_list)
```

출력

```
['lemon', 'apple', 'banana', 'mango']
```

라인 2는 시퀀스 자료인 리스트 변수 fruit_list를 선언하는 코드이다. 라인 3은 shuffle() 함수의 인수로 fruit_list 변수를 사용하여 fruit_list의 원소들의 순서를 임의로 변경한다. 결국 라인 4와 같이 shuffle() 함수로 바뀐 fruit_list 변수를 출력하면 리스트의 원소들의 순서가 변경된 것을 알 수 있다.

0~1 사이의 임의의 부동 소수점을 반환(random())

random() 함수는 0에서 1 사이의 소수값을 반환하는 함수로, 간단하게 무작위의 부동 소수값을 출력하기 위해 자주 사용하는 함수이다. 다음 예시는 random() 함수의 예시이다.

소스 13-11

```
01 import random
02 for i in range(5):
03     print(random.random())
```

출력

```
0.4608777172436501
0.3824875441163875
0.1711790979434189
0.45063666067074293
0.021892911566403384
```

random() 함수의 반환값을 알아보기 위해 라인 2와 같이 random() 함수를 5번 반복한다. 라인

3은 random() 함수의 반환값을 출력하는 출력문으로 0에서 1 사이의 부동 소수점값을 무작위로 출력한다.

13.5 math 모듈

파이썬에서의 math 모듈은 C언어 표준 라이브러리에 정의된 수학함수를 사용할 수 있게 한다. math 모듈은 수학과 관련된 다양한 함수들과 상수들이 정의되어 있어 파이썬 프로그래밍으로 여러 수학적인 문제들을 쉽게 해결할 수 있다. 아래 표는 math 모듈에서 자주 쓰이는 함수 몇 가지를 소개한다.

함수	설명	함수	설명
ceil()	소수점 이하 올림	fabs()	절대값
factorial()	x 계승을 정수로 반환	sin()	삼각함수 sine값 반환
floor()	소수점 이하 내림	tan()	삼각함수 tangent값 반환
gcd()	최대 공약수 반환	cos()	삼각함수 cosine값 반환
exp()	지수 함수값 반환	asin()	역사인값 반환
log()	로그값 반환	atan()	역 탄젠트값 반환
pow()	제곱	acos()	역코사인값 반환
sqrt()	제곱 근		

소수점 자리 숫자 올림(ceil())

ceil() 함수는 매개변수 값보다 크거나 같은 가장 작은 정수인 x의 천장값(ceiling)을 반환한다. 예를 들어 10.2라는 수가 ceil() 함수의 인수로 전달되면 반환값으로 11이라는 수가 반환된다. 다음은 ceil() 함수의 예제이다.

소스 13-12

```
import math
print(math.ceil(99.2))
print(math.ceil(0.11111))
print(math.ceil(5.9))
print(math.ceil(-3.22))
```

출력

```
100
1
6
-3
```

우선 라인 1과 같이 `math` 모듈을 `import`한다. 라인 2~5는 `ceil()` 함수를 호출하여 반환값을 출력하는 출력문이다. 라인 2는 99.2의 올림값이 반환되어 100이 출력되고 라인 3도 0.11111의 올림값이 반환되어 1이 출력된다. 라인 4번과 5번도 마찬가지로 올림값이 반환되어 6과 –3이 출력된다.

x 계승을 정수로 반환(factorial())

`factorial()` 함수는 수학의 팩토리얼 연산을 구현한 함수이다. 예를 들어 3이 함수의 매개변수로 입력되면 1×2×3의 결과인 6이 반환된다. 다음은 `factorial()` 함수의 예제이다.

소스 13-13

```
01 import math
02 print(math.factorial(10))
03 print(math.factorial(5))
04 print(math.factorial(3))
```

출력

```
3628800
120
6
```

라인 2~4는 각 `factorial()` 함수에 매개변수로 10, 5, 3을 전달한다. 각 `factorial()` 함수는 전달받은 인자에 대한 팩토리얼 연산을 수행한 후 그 결과를 반환한다. 라인 2는 1에서 10까지의 팩토리얼 결과값인 3628800이 출력되는 것을 확인할 수 있고, 라인 3은 1에서 5까지, 라인 4는 1에서 3까지의 팩토리얼 결과가 출력되는 것을 확인할 수 있다.

소수점 자리 숫자 내림(floor())

`floor()` 함수는 매개변수로 전달받은 값에 대한 바닥값(floor)을 반환한다. 예를 들어 0.11111이 인수로 주어진다면 출력값은 0.11111의 바닥값인 0을 반환한다. 다음 예제는 `floor()` 함수의 예제이다.

소스 13-14

```
import math
print(math.floor(99.2))
print(math.floor(0.11111))
print(math.floor(5.9))
print(math.floor(-3.22))
```

출력

```
99
0
```

```
5
-4
```

라인 2~5는 `floor()` 함수의 반환값을 출력하는 함수이다. 라인 2는 99.2의 바닥값인 99를 출력하고 라인 3은 0.11111의 바닥값인 0을 출력한다.

최대공약수 반환(gcd())

`gcd()`는 매개변수로 전달받은 정수값에 대한 최대공약수를 반환한다. 예를 들어 28과 16을 `gcd()` 함수의 전달 인자로 입력하였을 때, 두 수의 최대공약수인 4가 반환된다. 다음은 `gcd()` 함수의 예제이다.

소스 13-15

```
01 import math
02 print(math.gcd(28, 16))
03 print(math.gcd(121, 66))
04 print(math.gcd(65416, 1234))
```

출력

```
4
11
2
```

라인 2~5는 `gcd()` 함수의 반환값을 출력하는 함수이다. 라인 2는 28과 16을 인수로 하는 `gcd()` 함수의 반환값으로 최대공약수 4를 출력한다. 라인 3은 121과 66의 최대공약수인 11을 출력하고, 라인 4는 65416과 1234의 최대공약수인 2를 출력한다.

제곱근 반환(sqrt())

`sqrt()` 함수는 매개변수로 전달되는 인수값의 제곱근을 반환하는 함수이다. 예를 들어 49를 인수로 가지는 `sqrt()` 함수는 반환값으로 49의 제곱근인 7을 반환하게 된다. 다음은 `sqrt()` 함수의 예제이다.

소스 13-16

```
import math
print(math.sqrt(49))
print(math.sqrt(7))
print(math.sqrt(64))
```

```
출력    7.0
        2.6457513110645907
        8.0
```

라인 2~4는 sqrt() 함수의 매개변수로 값을 전달하고 그 결과값을 출력하는 함수이다. 라인 2~4는 각각 매개변수로 49, 7, 64가 전달되며 각 출력값으로 7.0, 2.64575..., 8.0이 출력된다.

다음 예제는 직각 삼각형의 가로와 세로 길이를 입력하여 빗변의 길이를 구하는 프로그램이다. 이 문제를 해결하기 위해 피타고라스 정의를 활용한다.

소스 13-17

```
01  import math
02  width = float(input("직각 삼각형의 가로 길이를 입력하세요. "))
03  height = float(input("직각 삼각형의 세로 길이를 입력하세요. "))
04  print('가로길이 %.1f, 세로길이 %.1f의 빗변의 길이는 %.1f 입니다.'
05       %(width, height, math.sqrt(width**2 + height**2)))
```

```
입력 예1  직각 삼각형의 가로 길이를 입력하세요. 3
          직각 삼각형의 세로 길이를 입력하세요. 4
```

```
출력 예1  직각 삼각형의 가로 길이를 입력하세요. 3
          직각 삼각형의 세로 길이를 입력하세요. 4
          가로길이 3.0, 세로길이 4.0의 빗변의 길이는 5.0 입니다.
```

우선 라인 2, 3과 같이 직각 삼각형의 가로와 세로 길이를 입력받는다. 직각 삼각형의 빗변의 길이는 피타고라스의 정의를 활용할 수 있는데 수식은 다음과 같다.

$$\sqrt{width^2 + height^2}$$

위 수식을 소스코드로 표현하면 라인 5와 같이 표현할 수 있으며 sqrt() 함수를 이용하여 최종 제곱근을 구할 수 있다.

13.6 인터넷 접근 모듈

smtplib 모듈

`smtplib` 모듈은 간이 전자 우편 전송 프로토콜(Simple Mail Transfer Protocol, SMTP)을 사용하여 메일을 보내는 데 사용할 수 있는 SMTP 클라이언트 세션을 정의한다. 쉽게 말해, 메일을 보내는 데 사용되는 도구인 SMTP를 이용하여 메일을 보내기 위한 모듈이다. SMTP를 이용하여 메일을 보내는 방법을 소스코드를 이용하여 알아본다. 소스 13-18부터 13-21까지의 소스코드는 메일 보내는 전체 소스를 단계별로 설명한다. 그러므로 완성된 소스코드는 13-21을 참고하면 된다.

첫 번째로, 소스 13-18은 SMTP 서버 연결을 위한 설정 단계이다.

소스 13-18 SMTP 서버 연결 설정

```
01  import smtplib
02  smtp = smtplib.SMTP('smtp.gmail.com', 587)
```

우리가 일반적으로 메일 서버를 구성할 수 없기 때문에 이미 만들어진 메일 서버를 이용하여 메일을 보내 보도록 하겠다. 현재 구글에서는 메일을 보내기 위한 SMTP 서버를 제공해준다. 물론 구글에서 제공하는 메일 서버를 이용하기 위해서는 구글 계정을 소유하고 있어야 한다. 그러므로 계정이 없다면 구글 계정을 먼저 생성한 후 예제를 수행하기 바란다.

우선 라인 2와 같이 구글 메일 서버에 연결하기 위해 `SMTP()` 함수를 호출한다. `SMTP()` 함수의 매개변수루는 서버 주소와 포트번호가 입력되어야 하며 예제와 같이 구글 SMTP 서버 주소와 포트(port) 번호를 입력하면 된다.

다음으로 소스 13-19는 라인 2에서 설정한 서버에 연결하는 단계이다.

소스 13-19 SMTP 서버 연결

```
01  import smtplib
02  smtp = smtplib.SMTP('smtp.gmail.com', 587)
03  smtp.starttls()
04  smtp.login('python@gmail.com', 'password')
```

라인 3의 `starttls()` 함수는 라인 2에서 설정한 SMTP 서버에 연결을 시작하는 코드이다. 그 후 라인 4와 같이 구글 계정과 비밀번호를 이용하여 로그인하는 메일 서버에 연결한다. 중요한 점은 위의 비밀번호는 단순한 계정 비밀번호가 아닌 구글 계정의 앱 비밀번호이다. 구글 계정의 앱 비밀번호를 설정하는 방법은 아래와 같다.

우선 구글 계정으로 로그인 한 후 'Google 계정 관리'에 접속한다.

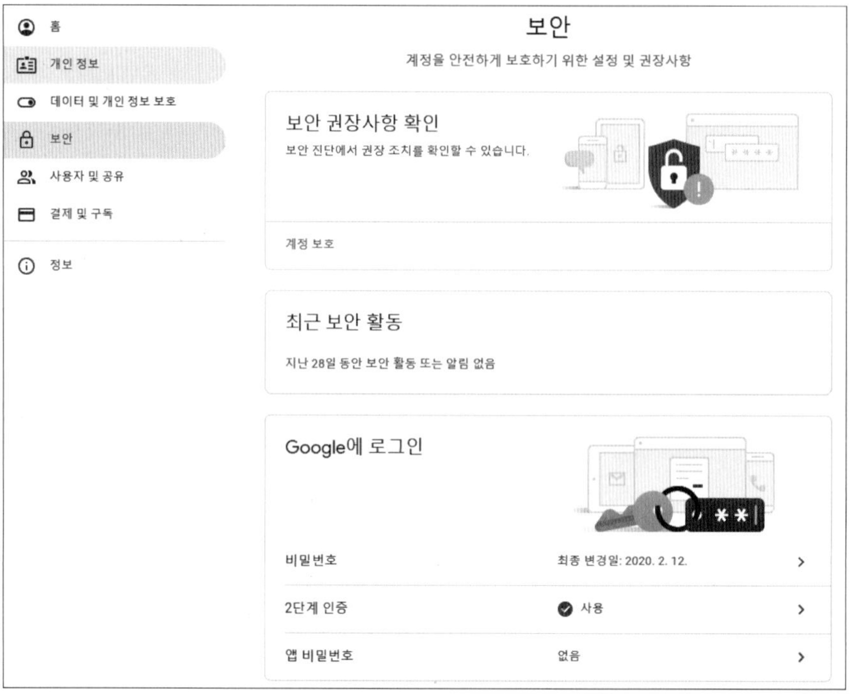

구글 계정관리의 왼쪽 메뉴에서 '보안' 메뉴를 클릭하면 위 그림과 같이 'Google에 로그인'이라는 메뉴가 나타날 것이다. 'Google에 로그인' 메뉴에는 '2단계 인증'과 '앱 비밀번호' 메뉴가 존재하며 '앱 비밀번호' 메뉴를 클릭하면 아래 그림과 같이 앱 비밀번호를 설정할 수 있는 단계로 진입하게 된다.

앱 비밀번호 설정 탭에서는 사용할 앱과 기기를 선택하면 된다. 우선 사용할 앱은 '메일'로 선택한 후 설정할 기기를 선택하면 되는데 각자 사용하는 기기와 운영체제에 맞춰서 선택해주면 된다. 보통 우리는 데스크탑 또는 노트북에서 윈도우즈 운영체제를 쓰기 때문에 'Windows 컴퓨터'를 선택한다. 그후 '생성' 버튼을 누르면 아래 그림과 같이 앱 비밀번호를 얻을 수 있다.

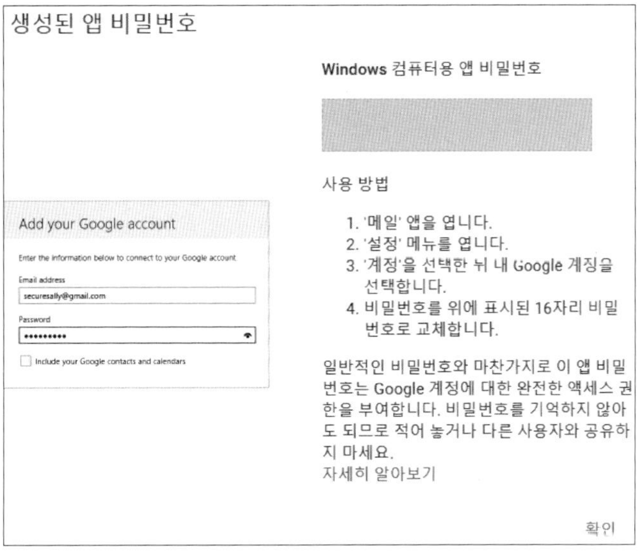

소스 13-20은 메일 내용 작성을 위해 MIMEText 모듈을 사용하여 메일을 작성한다.

소스 13-20 메일 작성

```
01 import smtplib
02 from email.mime.text import MIMEText
03 smtp = smtplib.SMTP('smtp.gmail.com', 587)
04 smtp.starttls()
05 smtp.login('python@gmail.com', 'password')
06 ## 메일 내용 작성
07 msg = MIMEText('본문 테스트 메시지')
08 msg['Subject'] ='테스트'
09 msg['To'] ='python2@gmail.com'
```

라인 7은 MIMEText 객체를 선언하여 이메일의 본문을 작성하고 msg 변수에 대입한다. 그 후 이메일의 제목과 메일을 보낼 사람의 메일 주소는 msg 변수를 이용하여 설정할 수 있다. 라인 8과 같이 msg 변수의 'subject'값으로 제목을 저장할 수 있고 라인 9와 같이 'To'값으로 보낼 사람의 메일 주소를 설정할 수 있다.

소스 13-21은 메일 전송에 대한 완성된 코드를 보여준다.

소스 13-21 메일 전송

```
01 import smtplib
02 from email.mime.text import MIMEText
03 smtp = smtplib.SMTP('smtp.gmail.com', 587)
04 smtp.starttls()
05 smtp.login('python@gmail.com', 'password')
06 ## 메일 내용 작성
07 msg = MIMEText('본문 테스트 메시지')
08 msg['Subject'] ='테스트'
09 msg['To'] ='python2@gmail.com'
10 ## 메일 전송
11 smtp.sendmail('python@gmail.com', 'python2@gmail.com', msg.as_string())
12 smtp.quit()
```

라인 9까지 메일에 대한 설정을 완료한 후 라인 11과 같이 `sendmail()` 함수를 이용하여 메일을 보낼 수 있다. `sendmail()` 함수의 첫 번째 매개변수는 보내는 사람의 메일 주소, 두 번째는 보낼 사람의 메일 주소, 마지막은 전송할 메시지를 입력한다. 마지막으로 메일 전송을 완료한 후 `quit()` 함수를 이용하여 메일 서버와의 연결을 끊는다.

urllib 패키지 내 urllib.request 모듈

`urlib` 모듈은 인터넷과 관련된 웹 주소 체계(Uniform Resource Locator, URL) 작업을 위해 여러 모듈을 모은 패키지이다. 그중 `urllib.request` 모듈은 인터넷 상의 URL을 열고 그 데이터를 읽기 위한 모듈이다. `request` 모듈에는 여러 함수가 있지만, 기본적인 함수 세 가지만 간단히 알아본다.

소스 13-22는 `urlopen()` 함수를 이용하여 웹사이트에 접속하는 예제이다.

소스 13-22 웹페이지의 상태 확인하기

```
import urllib.request
response = urllib.request.urlopen('http://code.cu.ac.kr')
status = response.status
print(status)
```

출력

```
200
```

우선 라인 1과 같이 urllib 패키지의 request 모듈을 import한다. 그 후 라인 2와 같이 urlopen() 함수를 이용하여 매개변수로 입력된 URL의 웹 페이지를 불러올 수 있다. 웹 페이지 주소는 위 소스코드에서 작성한 주소 이외에 여러 주소를 입력할 수 있으니 다양한 주소를 시도해 보기 바란다. urlopen() 함수는 웹 사이트에 접속을 시도한 후 그 결과값을 객체 형태로 반환한다. 라인 2는 반환된 결과값을 response 변수에 저장한다. 그 후 라인 3에서는 response 변수에 저장된 웹페이지의 상태를 판단하기 위해 response 객체의 맴버 변수인 status값을 status 변수에 저장한다. 라인 4는 status 변수에 저장된 값을 출력하기 위한 코드이다. 출력된 값은 HTTP 상태 코드이며 2xx은 클라이언트가 요청한 동작을 수신하여 이해했고 승낙했으며 성공적으로 처리했음을 가리킨다. 그중 200은 서버가 요청한 페이지를 제공했다는 의미로 쓰인다.

소스 13-23 웹 페이지 읽어오기

```
01 import urllib.request
02 response = urllib.request.urlopen('http://code.cu.ac.kr')
03 print(response.read())
```

출력

```
b'<!DOCTYPE html>\n<html>\n<head>\n  <title>DCU Code</title>\n  <meta charset="utf-8">\n  <meta name="viewport" content="width=device-width, initial-scale=1.0">\n  <meta http-equiv="X-UA-Compatible" content="IE=edge,chrome=1"/>\n  <meta name="renderer" content="webkit"/>\n  <link rel=" shortcut icon" href="/static/favicon.ico">\n <link rel="icon" href="/static/favicon.ico">\n\n  <link href="/static/css/loader.css" rel="stylesheet">\n  <script>\n    // IE 10 and earlier\n    if (window.navigator.userAgent.indexOf(\'MSIE \') > 0 &&\n window.confirm(\'\xed\x95\xb4\xeb\x8b\xb9 \xeb\xb8\x8c\xeb\x9d\xbc\xec\x9a\xb0\xec\xa0\x80\xec\x97\x90\xec\x84\x9c\xeb\x8a\x94 ....(생략)
```

소스 13-23은 웹 페이지에 접속하여 웹 페이지의 데이터를 읽어오는 예제이다. 라인 3과 같이 response 객체의 read() 함수를 호출하면 웹 페이지에서 전달해준 데이터를 전달받을 수 있으며 그 내용을 출력하면 출력 예제와 같이 HTML 형식의 데이터가 출력되게 된다. 웹 브라우저는 이 데이터를 별도로 분석하여 화면에 변환시켜주며 우리는 웹 브라우저가 변환한 코드를 이용하여 웹 사이트의 내용을 확인할 수 있다.

13.7 datetime 모듈

datetime 모듈은 날짜와 시간을 조작하는 클래스를 제공한다. 보통 현재 기준 달력을 만들거나 시계를 구현할 때 사용되며, 13.4에서 학습한 random 모듈의 시드값을 설정할 때도 사용되기도 한다. datetime 모듈에는 date 객체와 time, datetime, timedelta, tzinfo, timezone 객체가 있다. 이 중 자주 사용하게 되는 date 객체와 datetime 객체에 대해 알아본다.

년, 월, 일을 가지고 있는 클래스(datetime.date)

datetime.date 객체에서 today() 메서드를 호출하게 되면 date 객체의 맴버 변수에 현재 년도와 월, 일을 저장하게 된다. 다음은 현재 연도와 월, 일을 출력하는 예시이다.

소스 13-24

```
01 import datetime
02 today_date = datetime.date.today()
03 print(today_date.year)
04 print(today_date.month)
05 print(today_date.day)
```

출력

```
2021
9
2
```

라인 1은 datetime 모듈을 임포트(import)하는 코드이다. 라인 2는 today_date 변수에 현재 년, 월, 일이 저장되어 있는 date 객체를 대입한다. 라인 3~5는 today_date 객체의 년, 월, 일을 출력하는 코드이다. 각 멤버 변수로 year, month, day에 접근하여 현재 년, 월, 일의 값을 가져와 출력할 수 있다.

날짜 정보 출력 및 제어 가능한 클래스(datetime.datetime)

datetime.datetime 객체는 date 객체와는 다르게 년, 월, 일뿐만 아니라 시, 분, 초, 밀리초의 정보도 반환한다. datetime 객체에도 today() 함수가 존재하며 이 함수는 현재 년, 월, 일뿐만 아니라 현재 시, 분, 초, 밀리초의 정보를 반환한다. 또한 datetime 객체에는 today() 함수와 비슷한 기능을 수행하는 now() 함수도 포함하고 있다. now() 함수는 today() 함수의 기능과 유사하게 동작하지만 표준 시(timezone)설정을 통해 기준 시를 변경할 수 있는 추가 기능을 가지고 있다. 이때 now() 함수는 date.timezone 객체를 이용하여 표준 시 설정이 가능하다. 다음은 datetime 클래스의 예시이다.

소스 13-25

```
01 import datetime
02 KST = datetime.timezone(datetime.timedelta(hours=9))
03 print(datetime.datetime.today())
04 print(datetime.datetime.now(tz=KST))
05 ## 미국 표준 시 기준 날짜와 시간 출력
06 print(datetime.datetime.utcnow())
```

출력

```
2021-09-02 15:54:56.391480
2021-09-02 15:54:56.391479+09:00
2021-09-02 06:54:56.391479
```

라인 1은 datetime 모듈을 사용하기 위해 임포트(import)하는 코드이다. 라인 2는 timezone 객체를 이용하여 KST 변수에 한국 표준 시를 설정한다. KST 변수는 now() 함수의 표준 시 설정을 위해 사용된다. 라인 3은 today() 함수를 이용하여 현재 년, 월, 일뿐만 아니라 현재 시와 분, 초, 밀리초의 정보를 출력한다. 라인 4는 now() 함수를 이용하여 현재 년, 월, 일, 시, 분, 초, 밀리초 정보를 출력하며 이때 표준 시를 KST 변수에 입력된 표준 시로 설정한다. 국제 표준 시의 경우 별도의 함수를 통해 제공해주는데 라인 6과 같이 utcnow() 함수를 호출하면 국제 표준 시를 기준으로 날짜 정보를 출력한다.

연습 문제

01 math 모듈을 활용하여 평면 벡터의 내적을 이용한 두 직선 사이의 각도 구하기 (소수 셋째 자리까지 반올림)

입력 예 1	1.245 2.254 2.245 3.245
출력 예 1	5.763
입력 예 2	7.358 10.741 15.214 9.145
출력 예 2	24.578

02 random 모듈을 활용하여 컴퓨터와 가위바위보를 하는 프로그램을 작성하시오. 사용자의 입력을 통해 가위, 바위, 보 중 하나를 입력하면 사용자 입력값과 random 모듈을 통해 출력된 가위바위보값을 비교하여 승패 유무를 결정한다.

- 힌트: 컴퓨터의 가위바위보 선택은 리스트 자료형으로 ['가위', '바위', '보']를 선언하고 choice() 함수를 이용하여 임의의 값을 반환받을 수 있다.

입력 예 1	바위
출력 예 1	바위 com : 보 승리
입력 예 2	가위
출력 예 2	가위 com : 바위 패배
입력 예 3	abcd
출력 예 3	abcd 잘못 입력했습니다.

03 datetime 모듈을 활용하여 today를 입력하면 오늘 날짜 정보를 출력하고 yesterday를 입력하면 어제 날짜 정보를 출력하고 tomorrow를 입력하면 내일 날짜 정보를 출력하는 코드를 작성하시오.

입력 예 1	today
출력 예 1	2021-07-15 16:51:00.578349
입력 예 2	yesterday
출력 예 2	2021-07-14 16:51:32.634977
입력 예 3	tomorrow
출력 예 3	2021-07-16 16:51:51.505653
입력 예 4	asdf
출력 예 4	잘못된 입력

CHAPTER

14 데이터 시각화

14.1 데이터 시각화의 필요성

데이터 시각화(data visualization)는 데이터 분석 결과를 쉽게 이해할 수 있도록 시각적으로 표현하고 전달되는 과정을 말한다. 컴퓨터 프로그래밍에서 데이터는 앞서 배운 `print()` 함수와 같은 출력문을 통해 텍스트 형태로 확인할 수 있었다. 또한, 지금까지 수행한 예제와 연습 문제들의 데이터들은 데이터가 많지 않고 간결하기 때문에 그 결과들을 눈으로 확인할 수 있는 수준이었다. 하지만, 컴퓨터 프로그래밍에서의 데이터는 상황에 따라 텍스트 형태로 확인이 불가능할 정도로 많은 데이터를 처리하는 경우가 있으며, 이러한 데이터들을 시간 단위 또는 일, 월, 년 단위로 확인해야 할 경우 그래프(graph) 형태로 확인하는 것이 훨씬 효과적이다. 그래프는 데이터를 시각화하는 대표적인 전달 매체로 전달력 향상을 위해 막대 그래프, 원형그래프 등의 다양한 형태로 표현할 수 있다.

데이터 시각화는 데이터를 보다 명확하고 효율적으로 전달하는 것에 있다. 데이터는 목적에 따라 각기 다른 특성을 가지며, 이러한 특성을 기준으로 시각화를 함으로써 전달력을 높일 수 있다. 예를 들어, 데이터에 시간적 특성이 반영되어 있고 데이터를 시간대별로 비교해야 할 경우, 꺾은 선 그래프 또는 경사 그래프와 같이 데이터의 변화가 한눈에 보이는 그래프를 사용하면 효과적이다. 데이터들 사이의 관계 즉, 상관관계를 찾아야 할 경우, 데이터들 사이의 변화 추세 및 분포 밀도를 표현할 수 있는 분산형 차트 또는 하이라이트 테이블이 효과적이다. 데이터가 불연속적으로 이루어져 있거나 데이터의 편차를 비교해야 할 경우, 데이터의 규모를 표현할 수 있는 막대 그래프 또는 혼합형 그래프를 사용하면 효과적이다. 이외에 공간, 흐름, 분포 등과 같은 데이터 특성이 존재하며, 이에 따른 적합한 그래프가 존재한다.

이번 장에서는 파이썬에서 제공하는 대표적인 데이터 시각화 라이브러리 중 하나인 `matplotlib`을 이용해 데이터를 시각화하는 방법에 대해 알아본다. 또한, 다양한 형태의 그래프를 구현해보며 상황에 맞는 효과적인 데이터 시각화 방법에 대해 알아보도록 한다.

14.2 시각화를 위한 그래프 및 라이브러리

데이터는 목적에 따라 특성이 존재하며, 그래프는 데이터가 가진 특성을 사용하여 효과적으로 데이터를 전달하는 하나의 수단이다. 이러한 그래프들의 종류는 선 그래프, 범위 그래프, 바(막대) 그래프, 산점도 그래프, 박스 그래프, 바이올린 그래프, 히스토그램, 파이 그래프와 같은 것들이 있다. 아래 그림은 왼쪽에서부터 순서대로 선 그래프, 범위 그래프, 바(막대) 그래프, 산점도 그래프, 박스 그래프, 바이올린 그래프, 히스토그램, 파이 그래프이다.

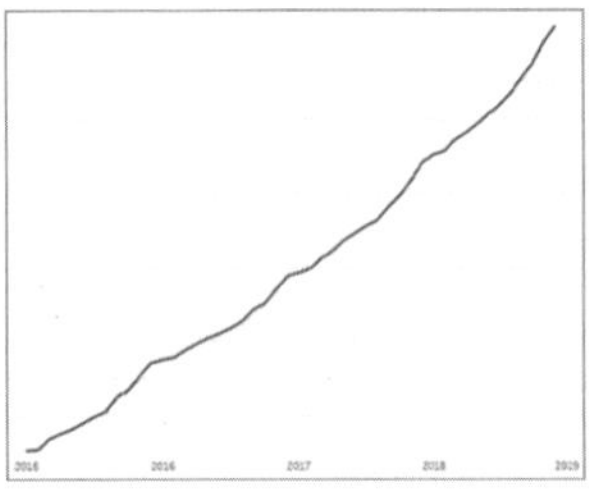

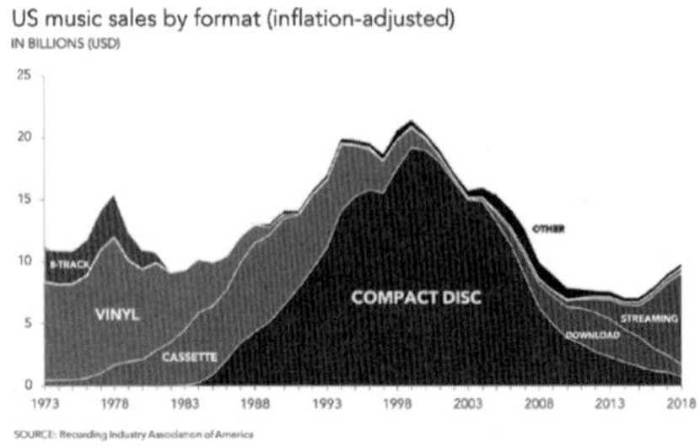

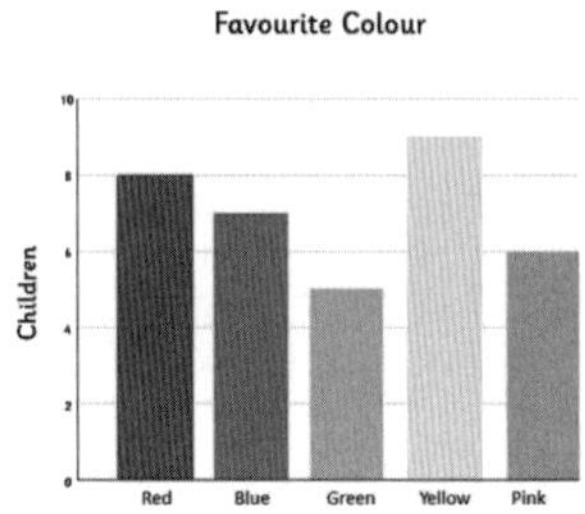

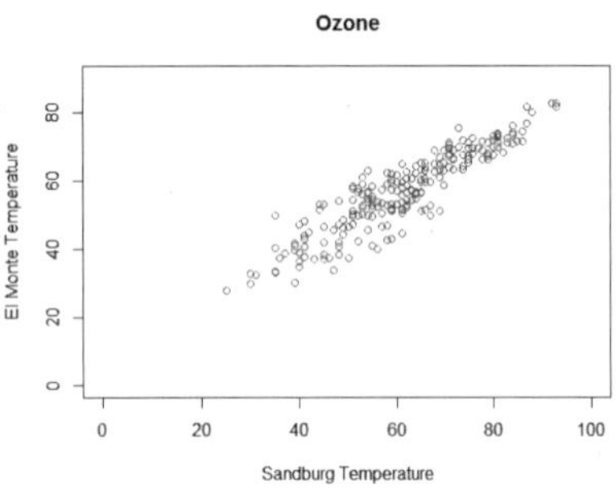

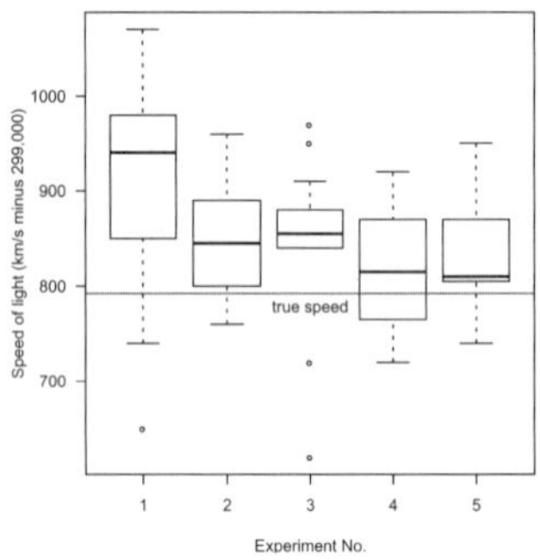

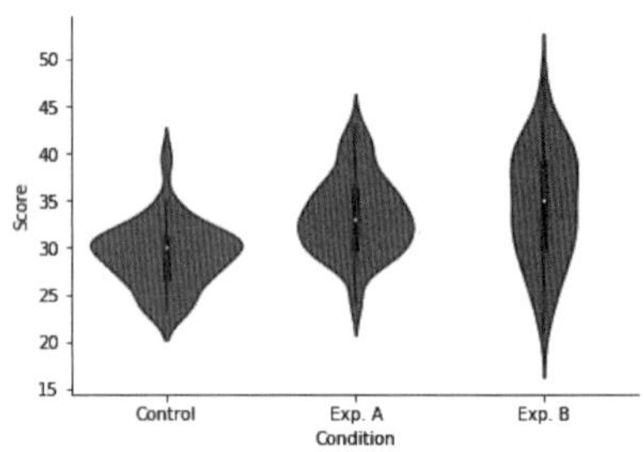

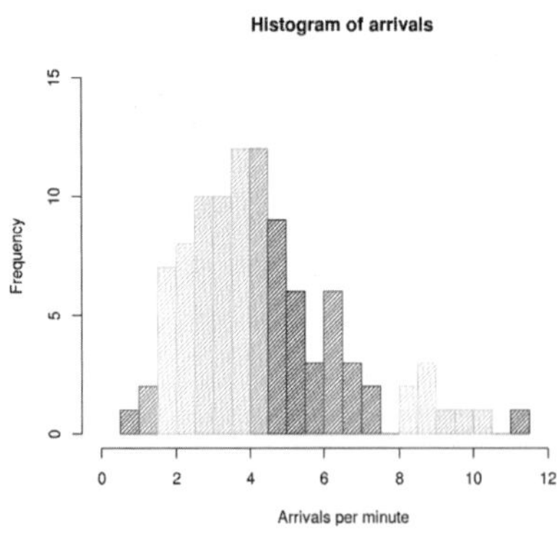

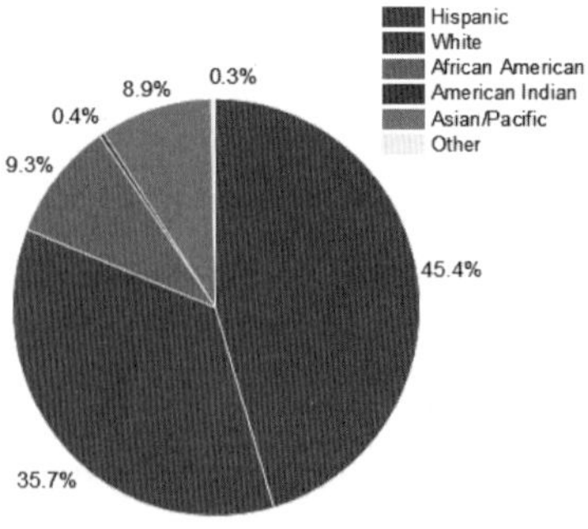

선 그래프의 경우 시간적 특성을 반영하여 데이터들을 표현하는 데 사용되며, 꺾은 선 그래프, 경사 그래프, 혼합 그래프 같은 종류가 있다. 범위 그래프는 꺾은 선형 그래프를 기반으로 축과 선 사이의 영역을 색상으로 강조한 그래프이며, 두 개 이상의 수량을 범위 그래프와 비교한다. 산점도 그래프는 데이터들 간의 관계를 표현하는 그래프이며, 데이터의 밀도를 통해 비교한다. 박스 그래프는 수치적 자료를 표현하는 그림으로 데이터를 가공하지 않고 그대로 사용하며, 다섯 가지 요약 수치(five number summary)을 기준으로 그래프를 그린다. 이때, 다섯 가지 요약 수치란 최소값, 제 1사분위, 제 2사분위, 제 3사분위, 최대값을 뜻한다. 바이올린 그래프는 박스 그래프와 동일하게 데이터의 분포를 표현하며, 가운데 흰색 점은 중앙값을 표현한다. 히스토그램은 막대 그래프 종류의 일종이며, 박스 그래프와 바이올린 그래프와 동일하게 데이터의 분포를 표현한다. 파이 그래프는 원형 그래프의 일종이며, 전체를 100%로 간주하여 데이터의 규모를 표현한다.

이러한 그래프들을 파이썬에서 표현하기 위해, 대표적으로 matplotlib 라이브러리와 seaborn 라이브러리를 사용한다. matplotlib 라이브러리의 경우, 그래프나 2차원 데이터를 시각화하는 데 사용하며, 출판물에 필요한 그래프를 만드는 데 맞춰서 설계되어 가장 많이 사용되는 라이브러리이다. seaborn 라이브러리는 matplotlib 라이브러리에서 지원하지 않는 고급 통계 차트를 지원하여 통계용 시각화 기능을 제공한다.

14.3 Matplotlib으로 그래프 그리기

이번 장에서는 시각화를 위한 라이브러리 중 matplotlib 라이브러리를 이용하여 그래프를 그려본다. matplotlib 라이브러리는 다양한 종류의 그래프를 지원한다. 이번 장에서는 그 중 대표적으로 사용되는 5가지의 그래프를 중점적으로 설명하도록 한다. 간단하게 matplotlib 라이브러리의 함수를 소개하고 Line 그래프와 Scatter 그래프, Pie 그래프, Histogram 그래프, Box 그래프를 설명한다. matplotlib을 사용하기 위해 먼저 라이브러리를 import해야 한다.

소스 14-1

```
import matplotlib.pyplot as plt
```

matplotlib 라이브러리 내 pyplot 모듈을 import한다. as는 import한 모듈의 이름이 길거나 다른 명칭으로 작성하고 싶을 때, 별칭으로 해당 모듈을 사용하기 위해 작성하는 코드이다. 본 소스에서는 matplotlib.pyplot 대신 코드에서 plt로 간단하게 사용할 수 있다. pyplot 모듈을 활용하여 다양한 그래프를 그릴 수 있다.

선 그래프 그리기 및 기본적인 함수 설명

선 그래프는 시간에 따라 지속적으로 변화는 데이터들을 기록할 때 유용하다. 데이터를 숫자로만 나타낼 경우, 지속적으로 변화하는 데이터의 흐름을 파악하기 힘들다. 선 그래프는 지속적으로 변화하는 데이터의 흐름을 파악하기 쉽고, 데이터의 추세를 예측할 수 있다는 장점이 있다. plot() 함수는 기본적인 선과 점 그래프를 그릴 때 사용되는 함수이다. 아래 예제는 plot() 함수를 이용하여 간단하게 선 그래프를 그리는 예제이다.

소스 14-2

```
01 import matplotlib.pyplot as plt
02 plt.plot(['50', '60', '70', '80', '90', '00', '10'],
03         [50, 70, 88, 120, 300, 2000, 3500])
04 plt.show()
```

출력

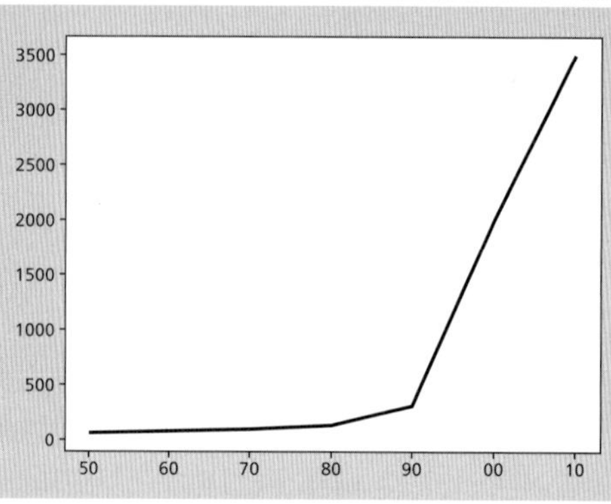

라인 1은 matplotlib.pyplot 모듈을 import하는 코드이다. 라인 2~3은 plot() 함수를 이용하여 그래프를 생성한다. x축의 값과 y축의 값을 리스트 형태로 plot() 함수의 인수로 사용하여 그래프를 생성한다. 라인 3은 show() 함수를 통해, plot() 함수를 통해 생성된 그래프를 시각화한다.

위의 예제에서 보여주는 그래프는 x축과 y축에서 어떤 데이터를 시각화하는지 알 수 없기 때문에 각 축에 대한 설명이 필요하다. matplotlib에서는 xlabel()과 ylabel() 함수를 이용하여 각 축에 대한 제목을 설정해 줄 수 있다. 소스 14-3은 xlabel()과 ylabel()에 대한 예제를 보여준다.

소스 14-3

```
import matplotlib.pyplot as plt
plt.plot(['50', '60', '70', '80', '90', '00', '10'],
        [50, 70, 88, 120, 300, 2000, 3500])
plt.xlabel('year')
plt.ylabel('number of student')
plt.show()
```

출력

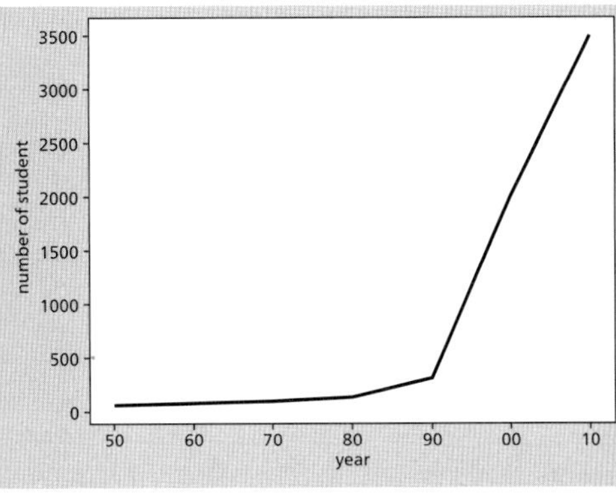

라인 1~3은 소스 14-2와 동일한 데이터를 plot() 함수로 그래프화한다. 라인 4는 xlabel() 함수로 x축의 축 제목을 "year"로 설정한다. 라인 5는 ylabel() 함수로 y축의 축 제목을 "number of student"로 설정하는 코드이다. 최종적으로 라인 6의 show() 함수를 통해 함수를 시각화한다.

일반적으로 우리는 두 가지 이상의 데이터를 비교하기 위해 하나의 그래프에 여러 개의 선을 그려 비교한다. matplotlib 라이브러리도 하나의 plot에 여러 그래프를 생성하여 시각화할 수 있다. show() 함수로 생성된 그래프를 시각화하기 전에 plot() 함수로 여러 개의 그래프를 생성하면 간단하게 구현 가능하다. 다음 예제는 두 개의 그래프를 그려 시각화한다.

소스 14-4

```
import matplotlib.pyplot as plt
plt.plot(['50', '60', '70', '80', '90', '00', '10'],
        [30, 35, 60, 85, 235, 1400, 2500])
plt.plot(['50', '60', '70', '80', '90', '00', '10'],
        [20, 25, 28, 35, 65, 600, 1000])
plt.xlabel('year')
plt.ylabel('number of student')
plt.title('Graduate Student Status')
plt.show()
```

출력

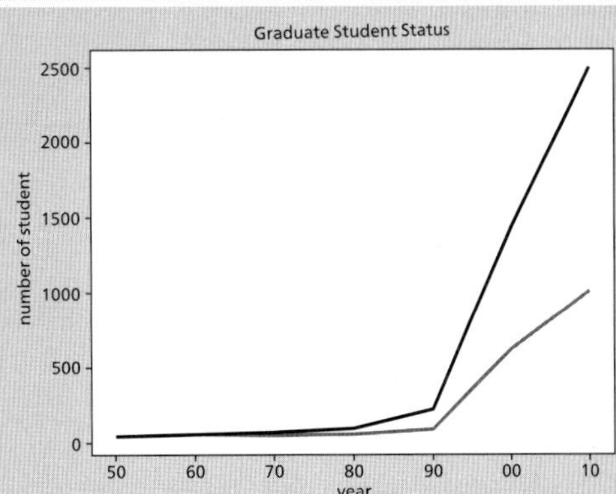

라인 2~5는 plot() 함수를 이용하여 2개의 선을 생성한다. x축의 값과 y축의 값을 리스트 형태로 plot() 함수의 인수로 사용하여 선을 생성한다. 이때 위의 예제들과는 다르게 plot() 함수를 두 번 호출하여 두 개의 선을 하나의 plot에 생성한다. 라인 8은 title() 함수로 그래프의 제목을 생성한다. 최종적으로 show() 함수를 통해 그래프를 시각화하면 출력 결과와 같이 하나의 플롯에 2개의 그래프가 출력된 것을 볼 수 있다.

막대 그래프 그리기

막대 그래프는 데이터의 양을 막대 모양의 길이로 나타낸 그래프이다. 막대 그래프는 데이터들의 크고 작음을 한눈에 파악할 수 있는 장점이 있다. 막대 그래프는 matplotlib 라이브러리에서 bar() 함수를 사용하면 만들 수 있다. 아래 소스 14-5는 bar() 함수를 이용하여 막대 그래프를 그리는 예제이다.

소스 14-5

```
01 import matplotlib.pyplot as plt
02 plt.bar(["korean", "English", "Math", "Science"],
03       [100, 90, 85, 50])
04 plt.xlabel('Subjects')
05 plt.ylabel('Score')
06 plt.title('Exam Results')
07 plt.show()
```

출력

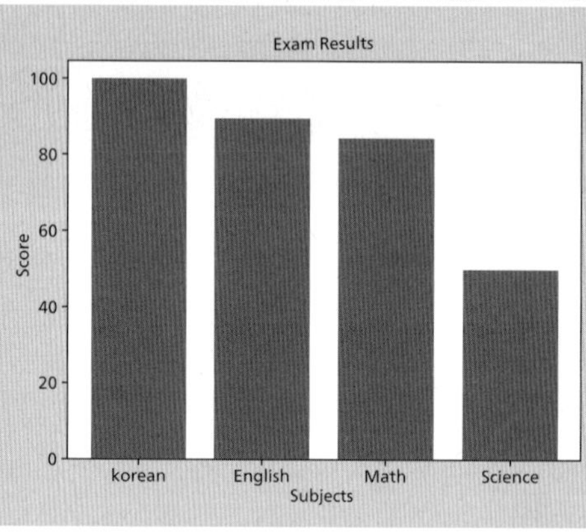

우선 라인 2~3은 plt 모듈의 bar() 함수를 이용하여 막대 그래프의 데이터를 설정하는 코드이다. 이때, x축의 데이터들과 y축에 해당하는 데이터를 인수로 작성한다. 라인 4~6에서는 x축, y축, 그래프의 제목을 설정한다. 마지막으로 라인 7과 같이 show() 함수를 이용하여 그래프를 시각화한다.

bar() 함수에는 그래프를 표현하기 위한 다양한 옵션들을 제공한다. bar() 함수의 인수를 통해 막대나 테두리의 색을 변경할 수 있으며 막대의 너비를 조정하는 등의 기능을 수행할 수 있다. 소스 14-6은 막대의 색과 너비를 변경하는 예제이다.

소스 14-6

```
01 import matplotlib.pyplot as plt
02 plt.bar(["korean", "English", "Math", "Science"],
03       [100, 90, 85, 50], width = 0.3, color = 'red')
04 plt.xlabel('Subjects')
05 plt.ylabel('Score')
06 plt.title('Exam Results')
07 plt.show()
```

출력

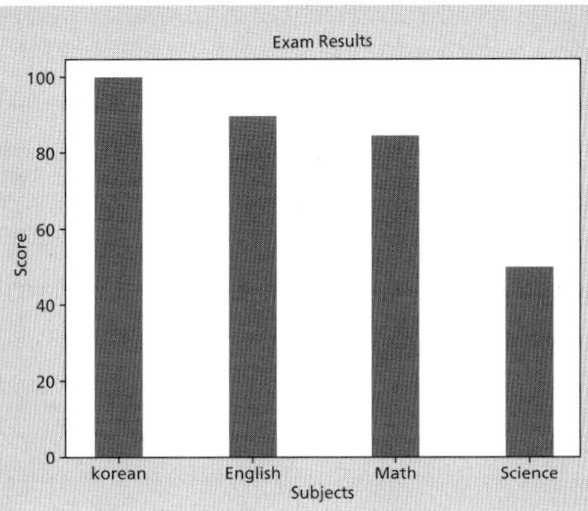

라인 2~3은 plt 모듈의 bar() 함수를 이용하여 막대 그래프를 그리는 코드이다. 이때, x축의 데이터들과 y축에 해당하는 데이터를 인수로 작성하며 그 뒤에 옵션값이 추가된 것을 확인할 수 있다. 이번 예제에서는 막대의 너비와 색을 추가적으로 설정하기 위해 bar() 함수의 인자로 width와 color값을 전달해준다. width 인자는 막대의 너비값을 전달할 수 있으며 color 인자는 막대의 색을 전달할 수 있다. 이번 예제에서는 막대의 넓이로 0.3을, 막대의 색으로 'red'값을 전달한다.

산점도 그래프 그리기

산점도 그래프는 직교 좌표계(도표)를 이용해 좌표상의 점들을 표시함으로써 두 개 변수 간의 관계를 나타내는 그래프 방법이다. 한마디로 도표 위에 두 변수 x와 y값이 만나는 지점을 표시한 그래프이다. matplotlib 라이브러리에도 산점도 그래프를 작성할 수 있는 함수가 있다. matplotlib.pyplot 모듈 내 scatter() 함수를 사용하면 산점도 그래프를 만들 수 있다. 소스 14-7은 scatter() 함수를 활용한 산점도 그래프 작성 코드이다.

소스 14-7

```
01  import matplotlib.pyplot as plt
02  import random
03  size = 100
04  data1 = range(0, size, 1)
05  xdata = random.sample(data1, size)
06  ydata = random.sample(data1, size)
07  plt.scatter(xdata, ydata, color='red', size=10)
08  plt.xlabel('x axis')
09  plt.ylabel('y axis')
10  plt.title('Result')
11  plt.show()
```

출력

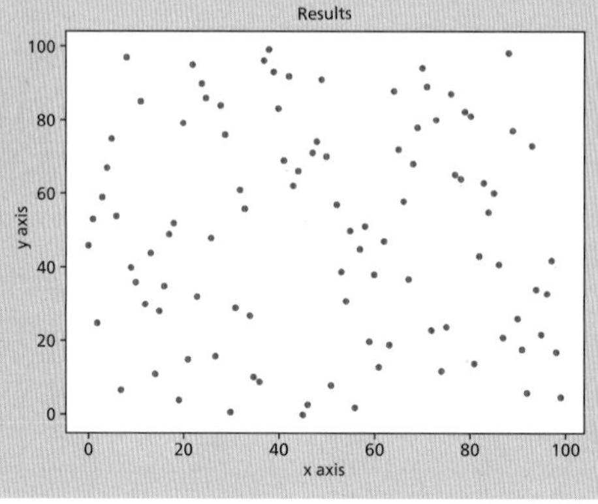

우선 산점도 그래프에 출력하기 위한 점의 좌표를 random 함수를 이용하여 무작위로 만들어 낸다. 이번 예제에서는 총 100개의 점을 생성할 예정이므로 라인 3과 같이 size 변수의 값을 100으로 선언한다. 그 후 라인 4와 같이 0~99까지의 값을 가지는 배열을 data1 변수에 할당하고, 라인 5~6과 같이 data1 배열의 수를 랜덤하게 뽑아 size 크기만큼의 배열을 만들어 xdata와 ydata 변수에 할당한다. 이렇게 하면 xdata와 ydata에 무작위의 좌표값 100개가 할당된다. 라인 7은 scatter() 함수를 이용하여 산점도 그래프를 그리는 코드이다. 이때, 산점도 그래프는 xdata을 x좌표, ydata를 y좌표로 사용하고 color는 'red' 그리고 점의 크기는 10으로 설정한다. 마지막으로 각 축과 그래프의 제목을 설정한 후 라인 11과 같이 show() 함수를 이용하여 생성된 그래프를 시각화한다.

파이 그래프 그리기

파이 차트는 범주별 구성 비율을 원형으로 표현한 그래프로, 부채꼴의 중심각을 구성 비율에 비례하도록 표현한 그래프이다. 다음 소스 14-8은 pyplot 모듈 내 pie() 함수를 사용하여 좋아하는 과일의 비율에 대한 파이 차트를 그린 예제이다.

소스 14-8

```
01 from matplotlib import pyplot as plt
02 rvalue = [34, 32, 16, 18]
03 lvalue = ['Pineapple', 'Banana', 'Melon', 'Mango']
04 plt.pie(x=rvalue, labels=lvalue, autopct='%.1f%%')
05 plt.show()
```

출력

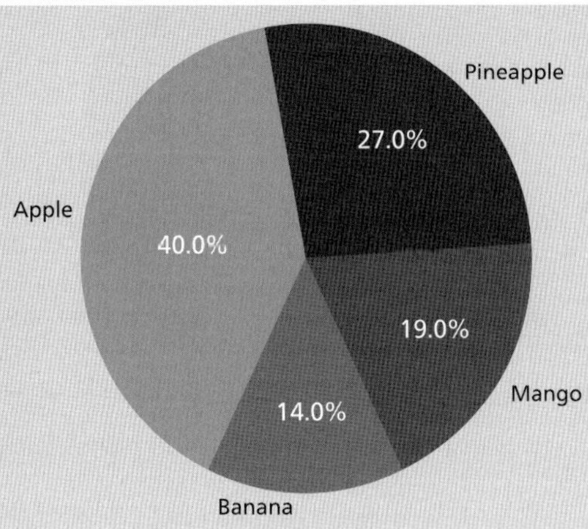

우선 라인 2와 같이 각 항목에 대한 비율을 저장한 리스트를 생성한다. 그 후 라인 3과 같이 각 비율에 대한 영역 이름을 저장한 리스트를 생성한다. 라인 4는 pie() 함수를 이용하여 파이 차트를 그리기 위한 파라미터를 설정한다. 우선 기본적인 파이 차트를 그리기 위해 x와 labels, autopct의 파라미터 값을 지정해준다. x는 파이 차트의 비율값을 리스트 형태로 전달하며 labels는 각 비율값에 대한 이름을 리스트 형태로 전달한다. 두 개의 리스트는 각 인덱스의 위치로 병합되며 출력 예제와 같이 rvalue의 비율값에 lvalue의 제목이 매칭되어 출력된 것을 확인할 수 있다. autopct은 각 항목의 백분율값을 어떤 형식으로 표시할지 정하기 위해 문자열 포맷팅을 활용하여 나타낸다. 라인 5는 show() 함수를 통해 생성된 그래프를 시각화한다.

다음 소스 14-9는 소스 14-8에서 그린 기본 파이 차트에서 시작 각도와 방향, 중심에서 벗어난 정도, 그림자, 색상을 지정한 예제이다.

소스 14-9

```
from matplotlib import pyplot as plt
rvalue = [27, 40, 14, 19]
lvalue = ['Pineapple', 'Apple', 'Banana', 'Mango']
explode = [0.04, 0.04, 0.04, 0.04]
colors = ['cyan', 'blueviolet', 'chocolate', 'green']
```

```
06  plt.pie(x=rvalue, labels=lvalue, autopct='%.1f%%',
07          startangle=200, counterclock=False, explode=explode,
08          shadow=True, colors=colors)
09  plt.show()
```

출력

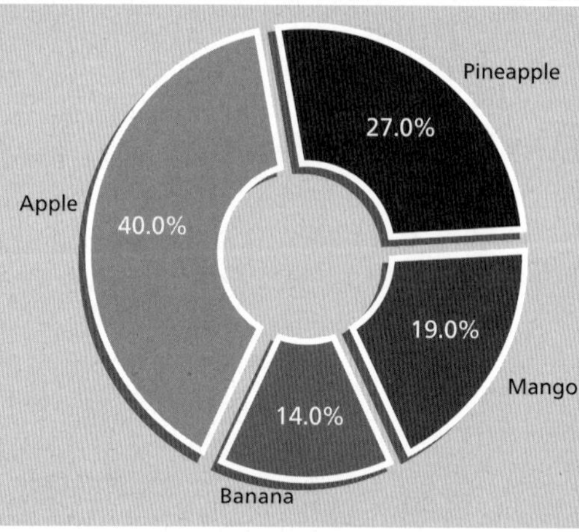

라인 4~5은 파이 차트 내 부채꼴이 중심에서 벗어나는 정도와 색상값을 저장하는 리스트를 각각 생성한다. 라인 6~8은 pie() 함수에 파이 차트를 그리기 위한 파라미터를 추가로 설정한다. startangle은 부채꼴이 그려지는 시작 각도를 설정하며, 디폴트 값은 0도로 예제 14-8의 파이 차트처럼 나타난다. 위 그래프에서는 시작 각도를 200도로 지정하여 반시계 반향으로 200도만큼 회전한다. counterclock은 파이 차트의 항목들을 시작 각도를 중심으로 시계방향 또는 반시계방향으로 그리기 위한 파라미터이다. counterclock 인수가 False로 설정되었을 때 파이 차트가 시계 방향으로 True로 설정되면 반시계 방향으로 그려진다. explode는 파이 차트 내 부채꼴이 파이 차트의 중심에서 벗어나는 정도를 설정한다. 위 차트에서는 파이 차트의 중심에서 각 부채꼴들이 반지름의 4%만큼 벗어나도록 설정한다. shadow는 파이 차트의 그림자를 설정하는 파라미터로 True로 설정하면 그림자를 표시한다. colors는 각 영역의 색상을 지정하는 파라미터이다. 라인 9는 show() 함수를 통해 생성된 그래프를 시각화한다.

다음 소스 14-10은 파이 차트의 부채꼴 스타일을 지정하는 예제이다.

소스 14-10

```
from matplotlib import pyplot as plt
ratio = [27, 40, 14, 19]
labels = ['Pineapple', 'Apple', 'Banana', 'Mango']
explode = [0.04, 0.04, 0.04, 0.04]
colors = ['cyan', 'blueviolet', 'chocolate', 'green']
```

```
06 wedgeprops = {'width' : 0.9, 'edgecolor' : 'w', 'linewidth' : 6}
07 plt.pie(ratio, labels=labels, autopct='%.1f%%', startangle=200,
08        counterclock=False, explode=explode, shadow=True,
09        colors=colors, wedgeprops=wedgeprops)
10 plt.show()
```

출력

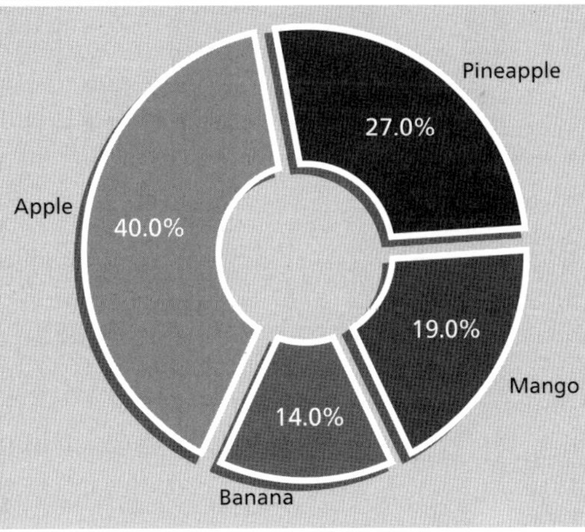

라인 6은 부채꼴 영역의 너비, 테두리 색상, 테두리 선의 너비에 대해 딕셔너리를 사용하여 저장한다. 라인 7은 `pie()` 함수에 파이 차트를 그리기 위한 파라미터를 추가로 설정한다. `wedgeprops`은 파이 차트의 부채꼴 영역의 스타일을 설정하기 위한 파라미터로 부채꼴 영역의 너비를 0.9, 테두리 색상을 흰색, 테두리 선의 너비를 6으로 설정한다. 라인 10은 `show()` 함수를 통해 생성된 그래프를 시각화한다.

히스토그램 그리기

히스토그램은 표로 되어있는 도수 분포를 그림 정보로 표현한 것이다. 더 간단하게 말하면, 도수분포표를 그래프로 나타낸 것이다. 파이썬에서는 `matplotlib` 라이브러리의 `hist()` 함수를 사용하여 히스토그램 그래프를 그릴 수 있다. 아래는 `hist()` 함수를 사용하여 히스토그램을 그리는 예제이다.

소스 14-11

```
import matplotlib.pyplot as plt
weight = [68, 75, 51, 48, 81, 75, 60, 73, 61, 63, 56, 67,
          78, 54, 72, 86, 64, 71, 66, 71, 74, 66]
plt.hist(weight)
plt.show()
```

출력

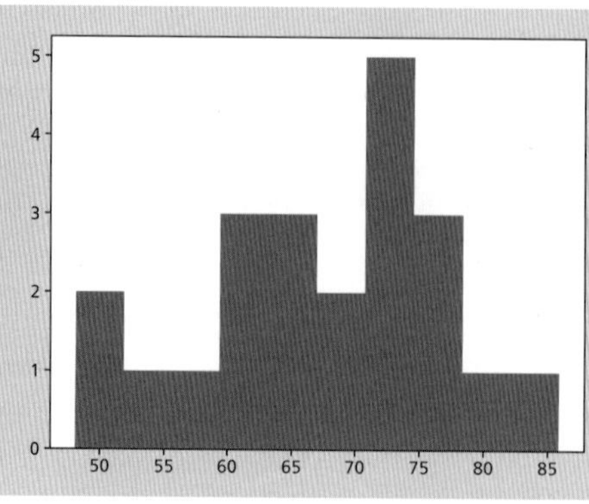

히스토그램은 도수분포의 상태를 막대 그래프로 나타낸 것으로, 가로축은 계급, 세로축은 도수(횟수, 개수 등)를 나타낸다. 라인 1은 `matplotlib.pyplot` 모듈을 호출하는 코드이다. 라인 2~3은 `weight` 리스트에 몸무게값들을 저장한다. 그 후 몸무게값의 분포를 히스토그램 그래프로 표현하기 위해 라인 4와 같이 `hist()` 함수를 이용하여 `weight` 리스트를 표현해본다. 마지막으로 라인 5의 `show()` 함수를 통해 생성된 그래프를 시각화한다. 출력 결과를 보면 `weight` 리스트에 저장되어 있는 몸무게의 분포를 5kg 단위로 분리하여 출력한 것을 확인할 수 있다.

소스 14-12은 예제는 히스토그램 그래프에서 분포의 정밀도를 지정한 예제를 보여준다.

소스 14-12

```
01  import matplotlib.pyplot as plt
02  weight = [68, 75, 51, 48, 81, 75, 60, 73, 61, 63, 56, 67,
03          78, 54, 72, 86, 64, 71, 66, 71, 74, 66]
04  plt.hist(weight, bins=30, label='bins=30')
05  plt.legend()
06  plt.show()
```

출력

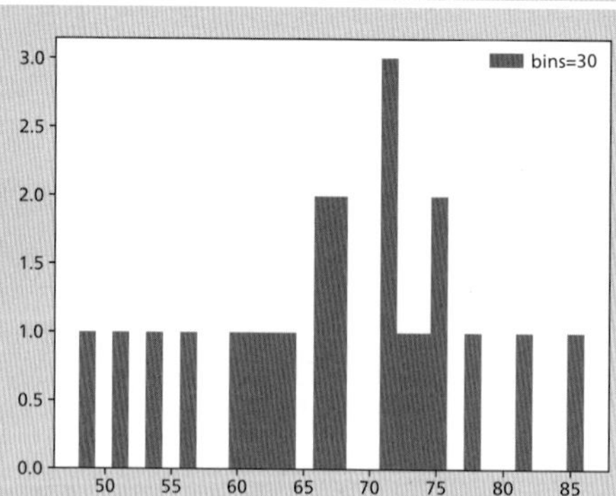

라인 4는 `hist()` 함수를 이용하여 막대 분포의 정밀도를 추가하는 방법을 보여준다. `bins` 파라미

터는 히스토그램의 가로축 정밀도를 개수로 지정한다. bins값의 디폴트 값은 10이며, 소스 14-11의 경우 bins값을 지정하지 않았기 때문에 기본값인 10으로 지정된다. 소스 14-12는 bins값을 30으로 하여 막대의 총 개수를 30개로 지정한다, hist() 함수는 데이터값으로 전달받은 weight의 최대값과 최소값을 기준으로 데이터를 총 30개의 구간으로 분리하며 출력 결과와 같이 각 분포값에 대한 결과가 출력됨을 확인할 수 있다. 라인 5는 legend() 함수를 사용하여 라인 4에서 문자열로 지정한 라벨과 함께 범례를 그래프에 표시한다.

박스 플롯 그리기

박스 플롯(box plot)은 수치적 자료를 표현하는 그래프이다. 이 그래프는 가공하지 않은 자료를 그대로 이용하여 그린 것이 아니라, 자료로부터 얻어낸 통계량인 5가지 요약 수치를 이용하여 그래프를 표현한다. 이때 5가지 요약 수치란 최소값, 제 1사분위(Q1), 제 2사분위(Q2), 제 3사분위(Q3), 최대값을 말한다. 파이썬에서도 matplotlib 라이브러리의 boxplot() 함수를 이용하여 박스 플롯을 구현할 수 있다. 아래 예제는 boxplot() 함수를 이용해 박스 플롯을 그리는 예제이다.

소스 14-13

```
import matplotlib.pyplot as plt
import seaborn as sns
tips = sns.load_dataset('tips')
Female_tip = tips[tips['sex'] == 'Female']['tip']
Male_tip = tips[tips['sex'] == 'Male']['tip']
plt.boxplot([Female_tip, Male_tip], labels = ['Female', 'Male'])
plt.xlabel('Sex')
plt.ylabel('Tip')
plt.title('Boxplot of Tips by Sex')
plt.show()
```

출력

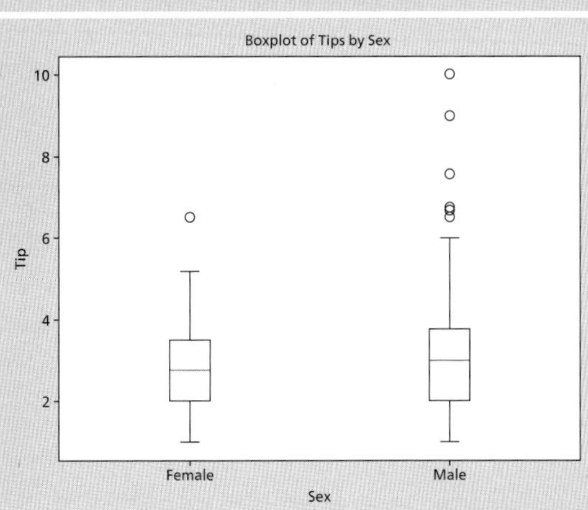

우선 라인 2와 같이 seaborn 라이브러리를 불러온다. seaborn은 matplotlib을 기반으로 파이썬 데이터 시각화 라이브러리이다. 다양한 색상 테마와 통계용 차트 등의 기능을 추가한 시각화 패키지이며, 그래픽을 그리기 위한 인터페이스를 제공한다. 특히 이번 예제에서는 seaborn 라이브러리의 그래프 기능을 사용하는 것이 아니라 데이터를 사용할 예정이다. seaborn 라이브러리는 다양한 데이터 샘플을 내장하고 있는데 이번 예제에서는 샘플 데이터셋 목록 중 tips라는 이름을 가진 데이터셋을 불러와 박스 그래프로 출력해 볼 예정이다. 그러므로 라인 3과 같이 seaborn 라이브러리에 내장된 샘플 데이터셋을 불러오기 위해 seaborn 모듈의 load_dataset() 함수를 사용한다. 라인 4~5는 각각 남성과 여성이 주는 팁에 대한 데이터를 저장한다. Female과 Male은 명확하게 구분되는 값으로 이산형 변수라고 하고, Tip과 같이 명확하게 셀 수 없는 범위의 값을 연속형 변수라고 한다. 이산형 변수와 연속형 변수를 함께 사용하기 위해 라인 6은 matplotlib 모듈에서 제공하는 boxplot() 함수를 사용한다. 위 예제에서 작성한 boxplot() 함수의 첫 번째 파라미터에 라인 4~5에서 저장한 데이터를 입력하고, 두 번째 파라미터에 그래프를 구분하기 위한 라벨을 지정한다. 라인 7~8은 각각 x축과 y축의 제목을 표시할 라벨을 설정한다. 라인 9는 박스 플롯 그래프의 제목을 지정한다. 마지막으로 라인 10은 show() 함수를 통해 생성된 그래프를 시각화한다. 우리는 이 박스 그래프의 출력을 통해 몇 가지 정보를 도출해 낼 수 있다. 우선 여성과 남성의 평균 팁의 액수를 알 수 있는데 박스 형태 그래프의 주황색 선이 데이터의 평균값을 나타낸다. 이를 통해 남성이 여성보다 조금 더 높은 금액의 팁을 지불하는 것을 알 수 있다. 또한 액수의 분포와 min, max값을 박스와 선을 통해 표시함으로써 전체적인 데이터의 분포 또한 확인할 수 있다. 우선 박스의 제일 윗부분이 전체 데이터의 1사분위를 뜻하며 제일 아랫부분은 3사분위를 뜻한다. 또한 선의 제일 윗부분이 최대값, 제일 아랫부분이 최소값임을 확인할 수 있다.

연습 문제

01 대한민국 성인 만 명을 대상으로 독서량에 대한 정규분포를 히스토그램으로 나타내는 프로그램을 작성하시오. (평균 독서량 : 7권, 표준편차 : 2, 최소 독서량 :0, 최대 독서량 : 14)

출력 예

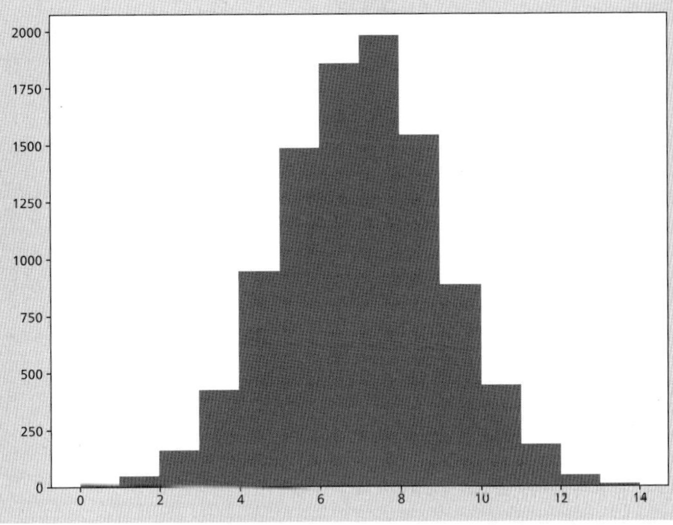

02 고등학생 30명을 대상으로 가장 좋아하는 과일의 종류에 대한 설문조사 결과를 파이 차트로 나타내는 프로그램을 작성하시오.

출력 예

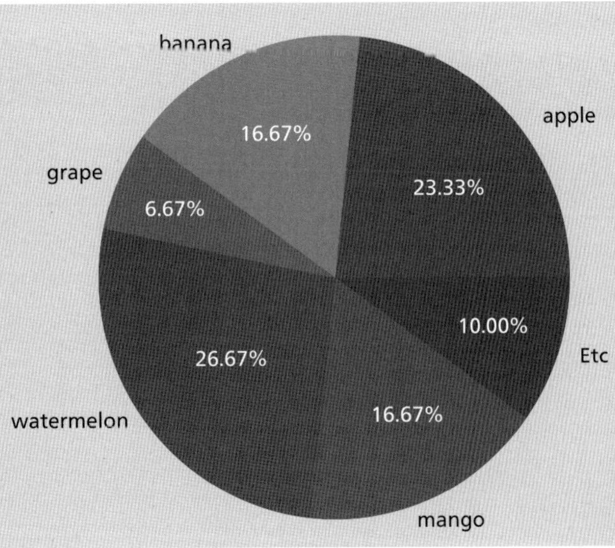

03 10일 동안 하루 최고 기온과 최저 기온, 평균 기온을 나타내는 세 개의 선 그래프를 그리는 프로그램을 작성하시오.

- `high = [6.7, 6.1, 4.2, 4.4, 6.6, 9.1, 6.3, 4.1, 6.2, 9.3]`
- `low = [-3.6, 0.5, -2.3, -4.6, -2.2, -1.2, -0.7, -3.5, -4.1, 3.2]`
- `average = [-3.6, 0.5, -2.3, -4.6, -2.2, 1.2, -0.7, -3.5, -4.1, 3.2]`
- `day = [1, 2, 3, 4, 5, 6, 7, 8, 9, 10]`

출력 예

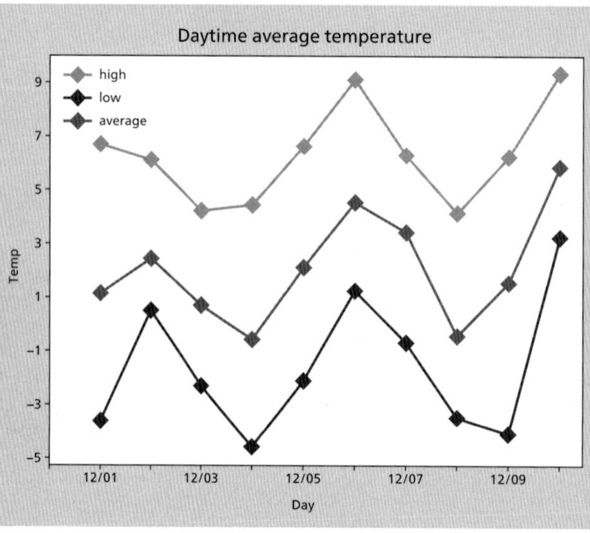

참고문헌

CHAPTER 01

- 위키피디아, https://ko.wikipedia.org/wiki/컴퓨터_프로그래밍
- 위키피디아, https://ko.wikipedia.org/wiki/ASCII
- 위키백과, 저급 프로그래밍 언어, https://ko.wikipedia.org/wiki/저급_프로그래밍_언어
- 위키백과, 고급 프로그래밍 언어, https://ko.wikipedia.org/wiki/고급_프로그래밍_언어
- 위키백과, 프로그래밍 언어, https://ko.wikipedia.org/wiki/프로그래밍_언어
- 위키백과, 프로그래밍 언어의 역사, https://ko.wikipedia.org/wiki/프로그래밍_언어의_역사
- 위키백과, 포트란, https://ko.wikipedia.org/wiki/포트란
- 위키백과, 리스프, https://ko.wikipedia.org/wiki/리스프
- 위키백과, 코볼, https://ko.wikipedia.org/wiki/코볼
- 위키백과, C(프로그래밍 언어), https://ko.wikipedia.org/wiki/C_(프로그래밍_언어)
- 위키백과, 객체 지향 프로그래밍, https://ko.wikipedia.org/wiki/객체_지향_프로그래밍
- 위키백과, C++, https://ko.wikipedia.org/wiki/C++
- 위키백과, 자바(프로그래밍 언어)(프로그래밍 언어), https://ko.wikipedia.org/wiki/자바_(프로그래밍_언어)
- 위키백과, 파이썬, https://ko.wikipedia.org/wiki/파이썬
- TIOBE, https://www.tiobe.com/tiobe-index/

CHAPTER 02

- 위키백과, 파이썬, https://ko.wikipedia.org/wiki/파이썬
- 위키백과, 파이썬, https://ko.wikipedia.org/wiki/통합_개발_환경
- 위키피디아, 이클립스, https://ko.wikipedia.org/wiki/이클립스_(소프트웨어)
- 위키피디아, Xcode, https://ko.wikipedia.org/wiki/엑스코드
- 위키피디아, 비주얼 스튜디오 코드, https://ko.wikipedia.org/wiki/비주얼_스튜디오_코드
- Pycharm 설치를 위한 사이트 접속 및 다운로드, https://www.jetbrains.com/ko-kr/pycharm/download/#section=windows
- 위키백과, 주석(프로그래밍), https://ko.wikipedia.org/wiki/주석_(프로그래밍)

CHAPTER 03

- 위키백과, 변수(computer science), https://en.wikipedia.org/wiki/Variable_(computer_science)
- 위키백과, 데이터형, https://en.wikipedia.org/wiki/Data_type
- 위키백과, 부동소수점, https://en.wikipedia.org/wiki/Floating-point_arithmetic
- 위키백과, ASCII, https://ko.wikipedia.org/wiki/ASCII

CHAPTER 04

- 위키백과, 표준 스트림, https://en.wikipedia.org/wiki/Standard_streams

CHAPTER 07

- 파이썬, 자습서 문자열, https://docs.python.org/ko/3/tutorial/introduction.html

- 파이썬, 자습서 입력과 출력, https://docs.python.org/ko/3/tutorial/inputoutput.html
- 위키백과, 이스케이프 문자, https://ko.wikipedia.org/wiki/이스케이프_문자
- 파이썬, 라이브러리 레퍼런스 문자열 함수, https://docs.python.org/2.5/lib/string-methods.html

CHAPTER 08

- 위키백과, 조건문, https://en.wikipedia.org/wiki/Conditional_(computer_programming)

CHAPTER 09

- 위키백과, while 루프, https://ko.wikipedia.org/wiki/While_루프
- 위키백과, For 루프, https://ko.wikipedia.org/wiki/For_루프

CHAPTER 10

- 위키피디아, 함수(프로그래밍), https://ko.wikipedia.org/wiki/함수_(프로그래밍)

CHAPTER 11

- 파이썬, Documents Built-in Types, https://docs.python.org/3/library/stdtypes.html

CHAPTER 13

- 위키백과, 표준 라이브러리, https://ko.wikipedia.org/wiki/표준 라이브러리
- 파이썬, 표준 라이브러리, https://docs.python.org/ko/3/library/index.html
- 파이썬, 표준 라이브러리, https://docs.python.org/ko/3/library/os.html#os-file-dir
- 파이썬, 표준 라이브러리 shutil, https://docs.python.org/ko/3/library/shutil.html
- 파이썬, 표준 라이브러리 glob, https://docs.python.org/ko/3/library/glob.html
- 파이썬, 표준 라이브러리 random 함수, https://docs.python.org/ko/3/library/random.html
- 파이썬, 표준 라이브러리 math, https://docs.python.org/ko/3/library/math.html
- 파이썬, 표준 라이브러리 smtplib, https://docs.python.org/ko/3/library/smtplib.html
- 파이썬, 표준 라이브러리 urllib request, https://docs.python.org/ko/3/library/urllib.request.html #module-urllib.request
- 위키백과, HTTP 상태코드, https://ko.wikipedia.org/wiki/HTTP_상태코드

CHAPTER 14

- 데이터 시각화, https://en.wikipedia.org/wiki/Data_visualization

찾아보기

O

P

R

S

T

U

V

W

기타